Bei vielen Reaktionen werden Elektronen oder Protonen von einem Teilchen, dem **Donator**, auf ein anderes, den **Akzeptor**, übertragen. Dabei stellt sich meist ein **chemisches Gleichgewicht** ein.
Schließlich darf bei chemischen Reaktionen die Betrachtung der Änderung der **Energie** der beteiligten Stoffe nicht fehlen.

Am Beispiel einer *Wasserstoff-Sauerstoff-Brennstoffzelle*, bei der die frei werdende Reaktionsenergie zum großen Teil in elektrische Energie umgewandelt wird, sollen diese fünf Basiskonzepte der Chemie näher beschrieben werden.

Donator

Wasserstoff-Atome geben Elektronen ab und werden zu Protonen.

Akzeptor

Sauerstoff-Moleküle nehmen Elektronen auf und reagieren zu Oxid-Ionen.

Donator/Akzeptor-Konzept

Die Knallgasreaktion ist eine *Redoxreaktion*. Am negativen Pol der Brennstoffzelle geben Wasserstoff-Atome Elektronen ab und werden zu positiv geladenen Ionen (H^+-Ionen, Protonen). Wasserstoff-Atome sind also *Elektronendonatoren*.

Am positiven Pol nehmen Sauerstoff-Moleküle Elektronen auf und werden zu zweifach negativ geladenen Sauerstoff-Anionen (Oxid-Ionen, O^{2-}-Ionen). Sauerstoff-Moleküle sind also *Elektronenakzeptoren*.

Gleichgewichtsreaktion

$$2\,H_2\,(g) + O_2\,(g) \rightleftharpoons 2\,H_2O\,(g)$$

Gleichgewichtskonstante

$$K_p = \frac{p^2(H_2O)}{p^2(H_2) \cdot p(O_2)}$$

Gleichgewichts-Konzept

Bei vielen chemischen Reaktionen reagieren die Ausgangsstoffe prinzipiell nicht vollständig zu Produkten, es stellt sich ein chemisches Gleichgewicht ein: Bei konstanter Temperatur ist dann in einem geschlossenen System der Quotient K_c aus den Gleichgewichtskonzentrationen der Produkte und der Edukte konstant. Dasselbe gilt bei Gasreaktionen für den Quotienten K_p der Gleichgewichtsdrucke.

Das Gleichgewicht der Wasser-Synthese liegt bei Raumtemperatur praktisch vollständig auf der Seite des Wassers.

Endotherme Teilreaktionen

Die Spaltung der Elektronenpaarbindungen benötigt Energie.

Exotherme Teilreaktionen

Bei der Bildung der Bindungen im Wasser-Molekül wird Energie frei.

Reaktionsenergie

Die Reaktion ist insgesamt exotherm. Innere Energie wird in elektrische Energie und Wärme umgewandelt.

Energie-Konzept

Die Wassersynthese aus Wasserstoff und Sauerstoff ist eine freiwillig ablaufende, *exotherme* Reaktion.

Im ersten Schritt der Reaktion werden Wasserstoff-Moleküle an der mit Platin beschichteten Elektrode in Wasserstoff-Atome gespalten, die Reaktion ist *endotherm*.

Zwischen den Elektroden fließt ein elektrischer Strom. In der Brennstoffzelle wird also chemische Energie in elektrische Energie umgewandelt. Der Wirkungsgrad kann bis zu 80 % der Reaktionsenergie betragen. Die restliche Energie wird als Wärme frei.

Chemie heute

Sachsen

12

Schroedel

Chemie heute 12 Sachsen

Herausgegeben von
Wolfgang Asselborn, Manfred Jäckel, Dr. Karl T. Risch

Bearbeitet von
Rosemarie Förster, Dieter Matthé, Claas Riedel

Dieses Werk ist in Teilen eine Bearbeitung von
Chemie heute SII, ISBN 978-3-507-10652-9,
978-3-507-10643-7 und 978-3-507-10648-5

© 2009 Bildungshaus Schulbuchverlage
Westermann Schroedel Diesterweg
Schöningh Winklers GmbH, Braunschweig
www.schroedel.de

Druck A [1] / Jahr 2009
Alle Drucke der Serie A sind im Unterricht parallel
verwendbar.

Redaktion: Sylvia Feil
Fotos: Hans Tegen
Einbandgestaltung:
Janssen Kahlert Design & Kommunikation GmbH
Grafik: Birgitt Biermann-Schickling, Peter Langner,
Karin Mall, Birgit Schlierf, Dr. Winfried Zemann
Satz: Druckhaus „Thomas Müntzer", Bad Langensalza
Druck: westermann druck GmbH, Braunschweig

ISBN 978-3-507-10665-9

Hinweise zum Aufbau des Chemiebuchs

Die Hauptkapitel beginnen mit Einstiegsseiten, auf denen
„Zentrale Fragen" die neue Thematik verdeutlichen. Auf
den folgenden Informationsseiten werden die Sachthemen
behandelt. Merksätze am Ende der Lerneinheiten fassen
die wichtigsten Inhalte zusammen. Es schließen sich Aufgaben an, die sich in ihrem Schwierigkeitsgrad steigern
und dazu dienen, sich mit den neuen Inhalten aktiv aus-
einander zusetzen und einen Bezug zwischen chemischem
Fachwissen und gewohnter Lebenswelt herzustellen.

Im Rechenbeispiel werden typische
Aufgaben in nachvollziehbaren
Schritten vorgerechnet.

RECHENBEISPIEL

Exkurse vermitteln einen Eindruck
von den vielfältigen Bezügen der
Chemie zu Alltag und Technik.

EXKURS

Systematische Übersichten stellen
Zusammenhänge leicht überschaubar
dar und erleichtern so das Erlernen
neuer Inhalte.

ÜBERSICHT

Hier werden theoretische Grundlagen
beschrieben, die helfen, komplexe
Inhalte besser zu verstehen.

THEORIE

Auf diesen Seiten werden Zusatz-
informationen, Bilder und Aufgaben
zum behandelten Thema angeboten.

CHEMIE-RECHERCHE

Im Praktikum üben Schülerinnen und
Schüler das experimentelle
Arbeiten in der Chemie.

PRAKTIKUM

Methodenseiten geben praktische
Hilfestellungen für die Bearbeitung
von Materialien.

METHODE

Diese Aufgabenseite dient zur
Wiederholung und Vertiefung und
zur Vorbereitung auf Prüfungen.

TRAINING

Am Ende jeden Kapitels werden die
neuen Inhalte in kurzer und über-
sichtlicher Form dargestellt.

BASISWISSEN

Sofern nicht anders angegeben beziehen sich alle
Angaben im Buch auf 20 °C und 1000 hPa.

Inhalt

Rückblick

1 Stoffe – von der Vielfalt zur Ordnung

1.1 Chemische Bindung
In Stoffen werden Atome durch chemische Bindungen unterschiedlicher Art zusammengehalten. Man unterscheidet zwischen Metallbindung, Ionenbindung und Elektronenpaarbindung. Der Bindungstyp bestimmt die Eigenschaften der Stoffe.

a) Metallbindung

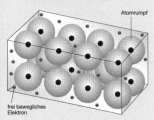

- *Stoffe:* Metalle;
- *Struktur:* Gitter aus Metall-Kationen; die Außenelektronen sind frei beweglich, man spricht deshalb auch von einem Elektronengas.
- *Bindung:* Anziehung zwischen dem Elektronengas und den Metall-Kationen;
- *Stoffeigenschaften:* fest und plastisch verformbar, metallischer Glanz, gute elektrische Leitfähigkeit und gute Wärmeleitfähigkeit.

b) Ionenbindung

- *Stoffe:* salzartige Stoffe, Salze;
- *Struktur:* Ionengitter aus Anionen und Kationen;
- *Bindung:* Anziehung zwischen den Anionen und den Kationen; Aufbau des Gitters kann durch das Kugelpackungsmodell oder das Raumgittermodell dargestellt werden.
- *Stoffeigenschaften:* hart, spröde, hohe Schmelztemperatur, in Lösung und geschmolzen elektrisch leitfähig, im kristallinen Zustand nicht.

c) Elektronenpaarbindung (Atombindung)

- *Stoffe:* leicht flüchtige Elemente und Verbindungen;
- *Struktur:* Moleküle aus Nichtmetall-Atomen mit freien und bindenden Elektronenpaaren; Moleküle mit polaren Bindungen bilden **Dipole**, wenn die Ladungsschwerpunkte nicht zusammenfallen;

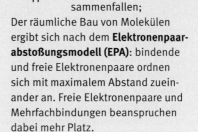

Der räumliche Bau von Molekülen ergibt sich nach dem **Elektronenpaarabstoßungsmodell (EPA)**: bindende und freie Elektronenpaare ordnen sich mit maximalem Abstand zueinander an. Freie Elektronenpaare und Mehrfachbindungen beanspruchen dabei mehr Platz.

- *Unpolare Elektronenpaarbindung:* Die Bindungselektronen werden von den Bindungspartnern gleich stark angezogen.
  Polare Bindung: Die Bindungselektronen werden vom Partner mit der höheren Elektronegativität stärker angezogen.

- *Eigenschaften:* relativ niedrige Schmelztemperaturen und Siedetemperaturen.

1.2 Zwischenmolekulare Bindungen
Zwischen Molekülen wirken Anziehungskräfte unterschiedlicher Art. Sie sind in der Regel schwächer als chemische Bindungen. Zwischenmolekulare Bindungen beeinflussen die Schmelztemperatur, die Siedetemperatur und die Löslichkeit.

a) Van-der-Waals-Bindung

- *Teilchen:* Atome, Moleküle, Ionen;
- *Bindung:* Anziehung durch zufällige Ladungsverschiebungen in der Atomhülle; abhängig von der Teilchengröße und der Berührungsfläche.

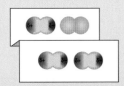

b) Dipol/Dipol- und Dipol/Ion-Wechselwirkung

- *Teilchen:* Dipol-Moleküle;
- *Bindung:* Anziehung zwischen den Teilladungen von Dipol-Molekülen;
- als Dipol/Ion-Wechselwirkung: Bildung von Hydrathüllen bei Ionen in Lösung.

c) Wasserstoffbrückenbindung

- *Teilchen:* Dipol-Moleküle mit F–H-Bindungen, O–H-Bindungen oder N–H-Bindungen;
- *Bindung:* starke Anziehung zwischen einem Wasserstoff-Atom mit positiver Teilladung und einem freien Elektronenpaar eines Fluor-Atoms, eines Sauerstoff-Atoms oder eines Stickstoff-Atoms.

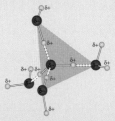

2 Säuren, Laugen, Salze

2.1 Säure/Base-Definition
- **Säuren** sind Teilchen, die Protonen abgeben (Protonendonatoren).
- **Basen** sind Teilchen, die Protonen aufnehmen (Protonenakzeptoren).
- **Säure/Basen-Reaktionen** sind Protonenübertragungsreaktionen

2.2 Saure Lösungen
- **Saure Lösungen** sind wässrige Lösungen, die hydratisierte *Wasserstoff-Ionen* (H^+(aq)) enthalten.
- **Säuren** sind Verbindungen, die beim Lösen in Wasser Wasserstoff-Ionen (Protonen) abspalten.
- **Säurerest-Ionen** sind negativ geladene Ionen, die durch Abspaltung eines oder mehrerer Wasserstoff-Ionen aus Säure-Molekülen entstehen.
- **Bildung saurer Lösungen:**

    Halogenwasserstoff + Wasser $\longrightarrow$
    $$\underbrace{\text{Halogenid-Ion} + \text{Wasserstoff-Ion}}_{\text{saure Lösung}}$$

    Nichtmetalloxid + Wasser $\longrightarrow$
    $$\underbrace{\text{Säurerest-Ion} + \text{Wasserstoff-Ion}}_{\text{saure Lösung}}$$

2.3 Alkalische Lösungen
- **Alkalische Lösungen** sind wässrige Lösungen, die *Hydroxid-Ionen* (OH^-(aq)) enthalten.
- **Hydroxide** sind Ionenverbindungen aus positiv geladenen Metall-Ionen und negativ geladenen Hydroxid-Ionen (OH^-).

Bildung alkalischer Lösungen:

Metallhydroxid $\xrightarrow{\text{Wasser}}$ $\underbrace{\text{Metall-Ionen} + \text{Hydroxid-Ionen}}_{\text{alkalische Lösung}}$

Metalloxid + Wasser $\longrightarrow$ $\underbrace{\text{Metall-Ionen} + \text{Hydroxid-Ionen}}_{\text{alkalische Lösung}}$

Alkalimetall/Erdalkalimetall + Wasser $\longrightarrow$
$$\underbrace{\text{Metall-Ionen} + \text{Hydroxid-Ionen}}_{\text{alkalische Lösung}} + \text{Wasserstoff}$$

2.4 Neutralisation
Die Reaktion zwischen hydratisierten **Wasserstoff-Ionen** (H^+) und **Hydroxid-Ionen** (OH^-) bezeichnet man als Neutralisation. Sie läuft ab, wenn man eine saure und eine alkalische Lösung zusammengibt:

H^+(aq) + OH^-(aq) $\longrightarrow$ H_2O(l); exotherm

Gleichzeitig bildet sich eine Salzlösung.
Beispiel:
HCl(aq) + KOH(aq) $\longrightarrow$
$$H_2O\,(l) + K^+(aq) + Cl^-(aq);\ \text{exotherm}$$
Die bei der Reaktion frei werdende Wärme bezeichnet man als *Neutralisationswärme*.

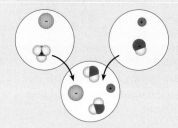

Nichtmetalloxid		Saure Lösung		Säurerest-Ion	
Name	Formel	Name	Formel	Name	Formel
Kohlenstoffdioxid	CO_2 (g)	Kohlensäure	H_2CO_3 (aq)	Hydrogencarbonat-Ion	HCO_3^-
				Carbonat-Ion	CO_3^{2-}
Schwefeldioxid	SO_2 (g)	Schweflige Säure	H_2SO_3 (aq)	Hydrogensulfit-Ion	HSO_3^-
				Sulfit-Ion	SO_3^{2-}
Schwefeltrioxid	SO_3 (s)	Schwefelsäure	H_2SO_4 (aq)	Hydrogensulfat-Ion	HSO_4^-
				Sulfat-Ion	SO_4^{2-}
Phosphor(v)-oxid	P_4O_{10} (s)	Phosphorsäure	H_3PO_4 (aq)	Dihydrogenphosphat-Ion	$H_2PO_4^-$
				Hydrogenphosphat-Ion	HPO_4^{2-}
				Phosphat-Ion	PO_4^{3-}
Stickstoffdioxid	NO_2 (g)	Salpetrige Säure	HNO_2 (aq)	Nitrit-Ion	NO_2^-
		Salpetersäure	HNO_3 (aq)	Nitrat-Ion	NO_3^-
–		Salzsäure	HCl (aq)	Chlorid-Ion	Cl^-
–		Bromwasserstoffsäure	HBr (aq)	Bromid-Ion	Br^-

2.5 Salze

– Salze sind Verbindungen aus *Kationen* (positiv geladenen Metall-Ionen) und *Anionen* (negativ geladenen Säurerest-Ionen).
– **Bildung von Salzen:**

Metall + Nichtmetall $\longrightarrow$ Salz
Beispiel:
$2\,K\,(s) + Br_2\,(l) \longrightarrow 2\,KBr\,(s)$; exotherm

Metall + saure Lösung $\longrightarrow$ Salzlösung + Wasserstoff
Beispiel:
$Zn\,(s) + 2\,HNO_3\,(aq) \longrightarrow$
$\qquad\qquad Zn(NO_3)_2\,(aq) + H_2\,(g)$; exotherm

Metalloxid + saure Lösung $\longrightarrow$ Salzlösung + Wasser
Beispiel:
$CaO\,(s) + 2\,HCl\,(aq) \longrightarrow CaCl_2\,(aq) + H_2O\,(l)$; exotherm

Metallhydroxid + saure Lösung $\longrightarrow$ Salzlösung + Wasser
Beispiel:
$2\,KOH\,(s) + H_2SO_4\,(aq) \longrightarrow$
$\qquad\qquad K_2SO_4\,(aq) + 2\,H_2O\,(l)$; exotherm

2.6 pH-Wert

– Der **pH-Wert** gibt an, wie stark sauer oder alkalisch eine Lösung ist. Er ist ein Maß für die Konzentration an Wasserstoff-Ionen oder Hydroxid-Ionen.
– Die **pH-Skala** reicht von pH = 0 bis pH = 14:

pH < 7: saure Lösung
pH = 7: neutrale Lösung
pH > 7: alkalische Lösung

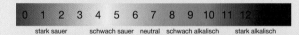

| 0 | 1 | 2 | 3 | 4 | 5 | 6 | 7 | 8 | 9 | 10 | 11 | 12 |

stark sauer   schwach sauer   neutral   schwach alkalisch   stark alkalisch

2.7 Indikatoren

Mit *Indikatoren* lassen sich saure, neutrale und alkalische Lösungen unterscheiden, da sie bei verschiedenen pH-Werten unterschiedliche Farben haben:

Indikator	saure Lösung	alkalische Lösung
Phenolphthalein	farblos	rotviolett
Bromthymolblau	gelb	blau
Universalindikator	rot	blau

2.8 Löslichkeit und Gehaltsangaben

Wasser ist ein gutes Lösemittel; aber nicht alle Stoffe lösen sich in Wasser gleich gut. Die *Löslichkeit* gibt an, welche Mengen eines Stoffes sich maximal in 100 g eines Lösemittels lösen.

– **Löslichkeit *L*:**

$$L = \frac{m\,(\text{gelöster Stoff})}{m\,(\text{Wasser})}; \qquad \text{Einheit:}\ \frac{g}{100\,g}$$

Der Gehalt eines Stoffes in einer Lösung kann auf unterschiedliche Weise angegeben werden. Meist benutzt man die Größen *Massenkonzentration*, *Massenanteil* oder *Stoffmengenkonzentration*.

– **Massenkonzentration *β*:**

$$\beta = \frac{m\,(\text{gelöster Stoff})}{V\,(\text{Lösung})}; \qquad \text{Einheit:}\ mg \cdot l^{-1}\ \text{oder}\ g \cdot l^{-1}$$

– **Massenanteil *w*:**

$$w = \frac{m\,(\text{gelöster Stoff})}{m\,(\text{gelöster Stoff}) + m\,(\text{Wasser})} \cdot 100\,\%; \quad \text{Einheit:}\ \%$$

– **Stoffmengenkonzentration *c*:**

$$c = \frac{n\,(\text{gelöster Stoff})}{V\,(\text{Lösung})}; \qquad \text{Einheit:}\ mol \cdot l^{-1}$$

2.9 Titration

Die Titration ist eine Methode zur Ermittlung der *Stoffmengenkonzentration*. Dabei tropft man eine Maßlösung genau bekannter Konzentration zu einem bestimmten Volumen an Probelösung, bis die Farbe eines Indikators umschlägt. Aus dem Volumen der verbrauchten Maßlösung kann die Stoffmengenkonzentration der unbekannten Lösung ermittelt werden.

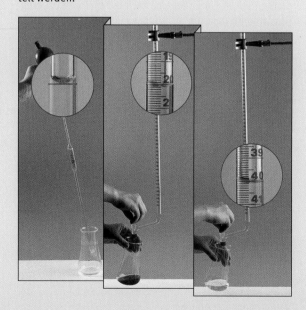

3 Alkane und Alkene

3.1 Einteilung der Kohlenwasserstoffe

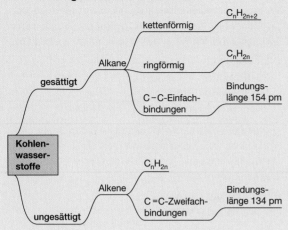

Homologe Reihe: Eine Reihe, bei der die Kohlenwasserstoffe nach der Anzahl der in ihren Molekülen enthaltener Kohlenstoff-Atome geordnet sind: Jedes Glied wächst um eine CH_2-Gruppe gegenüber dem vorhergehenden Molekül.

3.2 Schmelz- und Siedetemperaturen

Zwischen den unpolaren Molekülen der Kohlenwasserstoffe wirken schwache Anziehungskräfte, die VAN-DER-WAALS-**Wechselwirkungen.** Kohlenwasserstoffe schmelzen und sieden deshalb bei niedrigen Temperaturen. Mit steigender Molekülgröße nehmen die Schmelz- und Siedetemperaturen wegen der stärker werdenden VAN-DER-WAALS-Wechselwirkungen zu.

3.3 Löslichkeit

Stoffe ähnlicher Polarität sind ineinander löslich. Kohlenwasserstoffe mischen sich daher mit anderen unpolaren Stoffen, lösen sich aber nicht in polaren Lösungsmitteln wie Wasser. Kohlenwasserstoffe sind **hydrophob.**

3.5 Kennzeichen der Alkane

Bei $C-C$-Einfachbindungen sind die Molekülteile um die $C-C$-Achse gegeneinander drehbar. Die Bindungswinkel entsprechen dem Tetraederwinkel: 109,5°.
Alkane sind *reaktionsträge*, sie reagieren lediglich mit Sauerstoff und Halogenen. Mit Sauerstoff verbrennen sie zu Kohlenstoffdioxid und Wasser. Mit Halogenen erfolgt eine Substitutionsreaktion zu Halogenalkanen. Sowohl die Verbrennung als auch die Substitutionsreaktion sind Redoxreaktionen.

Substitution: In einem Molekül wird ein Atom oder eine Atomgruppe durch ein anderes Atom oder eine Atomgruppe ersetzt.
Beispiel: Brom reagiert mit Hexan in einer radikalischen Substitution.

$$C_6H_{14} + Br_2 \xrightarrow{\text{Licht}} C_6H_{13}Br + HBr$$
Hexan   Brom   Bromhexan   Bromwasserstoff

3.6 Kennzeichen der Alkene

Die an einer $C=C$-Zweifachbindung beteiligten Atome liegen in einer Ebene. Im Bereich der $C=C$-Zweifachbindung sind die Moleküle nicht frei drehbar.
Alkene sind *reaktionsfreudig*. Die Reaktionsfähigkeit beruht im Allgemeinen auf der $C=C$-Zweifachbindung, die daher auch als funktionelle Gruppe der Alkene bezeichnet wird. Die typische Reaktion der Alkene ist die Addition.

Addition: Anlagerung von Molekülen, Atomen oder Ionen an ein ungesättigtes Molekül.
Beispiel: Brom reagiert mit Ethen in einer elektrophilen Addition.

$$CH_2=CH_2 + Br_2 \longrightarrow CH_2Br-CH_2Br$$
Ethen   Brom   1,2-Dibromethan

3.4 Isomerie

Isomere Verbindungen haben die gleiche Molekülformel, besitzen aber unterschiedliche Strukturformeln.

C_4H_{10}	**C_6H_{12}**	**C_4H_8**	
$CH_3-CH_2-CH_2-CH_3$ Butan $CH_3-CH-CH_3$ $\qquad CH_3$ 2-Methylpropan	$CH_2=CH-CH_2-CH_2-CH_2-CH_3$ Hex-1-en Cyclohexan	$CH_2=CH-CH_2-CH_3$ But-1-en $CH_3-CH=CH-CH_3$ But-2-en	(Z)-But-2-en (E)-But-2-en
unterschiedliche Verzweigung	Kette oder Ring	unterschiedliche Lage der C=C-Zweifachbindung	unterschiedliche Stellung der CH_3-Gruppen

Konstitutionsisomerie: Unterschiedliche Reihenfolge der Verknüpfung der Atome.

E/Z-Isomerie: Unterschiedliche räumliche Lage von Atomen oder Atomgruppen bei gleicher Reihenfolge der Verknüpfung der Atome.

4 Alkane und ihre Nomenklatur

4.1 Formeln und Modelle

In der Chemie werden zur Beschreibung von Molekülen Formeln und Modelle mit unterschiedlichem Informationsgehalt verwendet. Verzichtet man auf nicht benötigte Informationen, so erhält man einfachere Molekülbeschreibungen.

– Die *Molekülformel* gibt nur die Elemente und die Zahl der im Molekül enthaltenen Atome an.

C_4H_{10} Molekülformel

– In *vereinfachten Strukturformeln* wird die Anordnung der Atome beschrieben. Die Bindungspartner der Kohlenstoff-Atome werden jeweils hinter jedem C-Atom angegeben.

$CH_3-CH_2-CH_2-CH_3$ vereinfachte Strukturformel

– In der LEWIS-*Formel* wird das Molekül in die Papierebene projiziert. Alle Atome und alle bindenden und freien Elektronenpaare werden angegeben.

$$
\begin{array}{ccccc}
 & H & H & H & H \\
 & | & | & | & | \\
H- & C- & C- & C- & C- H \\
 & | & | & | & | \\
 & H & H & H & H
\end{array}
$$
    LEWIS-Formel

– Die *Keil/Strich-Formel* beschreibt zusätzlich zur LEWIS-Formel den dreidimensionalen Bau des Moleküls.

Keil/Strich-Formel

– Beim *Kugel/Stab-Modell* stellt man die Zentren der Atome durch farbige Kugeln und die Elektronenpaarbindungen durch Stäbchen dar. Es gibt *Bindungswinkel* und *Bindungslängen* anschaulich wieder. Auch die freie Drehbarkeit um die $C-C$-Einfachbindung lässt sich gut demonstrieren.

Kugel/Stab-Modell

– Im *Kalottenmodell* werden die Atome durch sich teilweise durchdringende Kugeln dargestellt. Dies entspricht den gemeinsamen Elektronenwolken bei Elektronenpaarbindungen. Bindungslängen und Bindungswinkel werden maßstabsgerecht wiedergegeben. Die Raumerfüllung von Molekülen wird besonders deutlich.

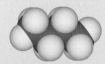

Kalottenmodell

4.2 Benennung von Alkanen

Die Namen der ersten vier Glieder der homologen Reihe der Alkane (Methan bis Butan) werden heute noch als *Trivialnamen* verwendet. Die Namen der weiteren Glieder werden gebildet, indem man vor die Endung **-an** ein griechisches oder lateinisches Zahlwort setzt, das die Anzahl der Kohlenstoff-Atome im Molekül angibt: Pentan (C_5H_{12}), Hexan (C_6H_{14}), Heptan (C_7H_{16}).

Bei der Vielzahl isomerer Alkane war es notwendig, ein eindeutiges und möglichst rationelles System der Namensgebung, eine **Nomenklatur**, einzuführen. Für die wissenschaftlich exakte Benennung der isomeren Alkane gelten folgende **IUPAC**-Regeln (**I**nternational **U**nion of **P**ure and **A**pplied **C**hemistry):

Zuerst wird die längste Kohlenstoff-Kette im Molekül, die *Hauptkette*, bestimmt. Anschließend betrachtet man die Verzweigungen. *Seitenketten* bezeichnet man allgemein als Alkyl-Gruppen. Die Namen der Alkyl-Gruppen ergeben sich, indem man die Silbe **-an** des zugehörigen Alkans durch die Endung **-yl** ersetzt. Die einfachsten Alkyl-Reste sind der Methyl-Rest (CH_3-Rest) und der Ethyl-Rest (C_2H_5-Rest). In Formeln bezeichnet man Alkyl-Reste oft kurz durch **-R**.

4.3 Nomenklaturregeln für Alkane

Die Benennung der Alkane erfolgt nach folgenden Schritten:

– Alkane haben die Endung -an. Der Name des Alkans, das die Hauptkette bildet, liefert den *Stammnamen* der Verbindung.

Beispiel: Pentan $\overset{1}{C}H_3-\overset{2}{C}H_2-\overset{3}{C}H_2-\overset{4}{C}H_2-\overset{5}{C}H_3$

– Die Namen der Seitenketten werden dem Stammnamen vorangestellt. Um anzuzeigen, an welches C-Atom die Seitenkette gebunden ist, wird die Hauptkette nummeriert. Die Verzweigungsstellen sollen dabei möglichst kleine Zahlen erhalten. Diese Zahlen werden den Namen der Seitenketten vorangestellt.

Beispiel: 2 - Methyl pentan $\overset{1}{C}H_3-\overset{2}{C}H-\overset{3}{C}H_2-\overset{4}{C}H_2-\overset{5}{C}H_3$
                                     CH_3

– Treten gleiche Seitenketten mehrfach in einem Molekül auf, so wird ein entsprechendes Zahlwort (di-, tri-, tetra-, penta-) vorangestellt. Unterschiedliche Seitenketten werden alphabetisch nach den Namen der Alkyl-Gruppen geordnet.

Beispiel: 3 - Ethyl -2,4 - di - methyl pentan $\overset{1}{C}H_3-\overset{2}{C}H-\overset{3}{C}H-\overset{4}{C}H-\overset{5}{C}H_3$
with C_2H_5 on C3, CH_3 on C2 and C4

5 Organische Sauerstoffverbindungen

5.1 Stoffklassen und funktionelle Gruppen
Funktionelle Gruppe: Atomgruppe in einem Molekül, die ein charakteristisches Reaktionsverhalten bewirkt.
Stoffklasse: Ähnliche Verbindungen mit gleicher funktioneller Gruppe.
Alkyl-Rest: Kohlenwasserstoff-Rest, in Formeln: – R.

Stoffklasse	Strukturformel funktionelle Gruppe	Endung
Alkene	$\underset{R}{\overset{R}{>}}C=C\underset{R}{\overset{R}{<}}$	-en
Alkohole (Alkanole)	$R-\overline{\underline{O}}-H$	-ol
Aldehyde (Alkanale)	$R-C{\overset{\nearrow O}{\searrow H}}$	-al
Ketone (Alkanone)	$R-C{\overset{\nearrow O}{\searrow R}}$	-on
Carbonsäuren	$R-C{\overset{\nearrow O}{\searrow O-H}}$	-säure
Carbonsäureester	$R-C{\overset{\nearrow O}{\searrow O-R}}$	-ester

5.2 Alkohole
a) Schmelztemperaturen und Siedetemperaturen
Alle Alkanole gehören zur Stoffklasse der Alkohole. Sie schmelzen und sieden bei wesentlich höheren Temperaturen als Alkane vergleichbarer Molekülgröße. Zwischen den Hydroxy-Gruppen bilden sich Wasserstoffbrücken aus.

b) Löslichkeit/Mischbarkeit
Alkohole können sowohl hydrophile als auch hydrophobe Stoffe lösen. Mit zunehmender Länge des unpolaren Alkyl-Restes sind die Moleküle weniger hydrophil.

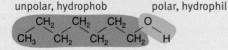

unpolar, hydrophob — polar, hydrophil

Der Alkyl-Rest bildet VAN-DER-WAALS-Wechselwirkungen aus:	Die Hydroxy-Gruppe bildet Wasserstoffbrücken:

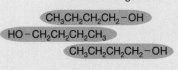

5.3 Aldehyde und Ketone
a) Schmelztemperaturen und Siedetemperaturen
Aldehyde und Ketone bilden zwischen den Carbonyl-Gruppen Dipol/Dipol-Wechselwirkungen, aber keine Wasserstoffbrücken aus. Deshalb sind ihre Schmelz- und Siedetemperaturen etwas höher als die vergleichbarer Alkane, aber wesentlich niedriger als die von Alkoholen ähnlicher Molekülgröße.

b) Löslichkeit/Mischbarkeit
Die kurzkettigen Aldehyde und Ketone sind aufgrund von Wasserstoffbrücken mit Wasser mischbar. Langkettige Aldehyde und Ketone mischen sich aufgrund von VAN-DER-WAALS-Wechselwirkungen mit Heptan.

c) Unterschiede zwischen Aldehyden und Ketonen
Aldehyde lassen sich zu Carbonsäuren oxidieren. Daher wirken sie reduzierend, Ketone dagegen nicht. Auf dieser Reduktionswirkung beruhen typische Reaktionen der Aldehyde wie die **FEHLING**-Probe und die **TOLLENS**-Probe.

5.4 Carbonsäuren und Carbonsäureester
a) Schmelztemperaturen und Siedetemperaturen
Carbonsäuren haben hohe Schmelz- und Siedetemperaturen. Die Carboxy-Gruppen der Carbonsäuren bilden untereinander Wasserstoffbrücken aus, so dass Doppelmoleküle entstehen. Zwischen den Doppelmolekülen liegen VAN-DER-WAALS-Wechselwirkungen vor, die wegen der Molekülgröße relativ stark sind.
Zwischen Ester-Molekülen liegen Dipol/Dipol-Wechselwirkungen vor. Ester haben daher niedrigere Schmelz- und Siedetemperaturen als Alkohole und Carbonsäuren.

b) Saure Reaktion
Das Wasserstoff-Atom der O – H-Bindung der Carboxy-Gruppe ist stark positiviert. Deshalb gehen Carbonsäure-Moleküle als Protonendonatoren mit Wasser-Molekülen Säure/Base-Reaktionen ein. Mit Laugen reagieren Carbonsäuren zu Salzen.

$$R-COOH + H_2O \longrightarrow R-COO^- + H_3O^+$$
$$R-COOH + NaOH \longrightarrow R-COO^- + Na^+ + H_2O$$

c) Veresterung und Esterspaltung
Ester entstehen bei der Reaktion von Carbonsäuren mit Alkoholen unter Abspaltung von Wasser. Die Veresterung ist eine *Gleichgewichtsreaktion*. Durch Erhitzen mit Natronlauge werden Carbonsäureester vollständig gespalten. Eine solche Esterspaltung bezeichnet man als *Verseifung*.

$$R^1-CO\mathbf{OH} + \mathbf{HO}-R^2 \underset{\text{Esterspaltung}}{\overset{\text{Veresterung}}{\rightleftharpoons}} R^1-COO-R^2 + \mathbf{H_2O}$$

6 Elementfamilien und ihre Reaktionen

6.1 Alkalimetalle (I. Hauptgruppe)

Die Alkalimetalle sind reaktionsfreudige Leichtmetalle mit niedrigen Schmelztemperaturen und geringer Härte. Sie reagieren zu Ionenverbindungen mit einfach positiv geladenen Alkalimetall-Ionen. Die Reaktionsfähigkeit nimmt vom Lithium zum Caesium zu.
Die Alkalimetalle und ihre Verbindungen geben charakteristische Flammenfärbungen.

– **Reaktion mit Wasser:**
Alkalimetalle reagieren heftig mit Wasser. Dabei bilden sich Alkalimetallhydroxide und Wasserstoff-Gas.
Beispiel:
$2\ Na\,(s) + 2\ H_2O\,(l) \longrightarrow$
$\qquad 2\ Na^+\,(aq) + 2\ OH^-\,(aq) + H_2\,(g);\ exotherm$

– **Alkalimetallhydroxide** lösen sich sehr gut in Wasser.
Beispiel:
$NaOH\,(s) \xrightarrow{\ Wasser\ } Na^+\,(aq) + OH^-\,(aq);\ exotherm$
Natriumhydroxid $\qquad\qquad$ Natronlauge

6.2 Erdalkalimetalle (II. Hauptgruppe)

Die Erdalkalimetalle ähneln den Alkalimetallen. Auch sie geben charakteristische Flammenfärbungen. Die Reaktionsfähigkeit der Erdalkalimetalle gegenüber Wasser ist aber deutlich geringer als bei den Alkalimetallen. Die Erdalkalimetall-Ionen sind zweifach positiv geladen.
Beispiel:
$Ca\,(s) + 2\ H_2O\,(l) \longrightarrow$
$\qquad Ca^{2+}\,(aq) + 2\ OH^-\,(aq) + H_2\,(g);\ exotherm$

6.3 Halogene (VII. Hauptgruppe)

Halogene sind reaktionsfreudige Nichtmetalle. Die Reaktionsfähigkeit nimmt vom Fluor zum Iod ab.
Als Element bestehen die Halogene aus zweiatomigen Molekülen: Fluor (F_2), Chlor (Cl_2), Brom (Br_2) und Iod (I_2).

– **Reaktion mit Wasserstoff:**
Halogene reagieren mit Wasserstoff zu Halogenwasserstoffen.
Beispiel:
$Cl_2\,(g) + H_2\,(g) \longrightarrow 2\ HCl\,(g);\ exotherm$

– **Reaktion mit Metallen:**
Halogene reagieren mit Metallen zu Metallhalogeniden. Die Halogene kommen in diesen Verbindungen als einfach negativ geladene Ionen vor.
Beispiel:
$2\ Na\,(s) + Cl_2\,(g) \longrightarrow 2\ NaCl\,(s);\ exotherm$

6.4 Edelgase (VIII. Hauptgruppe)

Edelgase kommen nur als einzelne, unverbundene Atome vor. Sie sind so gut wie gar nicht reaktiv. Nur die schweren Edelgase können Verbindungen eingehen.

7 Oxidation, Reduktion, Redoxreaktion

7.1 Redoxreaktionen – Elektronenübertragungsreaktionen

Mit der Entdeckung, dass bei chemischen Reaktionen Elektronen übertragen werden können, hat man die Begriffe Oxidation, Reduktion und Redoxreaktion neu definiert.
– **Oxidation** ist die Abgabe von Elektronen.
– **Reduktion** ist die Aufnahme von Elektronen.
– **Redoxreaktionen** sind Elektronenübertragungsreaktionen.

Elektronenabgabe: $\qquad Mg \dashrightarrow Mg^{2+} + 2\ e^-$
Elektronenaufnahme: $\quad Cu^{2+} + 2\ e^- \dashrightarrow Cu$

Elektronenübertragung: $Mg + Cu^{2+} \longrightarrow Mg^{2+} + Cu$

– Unedle Metalle geben leicht Elektronen ab, sie wirken als *Elektronendonatoren*. Metall-Ionen edler Metalle nehmen leicht Elektronen auf, sie sind *Elektronenakzeptoren*. Jedes Metall-Ion löst das unedlere Metall auf; jedes Metall fällt das edlere Metall aus seiner Salzlösung aus. Die *Redoxreihe* der Metalle wird deshalb auch als **Fällungsreihe** bezeichnet.
– Teilchen, die Elektronen aufnehmen, bezeichnet man als *Oxidationsmittel*. Teilchen, die Elektronen abgeben, sind *Reduktionsmittel*.

7.2 Redoxreaktionen und Oxidationszahlen

Oxidationszahl: Die Oxidationszahl gibt an, wie viele Elektronen ein Atom in einem Molekül oder Ion formal aufgenommen oder abgegeben hat. Bei polaren Elektronenpaarbindungen werden die Bindungselektronen werden jeweils dem Atom mit der größeren *Elektronegativität* zugeordnet.

Oxidation (Donatorreaktion):
Elektronenabgabe: die Oxidationszahl steigt.

$\overset{II}{Fe^{2+}}\,(aq) \dashrightarrow \overset{III}{Fe^{3+}}\,(aq) + e^-$
Reduktionsmittel $\quad$ Oxidationsmittel

Reduktion (Akzeptorreaktion):
Elektronenaufnahme: die Oxidationszahl sinkt.

$\overset{0}{Cl_2}\,(g) + 2\ e^- \dashrightarrow \overset{-I}{2\ Cl^-}$
Oxidationsmittel $\qquad$ Reduktionsmittel

Redoxreaktion (Donator/Akzeptor-Reaktion):
Elektronenübertragungs, Oxidationszahlen ändern sich.

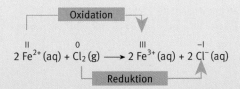

$2\ \overset{II}{Fe^{2+}}\,(aq) + \overset{0}{Cl_2}\,(g) \longrightarrow 2\ \overset{III}{Fe^{3+}}\,(aq) + 2\ \overset{-I}{Cl^-}\,(aq)$

8 Chemie der Nebengruppenelemente

8.1 Atommodelle

Die Vorstellung von Atomen als den kleinsten, unteilbaren Bausteinen der Materie geht auf DEMOKRIT (um 400 v. Chr.) zurück. Wichtige Schritte zur heutigen Vorstellung vom Aufbau der Atome waren die folgenden Modelle:

- Jedem Element entspricht eine Art von Atomen. Chemische Reaktionen sind Umgruppierungen von Atomen (DALTON, 1808).
- Atome bestehen aus einer positiv geladenen Grundmaterie, deren Ladung durch Elektronen ausgeglichen wird (THOMSEN, 1904).
- Die Masse eines Atoms ist auf einen kleinen positiv geladenen Kern konzentriert, der von Elektronen umkreist wird (RUTHERFORD, 1911).
- Elektronen bewegen sich entsprechend ihrer Energie auf bestimmten Bahnen um den Kern. Die Stellung eines Elements im Periodensystem ergibt sich aus der Besetzung der Energieniveaus mit Elektronen (BOHR, SOMMERFELD 1913/1922).

8.2 Quantenzahlen und Elektronenkonfiguration

Den Aufenthaltsraum von Elektronen eines bestimmten Energiezustandes bezeichnet man als **Orbital**. Die unterschiedlichen Energieniveaus und die zugehörigen Orbitale werden durch die **Quantenzahlen** charakterisiert:

Die *Hauptquantenzahl n* bezeichnet dabei eine Gruppe eng benachbarter Energieniveaus. Die *Nebenquantenzahl l* und die *Magnetquantenzahl m* legen die Orbitalform bzw. die Lage im Raum fest. Die *Spinquantenzahl s* gibt die Eigenrotation des Elektrons wieder.

Für die Verteilung der Elektronen auf die Orbitale gelten die folgenden Regeln:

- **Energieprinzip:** Energieärmere Zustände werden vor energiereicheren besetzt.
- **HUNDsche Regel:** Energiegleiche Orbitale gleicher Nebenquantenzahl werden zunächst einfach besetzt.
- **PAULI-Prinzip:** Ein Orbital kann maximal zwei Elektronen unterschiedlichen Spins aufnehmen.

Die *Elektronenkonfiguration* gibt die Verteilung der Elektronen auf die Orbitale eines Atoms an.

Bei der *PAULING*-Schreibweise wird jedes Orbital durch ein Kästchen symbolisiert und die Elektronen werden durch Pfeile angegeben.

Beispiel: Lithium $\boxed{\uparrow\downarrow}$ $\boxed{\uparrow}$
$\qquad\qquad\quad 1s^2\ 2s^2$

In der Kurzschreibweise gibt man Hauptenergieniveau, Unterniveau und Anzahl der Elektronen an.
Beispiel: Eisen $1s^2\ 2s^2\ 2p^6\ 3s^2\ 3p^6\ 3d^6\ 4s^2$ oder: $[Ar]\ 3d^6\ 4s^2$

8.3 Komplexe

Aufbau: Komplexe bestehen aus einem Zentralion, das von Liganden umgeben ist. Die Koordinationszahl gibt die Anzahl der einzähligen Liganden an. Ein typisches Beispiel ist das oktaedrische Hexaamminnickel(II)-Ion $[Ni(NH_3)_6]^{2+}$:

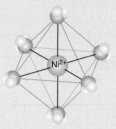

Ligandenaustausch:

$$[Ni(H_2O)_6]^{2+}\,(aq) + 6\,NH_3\,(aq) \rightleftharpoons [Ni(NH_3)_6]^{2+} + 6\,H_2O\,(l)$$

Benennung:

$[Fe(H_2O)_6]^{3+}$	Hexaaquaeisen(III)-Ion
$K_4[Fe(CN)_6]$	Kaliumhexacyanoferrat(II)
$[FeSCN(H_2O)_5]^{2+}$	Pentaaquathiocyanatoeisen(III)-Ion

9 Chemisches Gleichgewicht

Viele chemische Reaktionen verlaufen nicht vollständig: Es stellt sich ein Gleichgewicht ein, bei dem Reaktionsprodukte und Ausgangsstoffe nebeneinander vorliegen. Ein Doppelpfeil in der Reaktionsgleichung weist darauf hin:

$$CH_3COOH + C_2H_5OH \rightleftharpoons CH_3COOC_2H_5 + H_2O$$

Essigsäure   Ethanol   Essigsäureethylester

Ein chemisches Gleichgewicht ist ein *dynamischer Gleichgewichtszustand*: Die Bildung der Produkte (Hinreaktion) und deren Zerfall (Rückreaktion) verlaufen mit gleicher Geschwindigkeit.

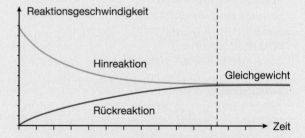

Die Lage eines Gleichgewichts hängt von den Reaktionsbedingungen ab: Stört man das Gleichgewicht durch eine Änderung der *Temperatur* oder der *Konzentration* der Stoffe, so stellt sich ein neues Gleichgewicht ein. Falls sich bei Reaktionen mit Gasen die Teilchenzahl im Gasraum ändert, hängt die Lage des Gleichgewichts auch vom *Druck* ab.

10 Elektrochemie

10.1 Galvanische Zellen
- Elektrolyse: Elektrische Energie wird in chemische Energie umgewandelt, erzwungene Redoxreaktion.
- Galvanisches Element: Chemische Energie wird in elektrische Energie umgewandelt, freiwillig ablaufende Redoxreaktion.

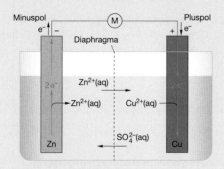

Aufbau einer Zink/Kupfer-Zelle:
- Minuspol (Donator-Halbzelle): Zink wird oxidiert.
  $Zn\,(s) \dashrightarrow Zn^{2+}\,(aq) + 2\,e^-$
- Pluspol (Akzeptor-Halbzelle): Cu^{2+}-Ionen werden reduziert.
  $Cu^{2+}\,(aq) + 2\,e^- \dashrightarrow Cu\,(s)$
- Ein Diaphragma ermöglicht die für den Ladungsausgleich zwischen den Elektrolytlösungen notwendige Ionenwanderung.
- Zelldiagramm: $Zn/Zn^{2+}//Cu^{2+}/Cu$

Elektrodenpotential:
- An den Elektroden der Halbzellen bildet sich eine elektrochemische Doppelschicht aus.
- Dies führt zur Aufladung der Elektroden und zur Ausbildung von Elektrodenpotentialen U_H.
- Das Elektrodenpotential ist ein Maß für das Redoxverhalten eines Redoxpaares.

Spannung einer galvanischen Zelle:
Die Zellspannung U ist die Potentialdifferenz zwischen den Halbzellen:

$U = U_H$ (Akzeptor-Halbzelle) $- U_H$ (Donator-Halbzelle)

Spannungsreihe:
Zusammenstellung der Standard-Elektrodenpotentiale U_H^0 für Redoxpaare bezogen auf die Standard-Wasserstoff-Elektrode bei $p = 1000$ hPa und $c = 1\,mol \cdot l^{-1}$.

NERNSTsche Gleichung:
Das Elektrodenpotential U_H einer Halbzelle hängt von der Elektrolytkonzentration ab. Für Metallhalbzellen gilt:

$$U_H(Me^{z+}/Me) = U_H^0(Me^{z+}/Me) + \frac{0{,}059\,V}{z}\,\lg\frac{c\,(Me^{z+})}{mol \cdot l^{-1}}$$

10.2 Elektrolyse
- Freiwillig ablaufende Redoxreaktionen können durch Zuführung elektrischer Energie umgekehrt werden.
- Bei der Elektrolyse einer Zinkbromid-Lösung an Graphit-Stäben scheiden sich an der Kathode Zink und an der Anode Brom ab:
  Kathode (Minuspol): $\quad Zn^{2+}\,(aq) + 2\,e^- \dashrightarrow Zn\,(s)$
  Anode (Pluspol): $\quad\quad 2\,Br^-\,(aq) \dashrightarrow Br_2\,(aq) + 2\,e^-$

Zersetzungsspannung:
Die Spannung, bei der eine sichtbare Zersetzung des Elektrolyten beginnt, wird als Zersetzungsspannung bezeichnet. Sie ist mindestens so groß wie die Differenz der Halbzellenpotentiale der entsprechenden galvanischen Zelle.

Überspannung:
Differenz zwischen Zersetzungsspannung und dem nach der Spannungsreihe zu erwartenden Wert. Überspannungen treten vor allem bei der Abscheidung von Gasen auf.

FARADAYsche Gesetze:
Die bei einer Elektrolyse abgeschiedene Stoffmenge hängt von der geflossenen Ladung ab:

$$n = \frac{I \cdot t}{z \cdot F}$$

Die FARADAY-Konstante F ist die Ladungsmenge von 1 mol Elektronen. $1\,F = 96485\,A \cdot s \cdot mol^{-1}$

10.3 Elektrochemische Energiequellen
Batterie:
- Nicht wieder aufladbare galvanische Zelle zur elektrochemischen Stromerzeugung.
- Umwandlung chemischer Energie in elektrische.
- *Beispiele:* LECLANCHÉ-Element (Zink/Kohle-Batterie), Zink/Luft-Batterie, Lithium-Batterie.

Akkumulator (Akku):
- Batterie, die nach Entladung durch Anlegen einer elektrischen Spannung wieder aufgeladen werden kann.
- Die beim Entladen abgelaufenen Reaktionen werden beim Ladevorgang umgekehrt.
  Beispiele: Lithium-Ionen-Akku, Nickel/Metallhydrid-Akku, Nickel/Cadmium-Akku, Blei-Akku.

Brennstoffzelle:
- Galvanisches Element, bei dem der Brennstoff und das Oxidationsmittel kontinuierlich zugeführt werden.
- Solange Brennstoff vorhanden ist, kann elektrischer Strom produziert werden.

11 Energie bei chemischen Reaktionen

11.1 Energie – Erhaltung und Umwandlung
Für alle Vorgänge in Natur und Technik gilt der **Satz von der Erhaltung der Energie**. Energie kann demnach weder neu geschaffen noch vernichtet werden.

Energie kann jedoch von einer Energieform in andere Energieformen umgewandelt werden, beispielsweise von chemischer Energie in elektrische Energie oder in Lichtenergie.

11.2 Chemische Energie
Energieeffekte bei chemischen Reaktionen lassen sich auf Unterschiede in der *chemischen Energie* von Ausgangsstoffen und Reaktionsprodukten zurückführen:
- Bei exothermen Reaktionen wird ein Teil der chemischen Energie der Ausgangsstoffe in Wärme, Licht oder elektrische Energie umgewandelt. Die Reaktionsprodukte haben demnach einen geringeren Energiegehalt als die Ausgangsstoffe.
  Beispiel: Reaktion von Wasserstoff mit Sauerstoff zu Wasser.
- Die bei endothermen Reaktionen aufgenommene Energie führt zur Bildung energiereicherer Stoffe.
  Beispiel: Bildung von Glucose aus Kohlenstoffdioxid und Wasser durch die Photosynthese.

11.3 Kalorimetrische Messungen
Der Energieumsatz einer chemischen Reaktion kann in vielen Fällen mit Hilfe eines mit Wasser gefüllten Kalorimeters bestimmt werden.
Bei der Auswertung einfacher Experimente geht man von der folgenden Beziehung aus:

$$Q = c_p \cdot m \text{ (Wasser)} \cdot \Delta T$$

Dabei ist c_p die *spezifische Wärmekapazität* von Wasser (bei konstantem Druck): $c_p = 4{,}18 \text{ J} \cdot \text{K}^{-1} \cdot \text{g}^{-1}$.
Bei exothermen Reaktionen ($\Delta T = T_2 - T_1 > 0$) hat der so berechnete Wert für Q ein positives Vorzeichen, bei endothermen Reaktionen ($\Delta T < 0$) entsprechend ein negatives Vorzeichen.

11.4 Reaktionsenthalpie $\Delta_r H$
Die Reaktionsenthalpie $\Delta_r H$ entspricht der bei *konstantem Druck* ermittelten Reaktionswärme.
Im Falle einer exothermen Reaktion erhält der Wert für $\Delta_r H$ dabei ein negatives Vorzeichen ($\Delta_r H < 0$), denn das reagierende System verliert Energie an die Umgebung.
Für den Zusammenhang mit dem kalorimetrisch ermittelten Wert für Q gilt demnach: $\Delta_r H = -Q$

11.5 Molare Reaktionsenthalpie $\Delta_r H_m$
Allgemeingültige Aussagen über den Energieumsatz chemischer Reaktionen erhält man durch Berechnung der *molaren* Reaktionsenthalpie. Man dividiert dazu den experimentell für $\Delta_r H$ ermittelten Wert durch die umgesetzte Stoffmenge n:

$$\Delta_r H_m = \frac{\Delta_r H}{n} \quad \text{(Einheit: kJ} \cdot \text{mol}^{-1})$$

Der Zahlenwert hängt häufig davon ab, auf welchen der beteiligten Stoffe sich die Angabe der Stoffmenge n bezieht.

$$\text{Mg (s)} + \tfrac{1}{2} \text{O}_2 \text{ (g)} \longrightarrow \text{MgO (s)}; \quad \Delta_r H_m = -601 \text{ kJ} \cdot \text{mol}^{-1}$$
$$\text{(bezogen auf } n \text{ (Mg))}$$

$$2 \text{ Mg (s)} + \text{O}_2 \text{ (g)} \longrightarrow 2 \text{ MgO (s)}; \quad \Delta_r H_m = -1202 \text{ kJ} \cdot \text{mol}^{-1}$$
$$\text{(bezogen auf } n \text{ (O}_2\text{))}$$

11.6 Molare Standard-Bildungsenthalpie $\Delta_f H_m^0$
Die mit dem Kurzzeichen $\Delta_f H_m^0$ in Tabellenwerken angegebenen Werte gelten für den Standard-Druck (1000 hPa) und $T = 298$ K. Die Werte beziehen sich auf die Bildung von Verbindungen aus den Elementen. Für die Elemente selbst gilt in der Regel $\Delta_f H_m^0 = 0 \text{ kJ} \cdot \text{mol}^{-1}$.

Mit Hilfe der tabellierten $\Delta_f H_m^0$-Werte können die **molaren Standard-Reaktionsenthalpien** $\Delta_r H_m^0$ beliebiger Reaktionen auf einfache Weise berechnet werden:

$$\Delta_r H_m^0 = \sum \Delta_f H_m^0 \text{ (Produkte)} - \sum \Delta_f H_m^0 \text{ (Ausgangsstoffe)}$$

11.7 Satz von Hess
Die Reaktionsenthalpie ist unabhängig vom Reaktionsweg; sie hängt nur vom Ausgangs- und Endzustand des Systems ab.

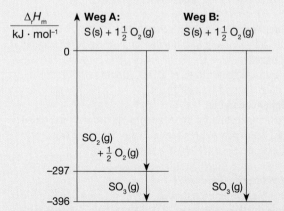

Enthalpiediagramm der Reaktion von Schwefel mit Sauerstoff

12 Wichtige Nachweisreaktionen

12.1 Wasser (H_2O)
– Man gibt einige Tropfen der zu untersuchenden Flüssigkeit zu wasserfreiem Kupfersulfat.
  Beobachtung: Das weiße Salz wird blau.
  Reaktionsgleichung:
  $CuSO_4 (s) + 5 H_2O (l) \longrightarrow CuSO_4 \cdot 5 H_2O (s)$

12.2 Sauerstoff (O_2)
– Man hält einen glimmenden Holzspan in das Gas (Glimmspanprobe).
  Beobachtung: Der Holzspan flammt auf.

12.3 Wasserstoff (H_2)
– Man fängt eine Gasprobe in einem Reagenzglas auf und entzündet sie (Knallgasprobe).
  Beobachtung: Wenn die Probe ruhig abbrennt, enthält sie reinen Wasserstoff. Enthält sie noch Sauerstoff oder Luft, verbrennt sie mit einem pfeifenden Geräusch.

12.4 Kohlenstoffdioxid (CO_2)
– Kohlenstoffdioxid wird in Kalkwasser geleitet.
  Beobachtung: Es bildet sich weißes Calciumcarbonat.
  Reaktionsgleichung:
  $Ca^{2+} (aq) + 2 OH^- (aq) + CO_2 (g) \longrightarrow CaCO_3 (s) + H_2O (l)$

12.5 Alkalimetalle, Erdalkalimetalle
– Nachweis durch Flammenfärbung oder mit einem Spektroskop.
  Beobachtungen:
  Lithium: rote Flamme, orange Linie
  Natrium: gelbe Flamme, gelbe Linie
  Kalium: blassviolette Flamme, violette Linie
  Calcium: ziegelrote Flamme, gelbe und orange Linien

12.6 Ammonium-Ionen (NH_4^+)
– An der Unterseite eines Uhrglases wird ein angefeuchtetes Stück Indikatorpapier befestigt.
– In einem kleinen Becherglas gibt man zu der Probe ein Natriumhydroxid-Plätzchen und etwas Wasser.
– Das Becherglas wird mit dem Uhrglas bedeckt.
  Beobachtung: Der gebildete Ammoniak färbt das Indikatorpapier blau.
  Reaktionsgleichung:
  $NH_4^+ (aq) + OH^- (aq) \longrightarrow NH_3 (g) + H_2O (l)$

12.7 Sulfat-Ionen (SO_4^{2-})
– Die Lösung wird mit verdünnter Salzsäure angesäuert.
– Verdünnte Bariumchlorid-Lösung wird zugegeben.
  Beobachtung: Es bildet sich ein feinkristalliner, weißer Niederschlag von Bariumsulfat.
  Reaktionsgleichung:
  $Ba^{2+} (aq) + SO_4^{2-} (aq) \longrightarrow BaSO_4 (s)$

12.8 Halogenid-Ionen
– Die Lösung wird mit verdünnter Salpetersäure angesäuert.
– Verdünnte Silbernitrat-Lösung wird zugegeben.
  Beobachtung: Es bilden sich Niederschläge von Silberchlorid (weiß), Silberbromid (gelblich), Silberiodid (schwach gelb).
– Silberchlorid löst sich in verdünnter Ammoniak-Lösung,
– Silberbromid löst sich in konzentrierter Ammoniak-Lösung.
  Beispiele für Reaktionsgleichungen:
  $Ag^+ (aq) + Cl^- (aq) \longrightarrow AgCl (s)$
  $AgCl (s) + 2 NH_3 (aq) \longrightarrow [Ag(NH_3)_2]^+ (aq) + Cl^- (aq)$

12.9 Carbonat-Ionen (CO_3^{2-})
– Die Lösung wird in einem Reagenzglas mit verdünnter Salzsäure angesäuert.
– Das frei werdende Kohlenstoffdioxid-Gas wird in Kalkwasser geleitet.
  Beobachtung: Es bildet sich ein weißer Niederschlag von Calciumcarbonat.
  Reaktionsgleichungen:
  $CO_3^{2-} (aq) + 2 H^+ (aq) \longrightarrow H_2O (l) + CO_2 (g)$
  $Ca^{2+} (aq) + 2 OH^- (aq) + CO_2 (g) \longrightarrow CaCO_3 (s) + H_2O (l)$

12.10 Eisen(III)-Ionen
– Die Lösung wird mit wenigen Tropfen Ammoniumthiocyanat-Lösung versetzt.
  Beobachtung: Die Lösung färbt sich blutrot.
  Reaktionsgleichung:
  $Fe^{3+} (aq) + SCN^- (aq) \longrightarrow Fe SCN^{2+} (aq)$
  farblos   rot
– In die Lösung von Eisen(III)-Ionen werden wenige Tropfen Kaliumhexacyanoferrat(II)-Lösung gegeben.
  Beobachtung: Die Lösung färbt sich dunkelblau oder es entsteht ein dunkelblauer Niederschlag (Berliner Blau).
  Reaktionsgleichung:
  $4 Fe^{3+} (aq) + 3 [Fe(CN)_6]^{4-} (aq) \longrightarrow Fe_4 [Fe(CN)_6]_3 (s)$

12.11 Kupfer(II)-Ionen
– Die Lösung wird mit Ammoniak-Lösung versetzt.
  Beobachtung: Die Lösung färbt sich intensiv blau.
  Reaktionsgleichung:
  $Cu^{2+} (aq) + 4 NH_3 (aq) \longrightarrow [Cu(NH_3)_4]^{2+} (aq)$
– Zur Lösung von Kupfer(II)-Ionen werden wenige Tropfen Kaliumhexacyanoferrat(II)- Lösung gegeben.
  Beobachtung: Es bildet sich ein rotbrauner Niederschlag.
  Reaktionsgleichung:
  $2 Cu^{2+} (aq) + [Fe(CN)_6]^{4-} (aq) \longrightarrow Cu_2 [Fe(CN)_6] (s)$

Sicheres Experimentieren

Gefahrensymbole. Von vielen Stoffen, die im Chemieunterricht verwendet werden, gehen Gefahren aus. Die Gefahrensymbole geben Hinweise auf diese Gefahren.

 Stoffe, die beim Verschlucken oder Einatmen oder bei Aufnahme durch die Haut schwere Gesundheitsschäden oder gar den Tod bewirken können.

T: Giftig
T+: Sehr giftig

 Stoffe, die beim Verschlucken oder Einatmen oder bei Aufnahme durch die Haut beschränkte Gesundheitsschäden hervorrufen können.

Xn: Gesundheitsschädlich

 Stoffe, die das Hautgewebe an der betroffenen Stelle innerhalb weniger Minuten vollständig zerstören können.

C: Ätzend

 Stoffe, die auf der Haut nach mehrstündiger Einwirkung deutliche Entzündungen hervorrufen können.

Xi: Reizend

 Stoffe, die brennbare Materialien entzünden können oder mit diesen explosive Gemische ergeben.

O: Brandfördernd

 Stoffe, die schon durch kurzzeitige Einwirkung einer Zündquelle entzündet werden können oder sich an der Luft von alleine entzünden.

F: Leichtentzündlich
F+: Hochentzündlich

 Stoffe, die explodieren können.

E: Explosionsgefährlich

 Stoffe, die selbst oder in Form ihrer Umwandlungsprodukte geeignet sind, sofort oder später Gefahren für die Umwelt herbeizuführen.

N: Umweltgefährlich

Sicherheitshinweise. Wegen der besonderen Gefahren sind im Chemieunterricht besondere Sicherheitshinweise zu beachten:

1. Schülerinnen und Schüler dürfen Geräte und Chemikalien nicht ohne Genehmigung berühren. Die Anlagen für elektrische Energie, Gas und Wasser dürfen nur nach Aufforderung eingeschaltet werden.
2. In Experimentierräumen darf weder gegessen noch getrunken werden.
3. Versuchsvorschriften und Hinweise müssen genau befolgt werden. Die Geräte müssen in sicherem Abstand von der Tischkante standfest aufgebaut werden. Der Versuch darf erst dann durchgeführt werden, wenn dazu aufgefordert wurde.
4. Werden Schutzbrillen oder Schutzhandschuhe ausgehändigt, so müssen sie beim Experimentieren getragen werden.
5. Geschmacks- und Geruchsproben dürfen nur dann vorgenommen werden, wenn die Lehrerin oder der Lehrer dazu auffordert. Chemikalien sollen nicht mit den Händen berührt werden.
6. Pipettieren mit dem Mund ist verboten.
7. Chemikalien dürfen nicht in Gefäße umgefüllt werden, die nicht eindeutig und dauerhaft beschriftet sind. Auf keinen Fall dürfen Gefäße benutzt werden, die üblicherweise zur Aufnahme von Speisen und Getränken bestimmt sind.
8. Die Haare sind so zu tragen, dass sie nicht in die Brennerflamme geraten können.
9. Der Arbeitsplatz muss stets sauber gehalten werden. Nach Beendigung des Versuchs sind die Geräte zu reinigen.
10. Chemikalienreste müssen vorschriftsmäßig entsorgt werden.

Sicherheitsleiste. Die im Buch beschriebenen Praktikumsversuche sind mit einer Sicherheitsleiste versehen, die mit Hilfe von neun Symbolkästchen Hinweise zu den Gefahren und zur Entsorgung gibt.

Die vier zuerst angegebenen Symbole enthalten die Gefahrensymbole der verwendeten Stoffe. Die Kästchen 5, 6 und 7 geben Hinweise auf Sicherheitsvorkehrungen beim Experimentieren: Das Symbol „Abzug" bedeutet, dass der Versuch unter dem Abzug durchgeführt werden muss. Man erkennt außerdem, ob Schutzbrillen zu tragen sind. Die letzten zwei Kästchen beschreiben die korrekte Entsorgung. Die genaue Zuordnung der Symbole zu bestimmten Stoffen lässt sich der Stoffliste im Anhang entnehmen.

Entsorgung von Chemikalienresten

Wir wissen alle, dass man Chemikalienreste nicht ohne weiteres in den Abfluss oder den Abfalleimer geben darf. Gefährliche Stoffe müssen vielmehr ordnungsgemäß entsorgt werden. Das gilt besonders für Stoffe, die bei chemischen Experimenten anfallen. Um möglichst wenig Sorgen mit solchen Stoffen zu haben, sollte man folgende Regeln beachten:

Gefährliche Abfälle vermeiden. Zu den wichtigsten Regeln für einen verantwortungsbewussten Umgang mit Stoffen gehört es, die Entstehung von unnötigen Abfällen oder unnötig großen Mengen an Abfällen zu vermeiden. Die Anwendung dieser Regel setzt eine sorgfältige Planung der experimentellen Arbeit im Hinblick auf Art und Menge der verwendeten Stoffe voraus.

Gefährliche Abfälle umwandeln. Nicht vermeidbare gefährliche Abfallstoffe sollen in weniger gefährliche Stoffe umgewandelt werden: Säuren und Basen werden neutralisiert. Lösliche Stoffe können zu schwer löslichen umgesetzt werden.
Es ist zweckmäßig, Säuren und Laugen in einem gemeinsamen Behälter zu sammeln. Sie brauchen dann nicht portionsweise neutralisiert zu werden. Dies entspricht der ersten Regel, denn auf diese Weise bleiben die Abfallmengen klein.

Gefährliche Abfälle sammeln. Abfälle, die nicht an Ort und Stelle in ungefährliche Produkte umgewandelt werden können, sind zu sammeln. Von Zeit zu Zeit werden die Abfallbehälter dann durch ein Entsorgungsunternehmen abgeholt. Durch das Sammeln in getrennten Behältern wird zum einen die endgültige Beseitigung erleichtert und zum anderen eine Wiederaufbereitung ermöglicht.
Der Fachhandel bietet für das Sammeln gefährlicher Abfälle geeignete Behälter an; es können auch entsprechend beschriftete leere Chemikalienflaschen verwendet werden.

Entsorgungskonzept. Abfallchemikalien müssen nach Stoffklassen getrennt gesammelt werden, damit die ordnungsgemäße endgültige Entsorgung vereinfacht wird. Der folgende Sortiervorschlag ist einfach und übersichtlich und er garantiert eine angemessene endgültige Entsorgung:

Behälter 1 (B1): Säuren und Laugen

Behälter 2 (B2): giftige anorganische Stoffe

Behälter 3 (B3): halogenfreie organische Stoffe

Behälter 4 (B4): halogenhaltige organische Stoffe

 Im **Behälter 1** werden saure und alkalische Lösungen gesammelt. Der Inhalt von Behälter 1 sollte neutralisiert werden, bevor der Behälter ganz gefüllt ist. Der neutralisierte Inhalt kann dann in den Ausguss geschüttet werden. Deshalb dürfen giftige Verbindungen wie saure oder alkalische Chromat-Lösungen *nicht* in diese Behälter gegeben werden.

 Im **Behälter 2** werden giftige anorganische Stoffe wie Schwermetallsalze und Chromate gesammelt.

Die endgültige Entsorgung erfolgt hier durch ein Entsorgungsunternehmen.

 Im **Behälter 3** werden wasserunlösliche und wasserlösliche halogenfreie organische Stoffe gesammelt. Das gemeinsame Sammeln wasserunlöslicher und wasserlöslicher Stoffe erspart ein weiteres Sammelgefäß und vereinfacht damit das Entsorgungskonzept. Damit sich kein zu großes Volumen an leicht entzündlichen Flüssigkeiten ansammelt, ist durchaus zu erwägen, *geringe Mengen* nicht giftiger wasserlöslicher organischer Abfälle wie Ethanol oder Aceton in den Ausguss zu geben.

Behälter 3 muss von einem Entsorgungsunternehmen ordnungsgemäß entsorgt werden.

 In den **Behälter 4** gehören alle Halogenkohlenwasserstoffe, alle sonstigen halogenhaltigen organischen Stoffe sowie die Abfälle aus Halogenierungsreaktionen organischer Stoffe.

Behälter 4 muss von einem Entsorgungsunternehmen ordnungsgemäß entsorgt werden.

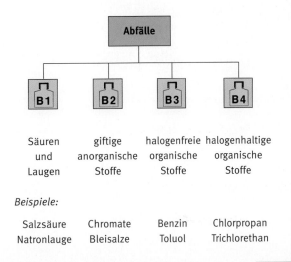

1 Reaktionsgeschwindigkeit und chemisches Gleichgewicht

Wenn ein chemisches Produkt hergestellt werden soll, muss zunächst geklärt werden, welche Ausgangsstoffe sich am besten eignen und in welchem Mengenverhältnis sie eingesetzt werden müssen. Eine entscheidende Rolle spielt aber auch der Reaktionsverlauf: Die Ausgangsstoffe sollten möglichst vollständig in das Produkt überführt werden und die Reaktion sollte weder zu schnell noch zu langsam sein.

Die ersten wissenschaftlichen Untersuchungen über den zeitlichen Verlauf chemischer Reaktionen stammen aus den 1850er Jahren. 1864 formulierten dann die norwegischen Forscher Cato Maximilian GULDBERG und Peter WAAGE das sogenannte Massenwirkungsgesetz (MWG). Es stellt einen mathematischen Zusammenhang zwischen den in einem chemischen Gleichgewicht vorliegenden Konzentrationen der Reaktionsprodukte und der Ausgangsstoffe her.

Ersttagsbrief aus Norwegen
zum 100. Jahrestag der Formulierung
des Massenwirkungsgesetzes
durch Guldberg (rechts) und Waage (links)

Grundlagen:
- Massen-, Volumen- und Konzentrationsmaße
- Umkehrbarkeit chemischer Reaktionen
- chemisches Gleichgewicht
- molare Reaktionsenthalpie

Zentrale Fragen:
- Wie ist die Reaktionsgeschwindigkeit definiert?
- Wie kann man die Geschwindigkeit einer Reaktion beeinflussen?
- Wie wirken sich Temperatur, Konzentration und Druck auf die Lage eines chemischen Gleichgewichts aus?
- Welcher Zusammenhang besteht zwischen der Gleichgewichtskonstante einer Reaktion und den im Gleichgewicht vorliegenden Konzentrationen?

1.1 Geschwindigkeit chemischer Reaktionen

Reaktion von Marmor mit Salzsäure

Gibt man Salzsäure auf Marmorstückchen, so steigen Gasbläschen auf. Die Marmorstücke, die aus Calciumcarbonat ($CaCO_3$) bestehen, werden allmählich kleiner. Bei der Reaktion bilden sich Kohlenstoffdioxid, das als Gas entweicht, sowie gelöstes Calciumchlorid und Wasser:

$$CaCO_3\,(s) + 2\,HCl\,(aq) \longrightarrow CaCl_2\,(aq) + CO_2\,(g) + H_2O\,(l)$$

Mit großen Marmorstückchen verläuft die Reaktion wesentlich langsamer. Auch die Konzentration der Salzsäure und die Temperatur haben Einfluss auf den zeitlichen Verlauf der Reaktion.

Reaktionsgeschwindigkeit. Für eine quantitative Beschreibung des zeitlichen Verlaufs einer Reaktion muss zunächst mithilfe von messbaren Größen der Begriff der Reaktionsgeschwindigkeit sinnvoll definiert werden.

Die Reaktion von Salzsäure mit Marmor verläuft schnell, wenn sich in einem *bestimmten Zeitintervall* Δt viel Kohlenstoffdioxid entwickelt. Die Konzentration der Salzsäure nimmt in dem Zeitintervall rasch ab, während die Konzentration an Calciumchlorid entsprechend zunimmt.

Als Definition für die *Reaktionsgeschwindigkeit* v wird generell der Quotient aus dem *Betrag* einer Konzentrationsänderung $|c_2 - c_1|$ und dem zugehörigen Zeitintervall $t_2 - t_1$ verwendet. Auf diese Weise ergibt sich ein stets positiver Wert für v, unabhängig davon, ob man die Reaktionsgeschwindigkeit in Bezug auf ein Reaktionsprodukt (mit zunehmender Konzentration) oder in Bezug auf einen Ausgangsstoff (mit abnehmender Konzentration) berechnet:

$$v = \frac{|\Delta c|}{\Delta t} = \frac{|c_2 - c_1|}{t_2 - t_1}$$

Als Konzentrationsangabe verwendet man in der Chemie meist die *Stoffmengenkonzentration c*. Sie ist definiert als Quotient aus der Stoffmenge des gelösten Stoffes und dem Lösungsvolumen. Die Einheit der Stoffmengenkonzentration ist $1\,mol \cdot l^{-1}$:

$$c = \frac{n}{V\,(\text{Lösung})}$$

Kennt man die umgesetzte Stoffmenge eines an einer chemischen Reaktion beteiligten Stoffes, so kann man mithilfe der Reaktionsgleichung die Stoffmengen der anderen Stoffe ermitteln.

Für die Reaktion von Marmor mit Salzsäure ergeben sich folgende Beziehungen: Für die Zersetzung von 1 mol Calciumcarbonat benötigt man 2 mol Salzsäure. Dabei entstehen je 1 mol Calciumchlorid, Kohlenstoffdioxid und Wasser. Entsprechendes gilt für die Stoffmengenkonzentrationen: Sinkt die Konzentration der Salzsäure um $2\,mol \cdot l^{-1}$, so erhöht sich die Konzentration an Calciumchlorid um $1\,mol \cdot l^{-1}$.

Auch die Reaktionsgeschwindigkeiten verhalten sich wie die Stoffmengen:

$$\frac{|\Delta n\,(HCl)|}{|\Delta n\,(CaCl_2)|} = \frac{2}{1} = \frac{|\Delta c\,(HCl)|}{|\Delta c\,(CaCl_2)|} = \frac{v\,(HCl)}{v\,(CaCl_2)}$$

> Die Reaktionsgeschwindigkeit v ist definiert als Quotient aus dem Betrag der Konzentrationsänderung eines Stoffes und dem zugehörigen Zeitintervall:
>
> $$v = \frac{|\Delta c|}{\Delta t} = \frac{|c_2 - c_1|}{t_2 - t_1}$$

1. Bromwasserstoffsäure und Iodwasserstoffsäure reagieren ähnlich wie Salzsäure mit Marmor.
   a) Berechnen Sie die Stoffmengen und die Massen an Bromwasserstoff (HBr) und Iodwasserstoff (HI), die man für die Reaktion mit 1 g Marmor benötigt.
   b) Erläutern Sie, warum es in der Chemie vorteilhafter ist, Stoffmengen zu vergleichen, als Massen.
2. Bei der Reaktion von Calciumcarbonat mit Salzsäure werden in 100 ml Lösung 30 mg Calciumchlorid innerhalb von 10 s gebildet. Berechnen Sie die Reaktionsgeschwindigkeit.
3. Stickstoff reagiert mit Wasserstoff zu Ammoniak:

   $$N_2\,(g) + 3\,H_2\,(g) \longrightarrow 2\,NH_3\,(g)$$

   In welchem Verhältnis stehen die Reaktionsgeschwindigkeiten zueinander, wenn man sie auf Stickstoff, auf Wasserstoff beziehungsweise auf Ammoniak bezieht?

1.2 Messung von Reaktionsgeschwindigkeiten

Der zeitliche Verlauf der Reaktion von Zink mit Salzsäure lässt sich experimentell leicht verfolgen. Man fängt das Wasserstoff-Gas auf und misst das entstandene Volumen an Wasserstoff in Abhängigkeit von der Zeit. Sind die Anfangskonzentration der Salzsäure und das Volumen der Lösung bekannt, so lassen sich die Konzentrationen der Salzsäure und des Zinkchlorids aus dem Volumen des gebildeten Wasserstoffs berechnen. Damit sich die Oberfläche während der Reaktion praktisch nicht verändert, wird ein Überschuss an Zink verwendet.

$$Zn\,(s) + 2\,HCl\,(aq) \longrightarrow H_2\,(g) + ZnCl_2\,(aq)$$

Zu Beginn der Reaktion bildet sich pro Zeiteinheit viel Wasserstoff, gegen Ende der Reaktion entsteht immer weniger Wasserstoff pro Zeiteinheit. Die Reaktion verläuft also anfangs am schnellsten und wird dann aufgrund des Verbrauchs an Salzsäure immer langsamer. Trägt man die Konzentration der Salzsäure in ein Konzentrations/Zeit-Diagramm ein, so ergibt sich eine Kurve, deren Steigung stetig abnimmt.

Momentangeschwindigkeit. Der für ein Zeitintervall Δt berechnete Differenzenquotient $\frac{|\Delta c|}{\Delta t}$ liefert die *Durchschnittsgeschwindigkeit* $\bar{v}$ in diesem Zeitintervall. Sie entspricht im Konzentrations/Zeit-Diagramm der Steigung der Sekanten. Wählt man das Zeitintervall immer kleiner, so geht die Sekante schließlich in eine Tangente über. Die Steigung der Tangente entspricht der *Momentangeschwindigkeit v*; sie ist gleich dem Grenzwert der Durchschnittsgeschwindigkeit für $\Delta t \to 0$:

$$v = \lim_{\Delta t \to 0} \frac{|\Delta c|}{\Delta t}$$

Die *Anfangsgeschwindigkeit* v_0 einer Reaktion erhält man aus der Steigung der Tangente zur Zeit $t = 0$.

Messmethoden. Verändert man bei einer Reaktion die Konzentration eines Reaktionspartners oder die Temperatur, so ändert sich auch die Reaktionsgeschwindigkeit. Der Einfluss der Reaktionsbedingungen auf die Reaktionsgeschwindigkeit kann durch eine Versuchsreihe ermittelt werden, wobei immer nur eine der Reaktionsbedingungen variiert wird.

Um den zeitlichen Verlauf einer Reaktion zu verfolgen, versucht man in der Regel, die Konzentration eines Reaktionspartners kontinuierlich zu messen. Man kommt mit der **Methode der Anfangsgeschwindigkeiten** aber auch einfacher zum Ziel: Wie das Konzentrations/Zeit-Diagramm zeigt, ändert sich die Konzentration anfänglich fast linear. Die Anfangsgeschwindigkeit stimmt also praktisch mit der Durchschnittsgeschwindigkeit für das erste kleine Konzentrationsintervall Δc überein.
Für eine Reihe unterschiedlicher Ausgangskonzentrationen legt man nun Δc auf den gleichen Wert fest und misst die jeweilige Reaktionszeit $t_r = \Delta t$. Besonders geeignet für diese Vorgehensweise sind Reaktionen, bei denen die Farbe eines Indikator umschlägt, wenn sich die Konzentration um Δc verändert hat.

> Die Reaktionsgeschwindigkeit nimmt im Laufe einer Reaktion ab. Bei der Methode der Anfangsgeschwindigkeit erfasst man die Reaktionszeit t_r für eine kleine Konzentrationsänderung zu Beginn der Reaktion.

1. Warum ist es günstig, in einer Versuchsreihe die Geschwindigkeit zu Beginn der Reaktion zu betrachten?
2. Nennen Sie Beispiele aus Ihrem Alltag, bei denen die Geschwindigkeit einer Reaktion von der Oberfläche der Reaktionspartner abhängt.

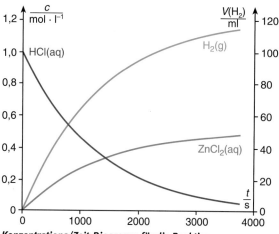

Konzentrations/Zeit-Diagramm für die Reaktion von Zink mit Salzsäure: $Zn\,(s) + 2\,HCl\,(aq) \longrightarrow ZnCl_2\,(aq) + H_2\,(g)$

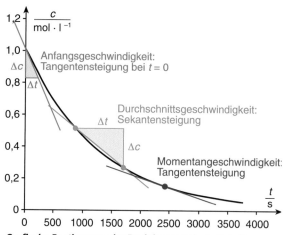

Grafische Bestimmung der Reaktionsgeschwindigkeit

1.3 Konzentration und Reaktionsgeschwindigkeit

Die Abhängigkeit der Reaktionsgeschwindigkeit von der Konzentration lässt sich experimentell gut am Beispiel der langsam verlaufenden Reaktion von Iodid-Ionen mit Peroxodisulfat-Ionen untersuchen. Bei dieser Reaktion werden Iod-Moleküle und Sulfat-Ionen gebildet:

$$2\,I^-\,(aq) + S_2O_8^{2-}\,(aq) \longrightarrow I_2\,(aq) + 2\,SO_4^{2-}\,(aq)$$

Das entstandene Iod ergibt mit zuvor zugesetzter Stärkelösung eine Blaufärbung. Setzt man der Lösung jedoch eine kleine Menge an Thiosulfat zu, so tritt die Blaufärbung erst auf, wenn alles Thiosulfat verbraucht ist. Die Iod-Moleküle reagieren nämlich sehr schnell mit Thiosulfat-Ionen:

$$I_2\,(aq) + 2\,S_2O_3^{2-}\,(aq) \longrightarrow 2\,I^-\,(aq) + S_4O_6^{2-}\,(aq)$$

Wenn man bei allen Messungen einer Versuchsreihe die gleiche Menge an Thiosulfat zugibt, wird bis zum Auftreten der Blaufärbung jeweils die gleiche Stoffmenge der Ausgangsstoffe umgesetzt. Die Konzentrationen nehmen entsprechend immer um den gleichen Betrag Δc ab. Die Reaktionszeit $t_r = \Delta t$ bis zum Auftreten der Blaufärbung ist der Anfangsgeschwindigkeit v_0 umgekehrt proportional:

$$v_0 = \frac{\Delta c\,(I_2)}{\Delta t} = \frac{konst}{t_r} \longrightarrow v_0 \sim \frac{1}{t_r}$$

Geschwindigkeitsgleichung. Mit Hilfe der *Methode der Anfangsgeschwindigkeit* kann die Reaktion in einer Versuchsreihe bei gleicher Iodid-Konzentration mit unterschiedlichen Konzentrationen an Peroxodisulfat untersucht werden. Trägt man die Kehrwerte der Reaktionszeiten gegen die jeweilige Konzentration an Peroxodisulfat auf, so ergibt sich eine Ausgleichsgerade, die im Ursprung des Koordinatensystems beginnt. Für die Reaktion gilt also: Die Reaktionsgeschwindigkeit ist proportional zur Konzentration der Peroxodisulfat-Ionen:

$$v \sim c\,(S_2O_8^{2-})\,(aq)$$

Wiederholt man den Versuch mit unterschiedlichen Konzentrationen an Iodid-Ionen bei gleicher Konzentration an Peroxodisulfat, so stellt man hier eine Proportionalität zwischen der Reaktionsgeschwindigkeit und der Konzentration der Iodid-Ionen fest:

$$v \sim c(I^-)$$

Wenn eine Größe zu mehreren anderen Größen proportional ist, so ist sie auch zum Produkt dieser Größen proportional. Für die untersuchte Reaktion gilt also:

$$v \sim c(S_2O_8^{2-}) \cdot c(I^-)$$

Mit der **Geschwindigkeitskonstanten k** als Proportionalitätsfaktor ergibt sich daraus die **Geschwindigkeitsgleichung**. Sie beschreibt die Abhängigkeit der Reaktionsgeschwindigkeit von den Konzentrationen der Ausgangsstoffe:

$$v = k \cdot c(S_2O_8^{2-}) \cdot c(I^-)$$

Stoßtheorie. Voraussetzung für eine chemische Reaktion ist ein Zusammenstoß der reagierenden Teilchen. Die Reaktionsgeschwindigkeit hängt deshalb unmittelbar mit der *Stoßwahrscheinlichkeit* zusammen: Erhöht man die Konzentration einer Teilchensorte, so werden die Zusammenstöße wahrscheinlicher und damit häufiger. So läuft die Reaktion auch schneller ab.

4 Stoßmöglichkeiten

8 Stoßmöglichkeiten

Gasreaktionen werden durch Druckerhöhung beschleunigt, denn bei solchen Reaktionen entspricht eine Druckerhöhung einer Erhöhung der Konzentration.

16 Stoßmöglichkeiten

> Die Häufigkeit von Zusammenstößen zwischen reagierenden Teilchen bestimmt die Reaktionsgeschwindigkeit. Die Abhängigkeit der Reaktionsgeschwindigkeit von der Konzentration der Reaktionspartner wird durch die Geschwindigkeitsgleichung beschrieben.

1. Erklären Sie genau, wie bei der Reaktion von Peroxodisulfat-Ionen mit Iodid-Ionen sichergestellt werden kann, dass in einer Messreihe die Reaktionszeit stets für die gleiche Konzentrationsänderung erfasst wird.
2. Für die Durchführung der Reaktion von Zink mit Salzsäure wird Schütteln oder Rühren vorgeschlagen. Erläutern Sie den Einfluss dieser Maßnahmen auf die Reaktionsgeschwindigkeit.

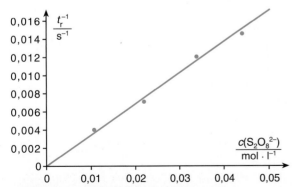

Reaktionsgeschwindigkeit in Abhängigkeit von der Konzentration der Peroxodisulfat-Ionen

Wahrscheinlichkeit von Zusammenstößen – Simulationen

In Experimenten kann man häufig feststellen, dass die Reaktionsgeschwindigkeit proportional zu den Konzentrationen der Ausgangsstoffe ist. In einer Simulation kann dieser Sachverhalt nachgestellt werden.

Als Beispiel soll eine Reaktion betrachtet werden, bei der ein Teilchen A mit einem Teilchen B zusammentrifft und reagiert. Dazu gibt man für jeden Stoff eine bestimmte Anzahl Perlen einer Farbe in einen Becher. Die Gesamtzahl der Perlen wird durch neutrale Perlen auf 100 aufgefüllt. Die unterschiedlichen Perlenanteile entsprechen den unterschiedlichen Konzentrationen.

Man zieht nun zwei Perlen, notiert das Ergebnis und legt die Perlen wieder zurück. Als Treffer wird ein Griff gewertet, mit dem man zugleich eine A-Perle und eine B-Perle gezogen hat. Dies entspricht einem Zusammenstoß der Ausgangsmoleküle. Es werden 100 Griffe durchgeführt. Die Zahl der Treffer bei 100 Griffen entspricht der Reaktionsgeschwindigkeit.

A-Perle	B-Perle	Treffer
20 %	20 %	3
30 %	20 %	6
40 %	20 %	9
20 %	30 %	5
20 %	40 %	8

Die Tabelle zeigt typische Ergebnisse von Simulationen mit unterschiedlichen Anteilen an A-Perlen und B-Perlen. Der angegebene Wert für die Anzahl der Treffer ist ein ganzzahlig gerundeter Mittelwert für jeweils zehn Simulationen.

Trägt man in einem Diagramm die Trefferzahlen gegen den Perlenanteil auf, so erkennt man, dass die Trefferzahl in beiden Reihen proportional zum Perlenanteil ist. Dies entspricht der Geschwindigkeitsgleichung:

$$v = k \cdot c(A) \cdot c(B)$$

Tabellenkalkulation. Mithilfe einer Tabellenkalkulation lässt sich eine solche Simulation viel schneller und mit einer deutlich höheren Zahl von Ziehungen durchführen.

1. Mit der Funktion „Zufallszahl" füllt man die Felder A1 und B1 mit zufällig gewählten Dezimalzahlen zwischen 0 und 1. Für 1000 Ziehungen werden diese Feldinhalte bis A1000 und B1000 kopiert.
2. In die Felder E2 und F2 trägt man den Teilchenanteil von A und von B ein.
3. Im Feld C1 überprüft man durch eine Wenn-Funktion, ob die Zufallszahlen in A1 und B1 dem Kriterium eines Treffers genügen. Wenn die Zufallszahl im Teilchenanteil enthalten ist, erscheint in C1 eine 1; sonst eine 0. Die Und-Funktion erreicht, dass beide Felder der Bedingung entsprechen müssen. Das Feld C1 hat dann folgenden Feldinhalt:
=WENN(UND(A1<=$E$2;B1<=$F$2);1;0)
Nun kopiert man den Feldinhalt aus C1 bis nach C1000.
4. Im Feld D2 wird mit dem Befehl =SUMME(C1:C1000) die Summe von C1 bis C1000 gebildet. Hier wird im Gegensatz zur Perlensimulation die Zahl der Treffer bei 1000 Griffen angezeigt. Mit der Taste F9 kann jeweils ein erneuter Simulationsdurchlauf gestartet werden.
5. Die Teilchenanteile in den Feldern E2 und F2 können genauso abgewandelt werden wie in der Perlensimulation. Auch die grafische Auswertung erfolgt wie zuvor.

Aufgaben

1. Führen Sie die Simulation mit einer Tabellenkalkulation durch und werten Sie diese grafisch aus. Vergleichen Sie das Ergebnis mit der bereits formulierten Geschwindigkeitsgleichung.
2. Bestimmen Sie die Geschwindigkeitsgleichung für die folgende Reaktion durch Tabellenkalkulation:
$$2\,A \longrightarrow C$$

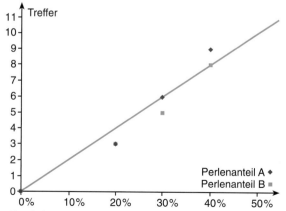

Simulation einer Reaktion. Der Anteil der anderen Perlensorte beträgt jeweils 20 %.

Simulation einer Reaktion durch Tabellenkalkulation

1.4 Reaktionsgeschwindigkeit und Temperatur

Gibt man zu einer Thiosulfat-Lösung etwas Säure, so trübt sich die Lösung nach einiger Zeit und wird undurchsichtig. Es bildet sich elementarer Schwefel, der in der Lösung fein verteilt ist:

$$S_2O_3^{2-}(aq) + 2\,H^+(aq) \longrightarrow SO_2(aq) + H_2O(l) + S(s)$$

Untersucht man die Geschwindigkeit dieser Reaktion bei unterschiedlichen Temperaturen, so stellt man fest, dass sich die Reaktionsgeschwindigkeit jeweils verdoppelt, wenn man die Temperatur um 10 K erhöht. Auch viele andere Reaktionen werden durch eine Temperaturerhöhung um 10 K auf das Zweifache bis Vierfache beschleunigt. Dieser Zusammenhang wird als **RGT-Regel** (**R**eaktions**g**eschwindigkeit/**T**emperatur-Regel) bezeichnet.

Energie der Teilchen. Um die RGT-Regel zu verstehen, muss man die Energie der reagierenden Teilchen betrachten: Die kinetische Energie der Teilchen ist proportional zum Quadrat ihrer Geschwindigkeit. Gleichartige Teilchen haben bei einer gegebenen Temperatur aber nicht alle die gleiche Geschwindigkeit.
Trägt man den Anteil der Teilchen mit annähernd gleicher kinetischer Energie gegen die kinetische Energie auf, so erhält man eine **Energieverteilungskurve.** Sie steigt jeweils vom Nullpunkt aus steil an und fällt dann langsam ab. Der Anteil der Teilchen mit hoher Energie ist äußerst gering. Mit steigender Temperatur verschiebt sich das Maximum der Kurve zu höheren Energien und die Kurve wird flacher. Der Anteil der Teilchen mit höherer Energie nimmt erheblich zu. Bei einer chemischen Reaktion steigt somit auch die Zahl der Teilchen, deren Energie für einen wirksamen Zusammenstoß ausreicht.

Aktivierungsenergie. Beim Ablauf einer chemischen Reaktion werden zunächst Bindungen innerhalb der Teilchen gelockert oder gelöst. Die Energie von Teilchen, die gerade ausreicht, um die Bindungen so weit zu lösen, dass die Reaktion von alleine weiter abläuft, bezeichnet man als **Mindestenergie E_{min}**. Teilchen können nur dann miteinander reagieren, wenn die benötigte Mindestenergie beim Zusammenstoß erreicht wird. Die Energie des Zusammenstoßes hängt dabei von der kinetischen Energie und dem Aufprallwinkel beider Stoßpartner ab.

Bei der Betrachtung der Reaktion auf Stoffebene entspricht die Mindestenergie der Teilchen der *Aktivierungsenergie E_A*. Damit kann man den energetischen Ablauf für Stoffportionen schematisch in einem **Energiediagramm** darstellen.

> Eine Temperaturerhöhung um 10 K bewirkt eine zweifach bis vierfach höhere Reaktionsgeschwindigkeit (RGT-Regel). Die Aktivierungsenergie entspricht der Mindestenergie, die für einen wirksamen Zusammenstoß erforderlich ist.

1. Erläutern Sie, warum tiefgekühlte Lebensmittel lange haltbar sind.
2. Erklären Sie, warum sich Erdgas an der Luft nicht von selbst entzündet.
3. Skizzieren Sie ein Energiediagramm für den Ablauf einer endothermen Reaktion. Wählen Sie als Beispiel den Zerfall von Iodwasserstoff in Iod-Dampf und Wasserstoff.

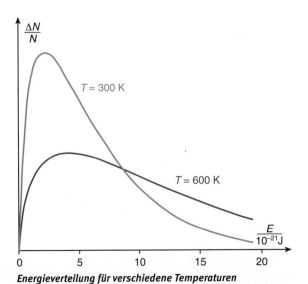

Energieverteilung für verschiedene Temperaturen

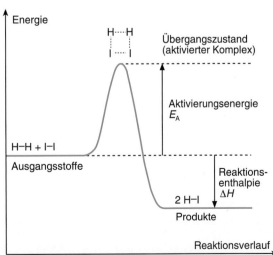

Energiediagramm einer exothermen Reaktion

Beeinflussung der Reaktionsgeschwindigkeit

V1: Reaktion von Natriumthiosulfat mit Salzsäure

Materialien: Wasserbad, Stoppuhr, Thermometer, weißes Papier mit aufgezeichnetem Kreuz, Messzylinder (50 ml), Kunststoffspritze (5 ml), Erlenmeyerkolben (100 ml); Natriumthiosulfat-Lösung (0,1 mol · l^{-1}), Salzsäure (2 mol · l^{-1}), Eis.

Durchführung:
Temperaturabhängigkeit:
1. Mischen Sie im Erlenmeyerkolben 20 ml Natriumthiosulfat-Lösung und 30 ml Wasser.
2. Geben Sie mit Hilfe der Kunststoffspritze 5 ml der Salzsäure zu dieser Mischung und starten Sie gleichzeitig die Uhr. Stellen Sie den Kolben sofort auf das Papier mit dem Kreuz und stoppen Sie die Zeit, sobald das Kreuz nicht mehr zu erkennen ist. Messen Sie die Temperatur des Gemisches.
3. Wiederholen Sie das Experiment bei 30 °C und bei 40 °C. Dazu wird die Mischung aus Natriumthiosulfat-Lösung und Wasser im Wasserbad erhitzt, bis die entsprechende Temperatur erreicht ist. Die genaue Reaktionstemperatur wird nach Zugabe der Salzsäure ermittelt. Verfahren Sie analog für 10 °C im Eisbad.

Konzentrationsabhängigkeit:
4. Wiederholen Sie den Versuch bei Raumtemperatur mit den folgenden Mischungsverhältnissen:

Versuch	Na$_2$S$_2$O$_3$-Lösung	Wasser	Salzsäure
1	50 ml	–	5 ml
2	40 ml	10 ml	5 ml
3	30 ml	20 ml	5 ml
4	10 ml	40 ml	5 ml

Aufgaben:
a) Erklären Sie, inwiefern der Kehrwert der gemessenen Zeit ein Maß für die Reaktionsgeschwindigkeit ist.
b) Tragen Sie den Kehrwert der jeweiligen Reaktionszeit gegen die Temperatur auf.
c) Entnehmen Sie der Grafik die durchschnittliche Steigerung der Reaktionsgeschwindigkeit, die bei einer Temperaturerhöhung um 10 K auftritt.
d) Stellen Sie entsprechend die Abhängigkeit von der Konzentration der Thiosulfat-Ionen dar.
e) Formulieren Sie den mathematischen Zusammenhang zwischen der Reaktionsgeschwindigkeit und der Konzentration der Thiosulfat-Lösung.

V2: Reaktion von Magnesium mit Salzsäure

Materialien: Kolbenprober (100 ml), Reagenzglas mit Ansatz, Stoppuhr, Messzylinder (10 ml), Schlauch, Stopfen; Magnesiumband (F), Salzsäure (0,5 mol · l^{-1}).

Durchführung:
1. Der Kolbenprober wird eingespannt und mit dem Reagenzglas verbunden.
2. Füllen Sie das Reagenzglas mit 10 ml Salzsäure.
3. Geben Sie 2 cm Magnesiumband in das Reagenzglas, verschließen Sie es und starten Sie die Uhr.
4. Notieren Sie die Zeit in Sekunden, wenn jeweils 5 ml Wasserstoff entstanden sind.

Aufgaben:
a) Übernehmen Sie die Wertepaare Gesamtvolumen/Zeit in eine Tabellenkalkulation.
b) Ergänzen Sie Spalten mit den berechneten Werten für die Stoffmenge an Wasserstoff und der verbliebenen Stoffmenge an Salzsäure.
c) Fügen Sie Spalten mit den Konzentrationen von Magnesiumchlorid und Salzsäure hinzu.
d) Erstellen Sie mit der Tabellenkalkulation ein Zeit/Konzentrations-Diagramm für die Konzentrationen an Salzsäure und Magnesiumchlorid.

V3: Einfluss von Konzentration, Temperatur und Katalysator auf die Reaktionsgeschwindigkeit

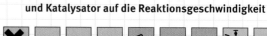
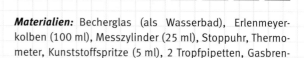

Materialien: Becherglas (als Wasserbad), Erlenmeyerkolben (100 ml), Messzylinder (25 ml), Stoppuhr, Thermometer, Kunststoffspritze (5 ml), 2 Tropfpipetten, Gasbrenner;
Oxalsäure-Lösung (0,2 mol · l^{-1}), verdünnte Schwefelsäure (1 mol · l^{-1}; Xi), Kaliumpermanganat-Lösung (0,02 mol · l^{-1}), Mangan(II)-sulfat-Lösung (0,02 mol · l^{-1}).

Durchführung: Für die Versuchsreihe stellt man im Erlenmeyerkolben eine *Stammlösung* aus gleichen Volumina der Oxalsäure-Lösung und der Schwefelsäure bereit.
In der Versuchsreihe werden jeweils gleiche Stoffmengen an Permanganat mit Proben der Stammlösung unter verschiedenen Bedingungen umgesetzt.
1. Geben Sie 5 ml Stammlösung in ein Reagenzglas und in ein weiteres Reagenzglas je 2,5 ml Stammlösung und demineralisiertes Wasser.

2. Geben Sie gleichzeitig je zwei Tropfen Kaliumpermanganat-Lösung in diese Proben. Bestimmen Sie die Zeit bis zur Entfärbung der Lösungen.
3. Fügen Sie anschließend je zwei weitere Tropfen Kaliumpermanganat-Lösung hinzu.
4. Geben Sie 5 ml Stammlösung in ein Reagenzglas und erwärmen Sie diese Probe auf 60 °C. Fügen Sie dann zwei Tropfen Kaliumpermanganat-Lösung hinzu.
5. Wiederholen Sie das Experiment bei Raumtemperatur, nachdem Sie zu 5 ml Stammlösung zwei Tropfen Mangan(II)-sulfat-Lösung hinzugefügt haben.

Aufgaben:
a) Stellen Sie die Teilgleichungen für die Oxidation und die Reduktion auf. Formulieren Sie die vollständige Redoxgleichung.
b) Erläutern Sie aufgrund Ihrer Messergebnisse den Einfluss von Konzentration, Temperatur und Katalysator auf die Reaktionsgeschwindigkeit.
c) Erklären Sie, warum die katalytisch verlaufende Reaktion als Autokatalyse bezeichnet wird.
d) Die in diesem Experiment ablaufende Reaktion ist die Grundreaktion der Manganometrie, einer im Labor häufig angewendeten Redox-Titration.
Erklären Sie, warum zu Beginn einer manganometrischen Titration die Entfärbung der Lösung im Erlenmeyerkolben zunächst relativ langsam abläuft. Warum wird meist bei 60 °C titriert?

V4: Katalysierter Zerfall von Wasserstoffperoxid

Materialien: Gasbrenner, Erlenmeyerkolben (100 ml, weit), Holzspan;
Wasserstoffperoxid-Lösung (15 %; Xi), Kartoffel.

Durchführung:
1. Geben Sie 10 ml Wasserstoffperoxid-Lösung in den Erlenmeyerkolben. Geben Sie vorsichtig eine frisch geschnittene Kartoffelscheibe hinzu.
2. Untersuchen Sie das Gas mit der Spanprobe.
3. Wiederholen Sie den Versuch mit einer Kartoffelscheibe, die zuvor über dem Brenner erhitzt wurde.

Aufgaben:
a) Notieren Sie Ihre Beobachtungen.
b) Formulieren Sie die Reaktionsgleichung für den Zerfall von Wasserstoffperoxid.
c) Erklären Sie das abweichende Verhalten beim zweiten Versuch.

V5: Reaktion von Sulfit mit Iodat – LANDOLT-Reaktion

Materialien: Wasserbad, Stoppuhr, Thermometer, Becherglas (250 ml), Kunststoffspritze (10 ml), Messzylinder (50 ml);
Kaliumiodat-Lösung (0,1 g in 200 ml Wasser), Natriumsulfit-Lösung (0,1 g in 150 ml Wasser), Schwefelsäure (1 mol · l^{-1}; Xi), frisch zubereitete Stärke-Lösung (2 %), Eis.

Durchführung:
1. Mischen Sie 40 ml Sulfit-Lösung mit 10 ml Schwefelsäure und 5 ml Stärke-Lösung.
2. Kühlen Sie die Mischung und 50 ml der Iodat-Lösung mit kaltem Wasser auf 20 °C.
3. Geben Sie die Iodat-Lösung schnell zu dem Gemisch und starten Sie die Uhr. Messen Sie die genaue Reaktionstemperatur.
4. Stoppen Sie die Zeit, sobald sich das Gemisch blau färbt.
5. Wiederholen Sie den Versuch bei Temperaturen von 10 °C und 30 °C.

Aufgaben:
a) Tragen Sie in einem Diagramm den Kehrwert der jeweiligen Reaktionszeit gegen die Temperatur auf.
b) Geben Sie die Steigerung der Reaktionsgeschwindigkeit in den Temperatur-Intervallen an.

A1: Das Garen von Kartoffeln ist eine alltägliche chemische Reaktion. Bei 100 °C dauert es etwa 20 Minuten bis die Kartoffeln gar sind. In einem Dampfdrucktopf kann man die Reaktion beschleunigen. Durch den Überdruck steigt die Siedetemperatur des Wassers auf etwa 120 °C.
a) Geben Sie die ungefähre Garzeit der Kartoffeln im Dampfdrucktopf an.
b) Erklären Sie den Einfluss des Dampfdrucks auf die Reaktionsgeschwindigkeit.

A2: Beim OSTWALD-Verfahren zur Produktion von Salpetersäure wird zunächst Ammoniak zu Stickstoffmonooxid oxidiert. Dabei strömt ein Ammoniak/Luft-Gemisch rasch durch einen Reaktor, in dem ein Platin-Drahtnetz als Katalysator ausgespannt ist.
Erläutern Sie, welche unerwünschte, aber energetisch günstige Folgereaktion durch diese ungewöhnliche Arbeitstechnik vermieden wird.

1.5 Katalysatoren – Einsparung von Energie und Zeit

Seit langem ist bekannt, dass viele chemische Reaktionen erst bei Zusatz bestimmter Stoffe mit merklicher Geschwindigkeit ablaufen. So entdeckte Antoine PARMENTIER 1781, dass Stärke in Gegenwart von Mineralsäuren in Traubenzucker gespalten werden kann.
Auch bei der Herstellung von Lebensmitteln werden aufgrund uralter Erfahrungen oft wichtige Zusatzstoffe eingesetzt. So wird die Verwendung von Sauerteig beim Brotbacken schon in der Bibel erwähnt.

Jöns Jacob BERZELIUS erkannte 1835, dass sich die Zunahme der Reaktionsgeschwindigkeit in all diesen Fällen auf die Wirkung bestimmter Stoffe zurückführen lässt. Er führte dafür den Begriff **Katalysator** ein. Ein solcher Stoff ermöglicht durch seine bloße Gegenwart chemische Reaktionen, die ohne ihn nur langsam oder gar nicht ablaufen. Für BERZELIUS und seine Zeit waren die Katalysatoren jedoch noch geheimnisvolle Stoffe. Spätere Experimente zeigten, dass die *Aktivierungsenergie* einer katalysierten Reaktion immer niedriger ist als die Aktivierungsenergie einer nicht katalysierten Reaktion. In Gegenwart eines Katalysators können deshalb auch Zusammenstöße zwischen Teilchen geringerer kinetischer Energie zur Reaktion führen. Dabei reagiert der Katalysator zunächst mit einem der Reaktionspartner zu einer reaktionsfähigen *Zwischenstufe*, die dann zum Produkt weiterreagiert. Hinterher liegt der Katalysator wieder unverändert vor. Entsprechendes gilt für *Enzyme* (Biokatalysatoren).

Heterogene Katalyse. Johann W. DÖBEREINER entdeckte 1823, dass sich Wasserstoff in Gegenwart von fein verteiltem Platin an der Luft entzündet: An der Metalloberfläche dissoziieren zunächst Wasserstoff-Moleküle in Atome. Der *atomare* Wasserstoff reagiert dann leicht mit Sauerstoff-Molekülen aus der Luft. Die exotherme

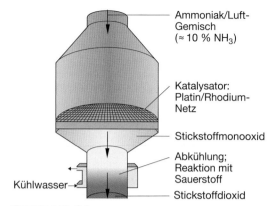

Ammoniak/Luft-Gemisch ($\approx 10\ \%\ NH_3$)

Katalysator: Platin/Rhodium-Netz

Stickstoffmonooxid

Abkühlung; Reaktion mit Sauerstoff

Kühlwasser

Stickstoffdioxid

***OSTWALD*-Verfahren**

Reaktion erwärmt das Platin so stark, dass sich das Wasserstoff/Sauerstoff-Gemisch entzündet und die Reaktion ohne Katalysator weiterläuft. Liegt ein Katalysator wie in diesem System als Feststoff vor, so spricht man von *heterogener Katalyse*.

Mit Hilfe der heterogenen Katalyse werden heute etwa 80 % aller Produkte der chemischen Industrie hergestellt. Die Ausgangsstoffe werden dabei kontinuierlich über einen Katalysator geleitet, der auf Trägermaterialien mit großer Oberfläche aufgebracht ist. So benötigt man weniger Energie und die Anlage kann ständig in Betrieb sein.
Ein einfaches Beispiel ist das OSTWALD-Verfahren zur katalytischen Oxidation von Ammoniak an einem Platin/Rhodium-Netz. Man erhält dadurch Stickstoffoxide für die Herstellung von Salpetersäure. Auch der als Ausgangsstoff eingesetzte Ammoniak wird katalytisch erzeugt: Im HABER-BOSCH-Verfahren wird ein Gemisch aus Stickstoff und Wasserstoff bei hohem Druck umgesetzt; als Katalysator verwendet man Eisen.

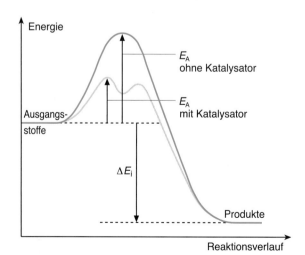

Herabsetzung der Aktivierungsenergie durch einen Katalysator

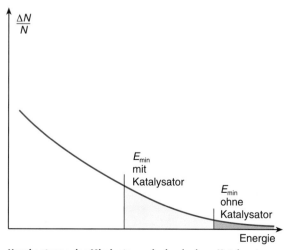

Herabsetzung der Mindestenergie durch einen Katalysator

Homogene Katalyse. Liegen Katalysator und Ausgangsstoffe in Lösung vor, so spricht man von *homogener Katalyse*. Ein Beispiel ist die Oxidation von Tartrat-Ionen durch Wasserstoffperoxid. Bei 40 °C stellt man keine nennenswerte Reaktion fest. Gibt man etwas Cobaltnitrat zu, kommt es dagegen zu einer stürmischen Gasentwicklung. Neben Kohlenstoffdioxid entstehen bei der Reaktion auch Methanoat-Ionen (HCO_2^-):

$$3\,H_2O_2\,(aq) + C_4H_4O_6^{2-}\,(aq) \longrightarrow$$
$$4\,H_2O\,(l) + 2\,HCO_2^-\,(aq) + 2\,CO_2\,(g)$$

Die zuvor durch Co^{2+}-Ionen rosa gefärbte Lösung wird dabei tiefgrün. Nach der Reaktion tritt wieder die ursprüngliche Rosafärbung auf. Dieser Farbwechsel weist auf die Bildung einer **Zwischenstufe** hin. Der Reaktionsweg der katalysierten Reaktion verläuft nicht über *eine einzige hohe*, sondern über *zwei niedrigere* Energiebarrieren.

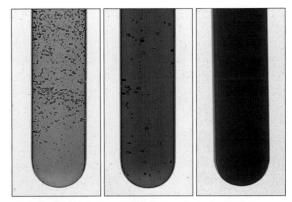

Bildung einer Zwischenstufe beim katalysierten Zerfall von Tartrat

Katalysatorgifte. Katalysatoren sind häufig sehr empfindliche Stoffe, denn ihre reaktiven Stellen werden leicht mit Fremdmolekülen besetzt. Die Katalysatorwirkung lässt nach und der Katalysator muss regeneriert werden. Noch schädlicher sind *Katalysatorgifte*, die Katalysatoren auf Dauer unbrauchbar machen. Hierzu zählen Schwermetalle wie Blei, das vor der Einführung der Abgaskatalysatoren auch in Benzin enthalten war.

> Katalysatoren beschleunigen chemische Reaktionen, indem sie einen Reaktionsweg mit niedrigerer Aktivierungsenergie ermöglichen. Sie gehen aus der Reaktion unverändert hervor. Enzyme sind Biokatalysatoren. Katalysatoren können durch Katalysatorgifte unwirksam werden.

1. Skizzieren Sie je ein Energiediagramm für eine exotherme und eine endotherme Reaktion. Tragen Sie den Reaktionsverlauf mit Katalysatoren in die Diagramme ein.
2. In der chemischen Industrie werden Reaktionen bevorzugt in Gegenwart von heterogenen Katalysatoren durchgeführt. Geben Sie eine Erklärung dafür.
3. Vielfach geht man davon aus, dass ein Katalysator eine Reaktion herbeiführt, aber nicht an ihr beteiligt ist. Nehmen Sie Stellung zu dieser Ansicht.
4. Klären Sie die Frage, ob ein Katalysator die Reaktionsenthalpie einer Reaktion beeinflusst.
5. Abgaskatalysatoren vermindern den Schadstoffausstoß bei Kraftfahrzeugen.
   a) Um welche Schadstoffe handelt es sich?
   b) Welche Stoffe werden als Katalysatoren in der Autoindustrie eingesetzt?
   c) Informieren Sie sich, welche Kraftstoffbestandteile den Katalysator vergiften können.

heterogene Katalyse		homogene Katalyse	
Ammoniak-Synthese	$N_2 + 3\,H_2 \xrightarrow[480\,°C,\ 30\,MPa\ (300\,bar)]{Fe\ (Al_2O_3,\ K_2O)} 2\,NH_3$	Polyethen-Synthese	$n\,CH_2{=}CH_2 \xrightarrow[800\,°C,\ 0,5\,MPa]{TiCl_4/(C_2H_5)_3Al} (-CH_2-CH_2-)_n$
Kontakt-Verfahren	$2\,SO_2 + O_2 \xrightarrow[500\,°C]{V_2O_5} 2\,SO_3$	WACKER-Verfahren	$2\,H_2C{=}CH_2 + O_2 \xrightarrow[120\,°C,\ 0,5\,MPa]{PdCl_2/CuCl_2} 2\,CH_3CHO$
Entstickung von Rauchgasen	$4\,NO + 4\,NH_3 + O_2 \xrightarrow[300\,°C,\ 0,8\,MPa]{V_2O_5} 4\,N_2 + 6\,H_2O$	alkoholische Gärung	$C_6H_{12}O_6 \xrightarrow{Hefe} 2\,C_2H_5OH + 2\,CO_2$
Entschwefelung von Erdöl	$R{-}SH + H_2 \xrightarrow[200\,°C,\ 3\,MPa]{Co/Mo} R{-}H + H_2S$	Isomerisierung von Glucose	Glucose $\xrightarrow{Glucose\text{-}Isomerase}$ Fructose
Ethylenoxid-Synthese	$2\,H_2C{=}CH_2 + O_2 \xrightarrow[250\,°C,\ 1,5\,MPa]{Ag/Al_2O_3} 2\,H_2C\underset{O}{\overset{\diagdown\diagup}{-}}CH_2$	Oxo-Synthese	$R{-}CH{=}CH_2 \xrightarrow[CoH(CO)_4]{H_2,\ CO}$ $R{-}CH_2CH_2CHO/R{-}\underset{CHO}{\overset{\mid}{C}}HCH_3$

1.6 Reaktionen im Gleichgewicht

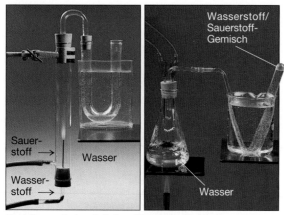

Reaktionen sind umkehrbar: Wasserstoff verbrennt zu Wasser – Wasserdampf wird zerlegt.

Am Beispiel des Wassers lässt sich eine grundlegende Eigenschaft chemischer Reaktionen erkennen: Bei der Verbrennung von Wasserstoff bildet sich Wasser in einer exothermen Reaktion. Wenn man genügend Energie zuführt, kann aber auch die umgekehrte Reaktion ablaufen. In einer endothermen Reaktion entsteht dann aus Wasser ein Gemisch aus Wasserstoff und Sauerstoff.

Wasserbildung und Wasserzersetzung sind damit ein System *umkehrbarer Reaktionen*. Allgemein bezeichnet man die eine Reaktionsrichtung als die **Hinreaktion**, die gegenläufige als die **Rückreaktion:**

$$2 H_2 (g) + O_2 (g) \xrightleftharpoons[\text{Rückreaktion (endotherm)}]{\text{Hinreaktion (exotherm)}} 2 H_2O (g)$$

Chemisches Gleichgewicht. Die Zersetzung von Wasserdampf läuft erst bei sehr hohen Temperaturen ab, aber auch dann verläuft sie *nicht vollständig*. Hält man beispielsweise die Temperatur in einem geschlossenen Gefäß mit Wasserdampf konstant auf 1700 °C, so zerfallen nur etwa 4 % aller Wasser-Moleküle.

Führt man die Synthese von Wasserdampf unter den gleichen Bedingungen durch, so reagieren die Ausgangsstoffe zu 96 %. Man erhält also das gleiche Mischungsverhältnis wie für die Zersetzung von Wasserdampf.

So wie in diesem Beispiel werden die Reaktionspartner bei vielen chemischen Reaktionen nicht vollständig umgesetzt. Neben den Produkten liegt im Reaktionsgemisch noch ein Teil der Ausgangsstoffe vor. Man spricht von einem *chemischen Gleichgewicht*. Bei gleicher Temperatur und gleichem Druck führen Hinreaktion und Rückreaktion in einer geschlossenen Apparatur zum gleichen Mischungsverhältnis. Man sagt daher: Das Gleichgewicht kann sich von *beiden Seiten* einstellen. In der Reaktionsgleichung weist man durch einen *Gleich-*

gewichtspfeil darauf hin, dass die Reaktion unvollständig abläuft und zu einem Gleichgewicht führt:

$$2 H_2 (g) + O_2 (g) \rightleftharpoons 2 H_2O (g)$$

Bis zur Einstellung des chemischen Gleichgewichts verringert sich die Konzentration der Ausgangsstoffe; die Geschwindigkeit der Hinreaktion nimmt daher allmählich ab. Gleichzeitig erhöht sich die Konzentration der Produkte; die Geschwindigkeit der Rückreaktion steigt also fortlaufend an. Im Gleichgewichtszustand ändern sich die Konzentrationen nicht mehr. Die Reaktion ist dann aber nicht zum Stillstand gekommen: Hinreaktion und Rückreaktion laufen jetzt mit gleicher Geschwindigkeit ab. Das chemische Gleichgewicht ist also ein *dynamisches* Gleichgewicht.

> Eine chemische Reaktion kann bei veränderten Bedingungen auch in umgekehrter Richtung ablaufen.
> Im Gleichgewichtszustand verlaufen Hinreaktion und Rückreaktion mit gleicher Geschwindigkeit, die Konzentrationen ändern sich nicht mehr.

1. Nennen Sie Beispiele für umkehrbare Reaktionen.
2. **a)** Erläutern Sie die Veränderung von Konzentrationen und Reaktionsgeschwindigkeiten bis zur Einstellung des Gleichgewichtszustandes.
   b) Inwiefern ist das chemische Gleichgewicht ein dynamisches Gleichgewicht?
   c) Erläutern Sie am Beispiel der Reaktion von Iod mit Wasserstoff die Einstellung des chemischen Gleichgewichts von beiden Seiten.

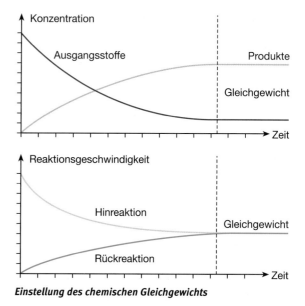

Einstellung des chemischen Gleichgewichts

Gleichgewichte lassen sich verschieben

Welche Mengenverhältnisse sich in einem chemischen Gleichgewicht einstellen, hängt auch von den Reaktionsbedingungen ab. Ändert man die Temperatur, den Druck oder die Konzentration eines Stoffes, so wird das Gleichgewicht zunächst gestört. Nach kurzer Zeit stellt sich das Gleichgewicht mit veränderten Mengenverhältnissen aber neu ein. Man spricht von einer **Verschiebung der Gleichgewichtslage.**

Ein Katalysator beschleunigt dabei die Einstellung des Gleichgewichts; er hat aber *keinen* Einfluss auf die Lage des Gleichgewichts.

Temperaturänderung. Aus dem braunen Stickstoffdioxid-Gas (NO_2) bildet sich in einer *exothermen* Reaktion das farblose Distickstofftetraoxid (N_2O_4). Im Gleichgewichtszustand überwiegt bei Raumtemperatur das farblose Gas:

$$2\ NO_2\,(g) \underset{\text{(endotherm)}}{\overset{\text{(exotherm)}}{\rightleftharpoons}} N_2O_4\,(g)$$
$$\text{braun} \qquad\qquad \text{farblos}$$

Erhöht man die Temperatur, so färbt sich die Mischung stärker braun, da ein Teil der N_2O_4-Moleküle zerfällt.

Allgemein gilt: Bei Erhöhung der Temperatur verschiebt sich das Gleichgewicht in Richtung der endothermen Reaktion.

Druckänderung. Vorgänge, die mit einer Volumenänderung gasförmiger Stoffe verbunden sind, lassen sich durch die Änderung des Drucks beeinflussen. Setzt man beispielsweise ein im Gleichgewicht vorliegendes Gemisch aus Stickstoff, Wasserstoff und Ammoniak unter höheren Druck, so nimmt der Ammoniak-Anteil zu: Die Zahl der Teilchen verringert sich und das Volumen nimmt ab.

Für Gleichgewichtsreaktionen mit Gasen gilt allgemein: *Niedriger Druck führt zu einer Vergrößerung der Teilchenzahl und begünstigt die Reaktion, die unter Volumenzunahme verläuft; hoher Druck führt zu einer Verminderung der Teilchenzahl und damit zur Volumenabnahme.*

Konzentrationsänderung. Tropft man konzentrierte Salzsäure zu einer blauen Kupferchlorid-Lösung, so färbt sich die Mischung grün: Chlorid-Ionen lagern sich direkt an Kupfer-Ionen, es entstehen grüne $CuCl^+$-Teilchen:

$$Cu^{2+}\,(aq) + Cl^-\,(aq) \rightleftharpoons CuCl^+\,(aq)$$

Verdünnt man diese Lösung, so verschwindet die Grünfärbung, da die $CuCl^+$-Teilchen wieder zerfallen.

Allgemein gilt: *Stört man ein chemisches Gleichgewicht, indem man die Konzentration eines der beteiligten Stoffe erhöht, so schreitet die Reaktion in der Richtung fort, in der dieser Stoff verbraucht wird.*

Das Prinzip von Le Chatelier. Im Jahre 1884 versuchte der französische Chemiker Henry LE CHATELIER umfassend zu beschreiben, wie die Lage eines Gleichgewichts durch veränderte Reaktionsbedingungen beeinflusst wird. Das Ergebnis seiner theoretischen Überlegungen wird meist als *Prinzip von LE CHATELIER* oder als *Prinzip vom kleinsten Zwang* bezeichnet. Eine mögliche Formulierung lautet: *Jede Störung eines Gleichgewichts durch eine Änderung der Reaktionsbedingungen führt zu einer Verschiebung der Lage des Gleichgewichts, die der Störung entgegenwirkt.*

1. Erläutern Sie, wie sich Änderungen der Reaktionsbedingungen auf die Lage eines Gleichgewichts auswirken.
2. Erklären Sie, in welcher Weise man die Reaktionsbedingungen verändern könnte, um die Bildung der Produkte zu begünstigen.
   a) $2\ SO_2\,(g) + O_2\,(g) \rightleftharpoons 2\ SO_3\,(g)$; exotherm
   b) $N_2\,(g) + 3\ H_2\,(g) \rightleftharpoons 2\ NH_3\,(g)$; exotherm
   c) $C_2H_6\,(g) \rightleftharpoons C_2H_4\,(g) + H_2\,(g)$; endotherm
   d) $2\ H_2O\,(g) \rightleftharpoons 2\ H_2\,(g) + O_2\,(g)$; endotherm
3. Erläutern Sie, warum in der Technik auch bei exothermen Reaktionen oft mit erhöhten Temperaturen gearbeitet wird.

---

1. Temperaturänderung:

Temperaturerniedrigung: *exotherme Reaktion*

$$2\ NO_2\,(g) \rightleftharpoons N_2O_4\,(g);\ \text{exotherm}$$

Temperaturerhöhung: *endotherme Reaktion*

2. Konzentrationsänderung:

Konzentrationserhöhung: *Verringerung der Teilchenzahl*

$$Fe^{3+}\,(aq) + SCN^-\,(aq) \rightleftharpoons Fe(SCN)^{2+}\,(aq)$$

Konzentrationserniedrigung: *Vergrößerung der Teilchenzahl*

3. Druckänderung (nur bei Reaktionen mit Gasen):

Druckerhöhung: *Verringerung der Teilchenzahl*

$$N_2\,(g) + 3\ H_2\,(g) \rightleftharpoons 2\ NH_3\,(g)$$

Druckerniedrigung: *Vergrößerung der Teilchenzahl*

V1: Modellexperiment zum chemischen Gleichgewicht

Dieses Experiment veranschaulicht die Einstellung eines Gleichgewichts und zeigt, dass auch im Gleichgewichtszustand Hin- und Rückreaktion weiter ablaufen.

Materialien: 2 Messzylinder (25 ml), je ein Glasrohr mit 6 mm und 8 mm Außendurchmesser.

Durchführung:
1. Füllen Sie 25 ml Wasser in Messzylinder 1 (M1). Messzylinder 2 (M2) bleibt zunächst leer. Zwei Glasrohre werden als Stechheber verwendet.
2. Tauchen Sie das 8-mm-Glasrohr in M1 bis auf den Boden und übertragen Sie Wasser von M1 in M2.
3. Lesen Sie die Wasserstände in M1 und M2 ab.
4. Tauchen Sie nun das 6-mm-Glasrohr in M2 bis auf den Boden und das 8-mm-Glasrohr wiederum in M1. Übertragen Sie nun gleichzeitig Wasser von M1 in M2 und von M2 in M1.
5. Lesen Sie erneut die Wasserstände ab.
6. Wiederholen Sie den Vorgang so lange, bis sich das Wasservolumen in beiden Messzylindern nicht mehr ändert.

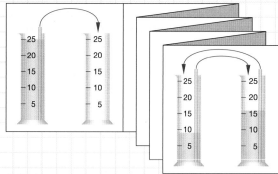

Aufgaben:
a) Tragen Sie die Werte in ein Diagramm ein:
   Abszisse: Anzahl der Übertragungsschritte;
   Ordinate: Wasserstand von M1 und von M2.
   Verbinden Sie die Werte für M1 und für M2 jeweils durch eine Kurve.
b) Kennzeichnen Sie im Diagramm die Einstellung des Gleichgewichts. Welcher Anteil der Ausgangsstoffe ist umgesetzt worden?
c) Vergleichen Sie die im Modell beobachteten Größen mit den realen Größen für das chemische Gleichgewicht $I_2(g) + H_2(g) \rightleftharpoons 2\,HI(g)$.
d) Geben Sie Unterschiede zwischen einer vollständig ablaufenden Reaktion und einer Gleichgewichtsreaktion an.
e) Beschreiben Sie, wie mit Hilfe dieses Modellexperiments die Einstellung eines Gleichgewichts durch die Rückreaktion – ausgehend von den Produkten – dargestellt werden kann.

V2: Einfluss von Konzentration und Temperatur

Materialien: Becherglas (100 ml), Gasbrenner, Tropfpipette; Kupfernitrat-Lösung (0,5 mol · l^{-1}), Salzsäure (konz; C), Kupfernitrat-Lösung (0,1 mol · l^{-1} mit 5 g Natriumchlorid auf 100 ml).

Durchführung:
Einfluss der Konzentration:
1. Geben Sie etwa 3 ml Kupfernitrat-Lösung (0,5 mol · l^{-1}) in ein Reagenzglas und tropfen Sie konzentrierte Salzsäure hinzu, bis sich die Färbung deutlich verändert.
2. Verdünnen Sie diese Lösung etwa auf das 3-fache.

Einfluss der Temperatur:
3. Erhitzen Sie etwa 5 ml der NaCl-haltigen Kupfernitrat-Lösung in einem Reagenzglas bis zum Sieden.
4. Stellen Sie die Probe in kaltes Wasser.

Aufgaben:
a) Notieren Sie Ihre Beobachtungen. Vergleichen Sie die Farben der entstehenden Lösungen.
b) Ordnen Sie den Farben Grün und Blau jeweils eine der Teilchenarten $Cu^{2+}(aq)$ und $CuCl^+(aq)$ zu.
c) Welchen Einfluss hat die Konzentration der Chlorid-Ionen auf die Lage des Gleichgewichts?
d) Beschreiben Sie den Einfluss der Temperatur auf die Gleichgewichtslage. In welcher Richtung verläuft die Reaktion exotherm beziehungsweise endotherm?

V3: Druckabhängigkeit

Materialien: Reagenzglas mit seitlichem Ansatz, Stopfen, Kolbenprober;
Mineralwasser (mit Kohlensäure versetzt).

Durchführung:
1. Verbinden Sie den Ansatz des Reagenzglases mit dem am Stativ befestigten Kolbenprober.
2. Füllen Sie etwa 10 ml Mineralwasser in das Reagenzglas und verschließen Sie es fest mit einem Stopfen.
3. Erzeugen Sie durch Herausziehen des Kolbens einen Unterdruck und beobachten Sie die Lösung.
4. Erzeugen Sie anschließend einen erhöhten Druck und beobachten Sie erneut.

Aufgaben:
a) Notieren Sie Ihre Beobachtungen.
b) Formulieren Sie eine Reaktionsgleichung für das untersuchte Gleichgewicht.

Vom Stickstoff zum Ammoniak

Die Synthese von Ammoniak erfolgt seit 1913 nach dem von Fritz HABER und Carl BOSCH entwickelten großtechnischen Verfahren aus den Elementen. Den Ausgangsstoff Stickstoff gewinnt man aus der Luft, den Wasserstoff aus Erdgas, das meist zu 95 % aus Methan besteht.

Zunächst wird ein Teil des Methans in einer endothermen Reaktion mit Wasserdampf umgesetzt:

$$CH_4\,(g) + H_2O\,(g) \xrightarrow{\text{Katalysator}} CO\,(g) + 3\,H_2\,(g);$$
$$\Delta_r H_m^0 = 206\ kJ \cdot mol^{-1}$$

Das überschüssige Methan reagiert dann in einem zweiten Reaktor mit Luft. Dabei entstehen erneut Kohlenstoffmonooxid und Wasserstoff, während der Stickstoff aus der Luft unverändert bleibt:

$$2\,CH_4\,(g) + O_2\,(l) \longrightarrow 2\,CO\,(g) + 4\,H_2\,(g);$$
$$\Delta_r H_m^0 = -71\ kJ \cdot mol^{-1}$$

Anschließend setzt man in einem dritten Reaktor das Nebenprodukt Kohlenstoffmonooxid mit Wasserdampf um:

$$CO\,(g) + H_2O\,(g) \xrightarrow{\text{Katalysator}} CO_2\,(g) + H_2\,(g);$$
$$\Delta_r H_m^0 = -41\ kJ \cdot mol^{-1}$$

Das gebildete Kohlenstoffdioxid wird aus dem Gasgemisch herausgewaschen.

Die beschriebenen Verfahren werden so gesteuert, dass Stickstoff und Wasserstoff schließlich in dem für die Synthese erforderlichen Stoffmengenverhältnis 1 : 3 vorliegen:

$$N_2\,(g) + 3\,H_2\,(g) \rightleftharpoons 2\,NH_3\,(g); \qquad \Delta_r H_m^0 = -41\ kJ \cdot mol^{-1}$$

Die Bildung von Ammoniak erfolgt in einer exothermen Reaktion, bei der sich die Zahl der Gasteilchen stark verringert. Nach dem Prinzip von LE CHATELIER wäre es daher günstig, die Synthese bei *hohem Druck* und *niedriger Temperatur* durchzuführen.

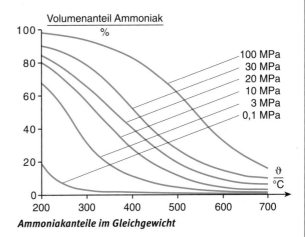

Ammoniakanteile im Gleichgewicht

Da die Reaktion bei niedrigen Temperaturen aber viel zu langsam abläuft, setzt man in der Technik Katalysatoren ein und erhöht die Temperatur auf etwa 450 °C. Das verwendete Katalysatormaterial besteht überwiegend aus Eisen.
Bei Normaldruck enthält das Gasgemisch im Gleichgewicht lediglich 1 % Ammoniak. Der im industriellen Verfahren 300fach höhere Druck (30 MPa) ergäbe im Gleichgewicht einen Ammoniak-Anteil von 38 %. Weil das Gasgemisch aber sehr schnell durch den Reaktor strömt, wird nach einmaligem Durchgang nur ein Anteil von 15 % erreicht.
Insgesamt gesehen verläuft die Synthese in einem Kreislaufprozess, bei dem das gebildete Ammoniak laufend durch Verflüssigung aus dem Gasgemisch entfernt wird.

1. Ammoniak wird weltweit als Grundchemikalie eingesetzt. Recherchieren Sie die wichtigsten Anwendungsbereiche und erläutern Sie die besondere Bedeutung für die Ernährung der Weltbevölkerung.
2. Erklären Sie, inwiefern die für die Synthese gewählten Reaktionsbedingungen einen Kompromiss darstellen.

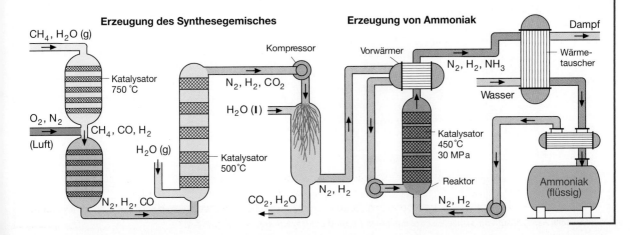

Vom Schwefel zur Schwefelsäure

Weltweit werden jährlich etwa 140 Millionen Tonnen Schwefelsäure hergestellt. Der größte Teil davon wird bei der Produktion von Düngemitteln verbraucht. Beträchtliche Mengen benötigt man auch für die Herstellung von Titandioxid, das als Weißpigment für Anstrichstoffe dient. Die alltägliche Nutzung als *Akkusäure* in Bleiakkumulatoren spielt mengenmäßig nur eine geringe Rolle.

Ausgangsstoff für die industrielle Herstellung von Schwefelsäure ist überwiegend elementarer Schwefel, der bei der Entschwefelung von Erdgas und Erdölprodukten anfällt.
Der Schwefel wird zunächst mit Luftsauerstoff zu Schwefeldioxid verbrannt. Der nächste Schritt auf dem Weg zur Schwefelsäure ist die Bildung von Schwefeltrioxid in einer exotherm verlaufenden Gleichgewichtsreaktion. Diese Reaktion wird durch Vanadium(V)-oxid (V_2O_5) katalytisch beschleunigt:

$$2\,SO_2\,(g) + O_2\,(g) \rightleftharpoons 2\,SO_3\,(g); \qquad \Delta_r H_m^0 = -197\ kJ \cdot mol^{-1}$$

Nach dem Prinzip von Le Chatelier würde eine niedrige Temperatur die Ausbeute erhöhen. Trotz des Katalysators wird eine ausreichende Reaktionsgeschwindigkeit aber erst bei 450 °C erreicht.
In der Technik leitet man das Gasgemisch deshalb in einen *Kontaktofen* mit vier übereinander angeordneten Siebböden, auf denen jeweils eine Katalysatorschicht liegt.

Da die Temperatur aufgrund der exothermen Reaktion ansteigt, wird das Gasgemisch vor dem Eintritt in die nächste Schicht durch einen Wärmetauscher gekühlt. Auf diese Weise erreicht man nach drei Schichten bereits einen Umsatz von über 90 %.
Im heute üblichen **Doppelkontaktverfahren** wird das gebildete Schwefeltrioxid dann im *Zwischenabsorber* durch konzentrierte Schwefelsäure gelöst. Das als *Oleum* bezeichnete Produkt enthält Dischwefelsäure ($H_2S_2O_7$), die durch Zugabe von Wasser in Schwefelsäure überführt wird.

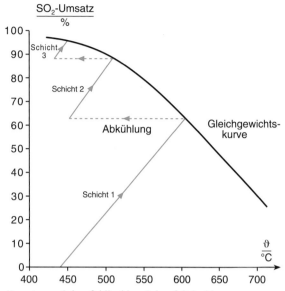

Umsatz von Schwefeldioxid zu Schwefeltrioxid an drei Kontaktschichten

Das Restgas der Zwischenabsorption wird schließlich wieder auf 450 °C erwärmt und durch die vierte Katalysatorschicht geleitet. Dadurch erhöht sich der Umsatz auf insgesamt 99,8 %. Das Abgas ist damit weitgehend frei von umweltschädlichem Schwefeldioxid.

1. Erklären Sie, welche Bedeutung Wärmetauscher für die Bildung von Schwefeltrioxid haben.
2. Begründen Sie, warum die Durchführung der Zwischenabsorption wesentlich zur Verbesserung des Verfahrens beiträgt.
3. Stellen Sie die Reaktionsgleichung für die Reaktion von Dischwefelsäure mit Wasser auf.
4. Recherchieren Sie, welche Reaktionen bei der Entschwefelung von Erdgas ablaufen.

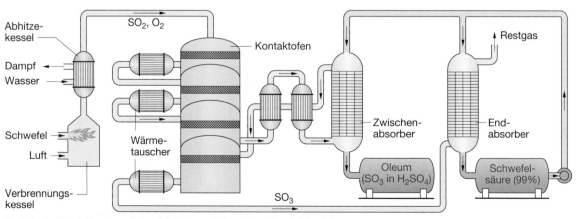

Technische Herstellung von Schwefelsäure nach dem Doppelkontaktverfahren

Ozon und Stickstoffoxide in der Atmosphäre

Veränderungen in der Umwelt werden vielfach als Störungen eines *natürlichen Gleichgewichts* beschrieben. Selbst wenn Änderungen in der Konzentration bestimmter Stoffe als Ursache diskutiert werden, geht es dabei aber nicht um die Lage eines *chemischen Gleichgewichts*. Man bezieht sich vielmehr auf sogenannte **Fließgleichgewichte:** In einem offenen System greifen verschiedene Stoffkreisläufe so ineinander, dass Zufluss- und Abflussgeschwindigkeiten gleich groß sind.

Schon ein kleiner Eingriff in einen der beteiligten Kreisläufe kann gravierende Folgen haben. Ein Beispiel dafür sind langfristige Klimaveränderungen aufgrund der zunehmenden Emission von Treibhausgasen.

Ein viel diskutierter Fall kurzfristiger Veränderungen betrifft die Vorgänge, die gelegentlich zur Auslösung eines *Ozonalarms* führen.

Photochemische Reaktionen. Die meisten chemischen Reaktionen in der Atmosphäre verlaufen unter Beteiligung von sogenannten *Radikalen*. Es handelt sich dabei um elektrisch neutrale Teilchen, die aufgrund von ungepaarten Elektronen besonders reaktionsfähig sind. Wichtige Beispiele, die in verschiedenen Stoffkreisläufen auftreten, sind das Hydroxyl-Radikal (·OH) und das Sauerstoff-Atom, ein Diradikal (·O·).

Stratosphärisches Ozon. Die Bildung von Radikalen in der Atmosphäre geht primär auf photochemische Reaktionen zurück: Elektronenpaarbindungen werden durch die Absorption von energiereichem Sonnenlicht gespalten. So ist die Bildung der stratosphärischen Ozonschicht in einer Höhe von 20 bis 40 km auf die Wirkung von besonders energiereicher UV-C-Strahlung zurückzuführen:

$$O_2\,(g) \xrightarrow{\lambda < 242\,nm} 2\ \cdot O\cdot\,(g)$$

Die photolytisch gebildeten Sauerstoff-Atome reagieren mit Sauerstoff-Molekülen zu Ozon-Molekülen:

$$\cdot O\cdot\,(g) + O_2\,(g) \longrightarrow O_3\,(g);$$
exotherm

Ozon-Moleküle werden durch UV-Strahlung ($\lambda < 310\,nm$) wieder gespalten, der Ozon-Anteil bleibt deshalb relativ niedrig.

Bodennahes Ozon. Die zur Spaltung von Sauerstoff-Molekülen erforderliche UV-C-Strahlung wird vollständig in der Stratosphäre absorbiert. Deshalb enthalten die unteren Luftschichten normalerweise nur sehr wenig Ozon. Denn Sauerstoff-Atome für die Reaktion mit Sauerstoff-Molekülen können nur aus den in sehr geringer Konzentration vorhandenen Stickstoffdioxid-Molekülen abgespalten werden. Außerdem fördert das dabei gebildete Stickstoffmonooxid den Abbau von Ozon:

Photolyse von NO_2: $\cdot NO_2\,(g) \xrightarrow{\lambda < 390\,nm} \cdot NO\,(g) + \cdot O\cdot\,(g)$

Bildung von Ozon: $\cdot O\cdot\,(g) + O_2\,(g) \longrightarrow O_3\,(g)$

Abbau von Ozon: $\cdot NO\,(g) + O_3\,(g) \longrightarrow \cdot NO_2\,(g) + O_2\,(g)$

Diese Reaktionen führen zu einem *photochemischen Gleichgewicht.*

Wesentlich höhere Ozon-Konzentrationen ergeben sich bei sonnigem Wetter in Ballungsgebieten: Aufgrund des morgendlichen Berufsverkehrs gelangt mit den Abgasen zusätzliches Stickstoffmonooxid in den Kreislauf. Es wird über eine Kette von Radikalreaktionen relativ schnell in Stickstoffdioxid überführt:

$$CO\,(g) + \cdot OH\,(g) \longrightarrow CO_2\,(g) + \cdot H\,(g)$$
$$H\cdot\,(g) + O_2\,(g) \longrightarrow HO_2\cdot\,(g)$$
$$HO_2\cdot\,(g) + \cdot NO\,(g) \longrightarrow \cdot NO_2\,(g) + \cdot OH\,(g)$$

Solange die Sonne scheint, werden deshalb durch die Photolyse von NO_2-Molekülen ständig Sauerstoff-Atome erzeugt, die sofort unter Bildung von Ozon weiter reagieren. Falls der Ozon-Gehalt der Luft auf mehr als $180\ \mu g \cdot m^{-3}$ ansteigt, wird die Bevölkerung gewarnt. Die Schwelle für Fahrverbote liegt bei einem 1-Stunden-Mittelwert von $240\ \mu g \cdot m^{-3}$.

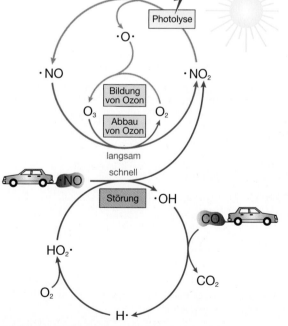

Natürlicher Kreislauf von bodennahem Ozon und Störung durch Autoabgase

1. Erklären Sie, warum die Ozon-Konzentration nachts stark abfällt.
2. Recherchieren Sie, welche Gesundheitsgefahren von bodennahem Ozon in höherer Konzentration ausgehen und wie man sich schützen sollte.

1.7 Von den Messwerten zur Gleichgewichtskonstante

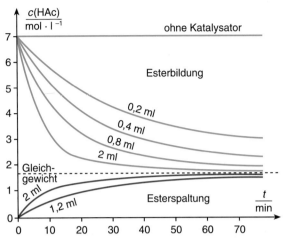

Einstellung des Ester-Gleichgewichts mit unterschiedlichen Mengen an Schwefelsäure als Katalysator

Die Lage des chemischen Gleichgewichts ist bei zahlreichen Reaktionen genau untersucht worden. Bei der Auswertung zeigte sich, dass man aus den bei einer bestimmten Temperatur im Gleichgewicht vorliegenden Konzentrationen jeweils eine reaktionsspezifische **Gleichgewichtskonstante K** berechnen kann. Diese Konstante ermöglicht auch Voraussagen über die Gleichgewichtslage bei anderen Mengenverhältnissen der Ausgangsstoffe.

Ein einfaches Beispiel liefern die in der Tabelle angegebenen Werte zum **Ester-Gleichgewicht** bei der Reaktion von Essigsäure mit Ethanol:

$$CH_3COOH + C_2H_5OH \rightleftharpoons CH_3COOC_2H_5 + H_2O$$

Beide Versuche führen auf den Wert $K = 4$, wenn man die für das Gleichgewicht geltenden Konzentrationen der Reaktionsprodukte multipliziert und dann durch die Konzentrationen der Ausgangsstoffe dividiert:

$$K = \frac{c\,(CH_3COOC_2H_5) \cdot c\,(H_2O)}{c\,(CH_3COOH) \cdot c\,(C_2H_5OH)} = 4$$

Iodwasserstoff-Gleichgewicht. Iod reagiert bei höherer Temperatur mit Wasserstoff unter Bildung von Iodwasserstoff; es stellt sich ein Gleichgewicht ein:

$$I_2\,(g) + H_2\,(g) \rightleftharpoons 2\,HI\,(g); \qquad \Delta_r H_m^0 = -10\;kJ \cdot mol^{-1}$$

Erhitzt man reinen Iodwasserstoff, so zerfällt er teilweise unter Rückbildung der Elemente.

Die Geschwindigkeit der Gleichgewichtseinstellung und die Lage des Gleichgewichts dieser Reaktion sind erstmals um 1900 von Max BODENSTEIN genau untersucht worden. Die Messungen wurden vor einigen Jahrzehnten mit modernen Methoden mehrfach überprüft.

Mit den für eine bestimmte Temperatur ermittelten Gleichgewichtskonzentrationen ergibt sich jeweils eine Konstante K, wenn man die HI-Konzentration quadriert – entsprechend dem Faktor 2 in der Reaktionsgleichung:

$$K = \frac{c^2\,(HI)}{c\,(H_2) \cdot c\,(I_2)}; \qquad K = 54{,}5 \quad bei \quad T = 700\;K$$

Aufgrund des exothermen Reaktionsverlaufs nimmt der HI-Anteil mit steigender Temperatur ab. So erhielt man für $T = 780\;K$ den Wert $K = 40$.

Massenwirkungsgesetz. Wie sich allgemein aus den im Gleichgewichtszustand vorliegenden Konzentrationen die Gleichgewichtskonstante K berechnen lässt, wurde bereits in den 1860er Jahren von den norwegischen Wissenschaftlern GULDBERG und WAAGE formuliert. Diese Gesetzmäßigkeit wird als *Massenwirkungsgesetz* bezeichnet, denn man sprach damals von der *wirksamen Masse*, wenn es um die Stoffmengenkonzentration im heutigen Sinne ging.

Nach diesem Gesetz erscheinen die stöchiometrischen Faktoren aus der Reaktionsgleichung einer beliebigen Reaktion jeweils als Exponenten der Gleichgewichtskonzentrationen:

$$iA + jB \rightleftharpoons mC + nD \quad \Rightarrow \quad K = \frac{c^m\,(C) \cdot c^n\,(D)}{c^i\,(A) \cdot c^i\,(B)}$$

		Versuch 1	Versuch 2
Ausgangs-gemisch	$c_0\,(C_2H_5OH)$	$8{,}66\;mol \cdot l^{-1}$	$14{,}35\;mol \cdot l^{-1}$
	$c_0\,(CH_3COOH)$	$8{,}66\;mol \cdot l^{-1}$	$2{,}87\;mol \cdot l^{-1}$
	$c_0\,(H_2O)$	–	–
	$c_0\,(Ester)$	–	–
Gleich-gewicht	$c\,(C_2H_5OH)$	$2{,}89\;mol \cdot l^{-1}$	$11{,}64\;mol \cdot l^{-1}$
	$c\,(CH_3COOH)$	$2{,}89\;mol \cdot l^{-1}$	$0{,}158\;mol \cdot l^{-1}$
	$c\,(H_2O)$	$5{,}77\;mol \cdot l^{-1}$	$2{,}71\;mol \cdot l^{-1}$
	$c\,(Ester)$	$5{,}77\;mol \cdot l^{-1}$	$2{,}71\;mol \cdot l^{-1}$

Versuchsreihe zum Ester-Gleichgewicht bei 25 °C (ausgehend von reinem Ethanol und reiner Essigsäure)

	Gleichgewichtskonzentration in mol · l⁻¹		
Versuch	$c\,(HI)$	$c\,(I_2)$	$c\,(H_2)$
1	$17{,}67 \cdot 10^{-3}$	$3{,}13 \cdot 10^{-3}$	$1{,}83 \cdot 10^{-3}$
2	$16{,}48 \cdot 10^{-3}$	$1{,}71 \cdot 10^{-3}$	$2{,}91 \cdot 10^{-3}$
3	$13{,}54 \cdot 10^{-3}$	$0{,}74 \cdot 10^{-3}$	$4{,}58 \cdot 10^{-3}$
	(Bildung von Iodwasserstoff)		
4	$3{,}54 \cdot 10^{-3}$	$0{,}48 \cdot 10^{-3}$	$0{,}48 \cdot 10^{-3}$
5	$8{,}41 \cdot 10^{-3}$	$1{,}14 \cdot 10^{-3}$	$1{,}14 \cdot 10^{-3}$
	(Zerfall von Iodwasserstoff)		

Ergebnisse einer Versuchsreihe zum Iodwasserstoff-Gleichgewicht bei 700 K

Voraussetzung ist dabei, dass die beteiligten Stoffe in einem *homogenen System* vorliegen, also in einer Lösung oder in einem Gasgemisch.

Im Falle *heterogener Systeme* bleiben feste Stoffe unberücksichtigt:

$$C\,(s) + CO_2\,(g) \rightleftharpoons 2\,CO\,(g) \quad \Rightarrow \quad K = \frac{c^2\,(CO)}{c\,(CO_2)}$$

$$Ag^+\,(aq) + Fe^{2+}\,(aq) \rightleftharpoons Ag\,(s) + Fe^{3+}\,(aq)$$

$$\Rightarrow \quad K = \frac{c\,(Fe^{3+})}{c\,(Ag^+) \cdot c\,(Fe^{2+})}$$

Der *Zahlenwert* von K vermittelt bereits ohne weitere Rechnung einen ersten Eindruck über die Lage des Gleichgewichts: Ein sehr großer Wert wie 10^6 bedeutet, dass die Reaktion nahezu vollständig ablaufen kann. Ein sehr kleiner Wert wie 10^{-6} zeigt an, dass nur ein geringer Anteil der Ausgangsstoffe umgesetzt wird.

K_p-Werte. Bei Reaktionen im Gaszustand lassen sich für das im Gleichgewicht vorliegende System zunächst das Volumen V und der Gesamtdruck p ermitteln. Man bevorzugt deshalb auch Druckangaben für die einzelnen Komponenten, um die Zusammensetzung des Gasgemisches zu beschreiben. Dieser sogenannte *Partialdruck* ist das Produkt aus dem Stoffmengenanteil einer Teilchenart und dem Gesamtdruck. Die Summe der Partialdrücke ergibt somit den Gesamtdruck.

Das Symbol K_p für die Gleichgewichtskonstante einer Gasreaktion weist darauf hin, dass direkt mit den Partialdrücken gerechnet wird. Mit den Stoffmengenkonzentrationen ergibt sich in der Regel eine Konstante K_c, die sich nicht nur in der Einheit sondern auch im Zahlenwert unterscheidet.

K_p stimmt jedoch mit K_c überein, wenn es sich um eine Reaktion handelt, die ohne Veränderung der Teilchenanzahl abläuft. Die Gleichgewichtskonstante ist in diesem Fall ein reiner Zahlenwert:

$$A\,(g) + B\,(g) \rightleftharpoons C\,(g) + D\,(g)$$

$$\Rightarrow \quad K_p = \frac{p\,(C) \cdot p\,(D)}{p\,(A) \cdot p\,(B)} = K_c = \frac{c\,(C) \cdot c\,(D)}{c\,(A) \cdot c\,(B)}$$

> Nach den Regeln des Massenwirkungsgesetzes kann jeder Gleichgewichtsreaktion eine – von der Temperatur abhängige – Gleichgewichtskonstante K_c zugeordnet werden. Der Wert von K_c bezieht sich auf die im Gleichgewicht vorliegenden Stoffmengenkonzentrationen.

1. Notieren Sie jeweils den Term zur Berechnung von K:
   a) $AB_2\,(aq) \rightleftharpoons A^{2+}\,(aq) + 2\,B^-\,(aq)$
   b) $2\,H_2O\,(g) \rightleftharpoons 2\,H_2\,(g) + O_2\,(g)$
   c) $N_2O_4\,(g) \rightleftharpoons 2\,NO_2\,(g)$
   d) $Ca(OH)_2\,(s) \rightleftharpoons CaO\,(s) + H_2O\,(g)$
2. Erläutern Sie, wie sich der Zahlenwert von K im Falle einer endothermen Reaktion verändert, wenn man die Temperatur erhöht.

Massenwirkungsgesetz und Reaktionsgeschwindigkeit

Das Massenwirkungsgesetz wurde zu einer Zeit formuliert, in der neben dem Ester-Gleichgewicht nur sehr wenige Reaktionen genauer untersucht waren.

Eine wesentliche Stütze für die Aufstellung des Massenwirkungsgesetzes war eine aus heutiger Sicht unzulässige Annahme: Man ging davon aus, dass sich die Geschwindigkeitsgleichung einer Reaktion *immer* direkt aus der Reaktionsgleichung ableiten lässt.

Für eine Reaktion des Typs $iA + jB \rightleftharpoons mC + nD$ wurden die folgenden Geschwindigkeitsgleichungen angesetzt:

Hinreaktion: $v_{hin} = k_{hin} \cdot c^i\,(A) \cdot c^j\,(B)$

Rückreaktion: $v_{rück} = k_{rück} \cdot c^m\,(C) \cdot c^n\,(D)$

Da im Gleichgewicht $v_{hin} = v_{rück}$ gilt, sollte der Quotient der Geschwindigkeitskonstanten die Gleichgewichtskonstante K ergeben:

$$k_{hin} \cdot c^i\,(A) \cdot c^j\,(B) = k_{rück} \cdot c^m\,(C) \cdot c^n\,(D)$$

$$\frac{k_{hin}}{k_{rück}} = \frac{c^m\,(C) \cdot c^n\,(D)}{c^i\,(A) \cdot c^j\,(B)} = K$$

Untersuchungen an einigen Reaktionen führten tatsächlich zu einer relativ guten Übereinstimmung zwischen den aus den Gleichgewichtskonzentrationen berechneten Werten $K\,(T)$ und den aus kinetischen Messungen ermittelten Werten für die Gleichgewichtskonstante. Ein berühmtes Beispiel sind die Untersuchungen BODENSTEINS am Iodwasserstoff-Gleichgewicht:

$$H_2\,(g) + I_2\,(g) \rightleftharpoons 2\,HI\,(g)$$

$\dfrac{T}{K}$	$\dfrac{k_{hin}}{l \cdot mol^{-1} \cdot min^{-1}}$	$\dfrac{k_{rück}}{l \cdot mol^{-1} \cdot min^{-1}}$	$\dfrac{k_{hin}}{k_{rück}}$	$K\,(T)$
629	$3{,}02 \cdot 10^{-4}$	$3{,}61 \cdot 10^{-6}$	83,6	66,6
661	$1{,}69 \cdot 10^{-3}$	$2{,}63 \cdot 10^{-5}$	64,3	55,8
721	$1{,}67 \cdot 10^{-2}$	$2{,}99 \cdot 10^{-4}$	55,8	50,0

Gleichgewichtsberechnungen

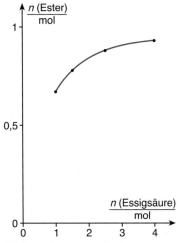

Ein Überschuss an Essigsäure begünstigt die Esterbildung
(n_0 (Ethanol) = 1 mol)

Schrittfolge bei Gleichgewichts-berechnungen
1. Reaktionsgleichung aufstellen und die bei Reaktionsbeginn vorliegenden Stoffmengen oder Konzentrationen angeben.
2. Die für das Gleichgewicht geltenden Stoffmengen oder Konzentrationen angeben beziehungsweise ermitteln.
3. Die zur Berechnung der gesuchten Größe benötigte Beziehung notieren und gegebenenfalls umformen.
4. Die für den Gleichgewichts-zustand gültigen Werte einsetzen. Berechnung ausführen und der Fragestellung entsprechend erläutern.

1. Prüfen Sie, ob die in dem obigen Diagramm hervorgehobenen Punkte zu übereinstimmenden Werten für die Gleichgewichts-konstante K führen.
(*Wertepaare:* 1/0,67, 1,5/0,78, 2,5/0,88, 4/0,93)

Gelegentlich muss für eine Reaktion die Gleichgewichtskonstante K über die Auswertung eines Laborexperiments selbst bestimmt werden. Meist kann man aber Werte aus der wissenschaftlichen Literatur verwenden. Schon einfache Berechnungen geben dann ein Bild, welche Zusammensetzung das im Gleichgewicht vorliegende Gemisch aufweist.

Auf dieser Grundlage lässt sich auch beantworten, welche **Ausbeute** bei der Synthese eines Stoffes X *maximal* erreicht werden kann. Man dividiert dazu die im Gleichgewicht vorliegende Stoffmenge n_1 (X) durch die bei vollständigem Umsatz mögliche Stoffmenge n_2 (X). Das Ergebnis wird meist in Prozent angegeben:

$$\text{Ausbeute} = \frac{\text{Stoffmenge im Gleichgewicht}}{\text{Stoffmenge bei vollständigem Umsatz}} \cdot 100\,\% = \frac{n_1\,(X)}{n_2\,(X)} \cdot 100\,\%$$

Gleichgewichtskonstante. Wenn die Gleichgewichtskonstante K einer Reaktion mit Hilfe eines Experiments ermittelt werden soll, sind die folgenden Punkte zu beachten:
- Man geht von einer Mischung mit genau bekannter Zusammensetzung aus.
- Wenn sich das Gleichgewicht eingestellt hat, reicht es aus, die Konzentration oder die Stoffmenge *einer* der Komponenten zu bestimmen. Die übrigen Werte ergeben sich entsprechend den Stoffmengenverhältnissen der Reaktionsgleichung.

Falls es sich um eine Reaktion handelt, die ohne Veränderung der Teilchenanzahl abläuft, kann K direkt mit den für das Gleichgewicht ermittelten *Stoffmengen* berechnet werden. Das gilt beispielsweise für Reaktionen des Typs A + B $\rightleftharpoons$ C + D, soweit die Stoffe ein homogenes Gemisch bilden. In allen anderen Fällen sind die im Gleichgewicht vorliegenden Stoffmengenkonzentrationen zu verwenden.

Beispiel: Berechnen Sie die Gleichgewichtskonstante K aufgrund der folgenden Information:
Bei der Esterbildung in einer Mischung aus 1 mol Essigsäure und 1 mol Ethanol waren im Gleichgewichtszustand noch 0,33 mol Essigsäure vorhanden.

1. Reaktionsgleichung und Stoffmengen bei Reaktionsbeginn:

$$CH_3COOH \quad + \quad C_2H_5OH \; \rightleftharpoons \; CH_3COOC_2H_5 \quad + \quad H_2O$$
$$1\text{ mol} \qquad\qquad 1\text{ mol} \qquad\qquad\quad - \qquad\qquad -$$

2. Stoffmengen im Gleichgewicht:

   0,33 mol   0,33 mol   0,67 mol   0,67 mol

3. Term zur Berechnung von K:

$$K = \frac{n\,(\text{Ester}) \cdot n\,(\text{Wasser})}{n\,(\text{Säure}) \cdot n\,(\text{Ethanol})}$$

4. Berechnung von K durch Einsetzen der Werte aus 2:

$$K = \frac{0,67\text{ mol} \cdot 0,67\text{ mol}}{0,33\text{ mol} \cdot 0,33\text{ mol}} = 4,1$$

Das Experiment führt auf eine Gleichgewichtskonstante von $K = 4,1$.

Konzentrationen oder Stoffmengen im Gleichgewicht. In der Regel ist das ursprüngliche Mischungsverhältnis der Ausgangsstoffe bekannt. Mit Hilfe des für die Reaktionstemperatur gültigen Wertes von K lässt sich dann auch berechnen, welche Konzentrationen oder welche Stoffmengen für die einzelnen Stoffe im Gleichgewicht zu erwarten sind.

Beispiel: Berechnen Sie, welche Stoffmengen im Gleichgewicht vorliegen, wenn man von 1 mol Essigsäure und 1,5 mol Ethanol ausgeht ($K = 4$).

1. $CH_3COOH \ + \ C_2H_5OH \ \rightleftharpoons \ CH_3COOC_2H_5 \ + \ H_2O$
       1 mol   1,5 mol   −   −

2. $(1 - x)$ mol $(1,5 - x)$ mol x mol x mol

3. $\dfrac{n\,(\text{Ester}) \cdot n\,(\text{Wasser})}{n\,(\text{Säure}) \cdot n\,(\text{Ethanol})} = 4$

4. $\dfrac{x \cdot x}{(1 - x) \cdot (1,5 - x)} = 4 \ \Rightarrow \ x^2 - \dfrac{10}{3}x + 2 = 0$

Die Lösungen der quadratischen Gleichung sind $x_1 = 0,785$ und $x_2 = 2,55$. Der zweite Wert ist sinnlos, denn die Stoffmengen der gebildeten Produkte können hier keinesfalls größer sein als die der Ausgangsstoffe.
Für das Gleichgewicht gilt: $n\,(CH_3COOC_2H_5) = n\,(H_2O) = 0,785$ mol; $n\,(CH_3COOH) = 0,215$ mol; $n\,(C_2H_5OH) = 0,715$ mol.

Konzentration oder Stoffmenge eines Ausgangsstoffes. Manchmal ist von einer Chemikalie, die man als Ausgangsstoff für eine Synthese benötigt, nur noch eine geringe Menge im Labor verfügbar. Man kann dann versuchen, eine möglichst hohe Ausbeute zu erreichen, indem man einen größeren Überschuss des Reaktionspartners einsetzt.
Soweit die Gleichgewichtskonstante für die Reaktionstemperatur ausreichend genau bekannt ist, lässt sich durch eine Berechnung abschätzen, ob das Ziel erreichbar ist.

Beispiel: 2 mol wasserfreie Essigsäure sollen zu 90 % in Essigsäureethylester überführt werden. Berechnen Sie, welche Stoffmenge an Ethanol dazu mindestens eingesetzt werden muss ($K = 4$).

1. $CH_3COOH \ + \ C_2H_5OH \ \rightleftharpoons \ CH_3COOC_2H_5 \ + \ H_2O$
       2 mol x mol   −   −

2.   0,2 mol $(x - 1,8)$ mol   1,8 mol   1,8 mol

3. $K = \dfrac{n\,(\text{Ester}) \cdot n\,(\text{Wasser})}{n\,(\text{Säure}) \cdot n\,(\text{Ethanol})} = 4$

4. $\dfrac{1,8 \text{ mol} \cdot 1,8 \text{ mol}}{0,2 \text{ mol} \cdot (x - 1,8) \text{ mol}} = 4 \ \Rightarrow \ 4\,(0,2x - 0,36) = 3,24$

$$x = 5,85$$

Eine Esterausbeute von 90 % kann erreicht werden, wenn man mindestens 5,85 mol Ethanol mit der Essigsäure mischt.

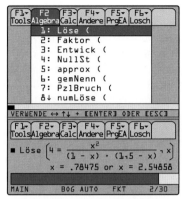

Gleichungslösen mit graphikfähigem Taschenrechner

1. Geben Sie für die folgenden Reaktionen den Term zur Berechnung der Gleichgewichtskonstante K_c an. Prüfen Sie jeweils, ob sich derselbe Wert ergibt, wenn man statt der Konzentrationen die Stoffmengen einsetzt.
    a) $2\,A\,(g) \rightleftharpoons B\,(g) + C\,(g)$
    b) $CH_4\,(g) + H_2O\,(g) \rightleftharpoons$
                  $CO\,(g) + 3\,H_2\,(g)$
    c) $CO_2\,(g) + H_2\,(g) \rightleftharpoons$
                  $CO\,(g) + H_2O\,(g)$
    d) $3\,H_2\,(g) + N_2\,(g) \rightleftharpoons 2\,NH_3\,(g)$
    e) $2\,SO_2\,(g) + O_2\,(g) \rightleftharpoons 2\,SO_3\,(g)$
    f) $CaCO_3\,(s) \rightleftharpoons CaO\,(s) + CO_2\,(g)$
2. **a)** 1 mol Essigsäure wird in 2 mol Ethanol gelöst. Berechnen Sie, welche Stoffmenge an Ester nach Einstellung des Gleichgewichts in der Mischung enthalten ist.
    b) Berechnen Sie die maximal mögliche Ausbeute an Ester, wenn die Reaktion in einer Mischung aus 2 mol Ethanol, 1 mol Essigsäure und 1 mol Wasser abläuft.
    c) Vergleichen Sie die Ergebnisse und erklären Sie den Unterschied unter Bezug auf das Prinzip von LE CHATELIER.
    d) Beschreiben Sie ein Verfahren, durch das sich der im Gemisch enthaltene Ester als Reinstoff gewinnen lässt. Erklären Sie, warum es dabei zu Verlusten im Vergleich zur berechneten Ausbeute kommt.

1.8 Löslichkeitsgleichgewicht salzartiger Stoffe

Die Bildung von Lösungen beruht auf Wechselwirkungen zwischen den Teilchen des Lösemittels und den Teilchen des gelösten Stoffes. So lösen sich salzartige Stoffe wesentlich besser in Wasser als in allen anderen Lösemitteln. Der Grund dafür sind die starken elektrostatischen Anziehungskräfte zwischen den Ionen des Salzes und den Dipolmolekülen des Wassers: Die Bildung der Hydrathüllen liefert etwa so viel Energie, wie für den Abbau des Ionengitters benötigt wird.

In der *gesättigten Lösung* eines Salzes hängt die Konzentration der Ionen von der Temperatur der Lösung ab, nicht dagegen von der Menge des noch vohandenen festen Salzes. Dieses Gleichgewicht zwischen der gesättigten Lösung und dem sogenannten *Bodenkörper* bezeichnet man als *Löslichkeitsgleichgewicht*. Es handelt sich dabei um ein *heterogenes*, dynamisches Gleichgewicht: Pro Zeiteinheit gehen genauso viele Ionen in Lösung wie sich in kristalliner Form ablagern. Für ein Salz des Formeltyps AB kann man dieses Gleichgewicht schematisch auf folgende Weise darstellen:

$$AB\,(s) \rightleftharpoons A^{n+}\,(aq) + B^{n-}\,(aq)$$

Gleichioniger Zusatz. Eine charakteristische Eigenschaft des Löslichkeitsgleichgewichts zeigt sich an einem einfachen Experiment mit einer gesättigten Lösung von Kaliumchlorat ($KClO_3$): Gibt man etwas konzentrierte *Kalium*chlorid-Lösung hinzu, so fällt ein Teil des gelösten Kaliumchlorats wieder aus. Der gleiche Effekt tritt auf, wenn man konzentrierte Natrium*chlorat*-Lösung hinzufügt.

Ganz entsprechend verhalten sich auch Lösungen anderer Salze. Tropft man beispielsweise Kaliumiodid-Lösung zu einer gesättigten Bleiiodid-Lösung, so bildet sich eine feinkristalline, gelbe Füllung von Bleiiodid (PbI_2).
Allgemein gilt: Die Löslichkeit eines Salzes wird kleiner, wenn eine der Ionenarten im Überschuss vorliegt. Man spricht deshalb von einer *Löslichkeitsverminderung durch gleichionigen Zusatz.* Direkt beobachtbar ist dieser Effekt allerdings nur, wenn das Salz nicht allzu schwer löslich ist.

Löslichkeitsprodukt. Ende des 19. Jahrhunderts entwickelte man ein Konzept, nach dem sich ein Löslichkeitsgleichgewicht bei konstanter Temperatur durch eine stoffspezifische Konstante K_L beschreiben lässt. Diese Konstante bezeichnet man als *Löslichkeitsprodukt*, denn sie ergibt sich nach den Regeln des Massenwirkungsgesetzes allein aus den im Gleichgewicht

vorliegenden Ionenkonzentrationen. Das feste Salz wird nicht berücksichtigt, da die Löslichkeit nicht von der Menge des Bodenkörpers abhängt.

Für ein Salz des Formeltyps AB gilt danach:

$$K_L(AB) = c\,(A^{n+}) \cdot c\,(B^{n-})$$

Beispiel: $BaSO_4\,(s) \rightleftharpoons Ba^{2+}\,(aq) + SO_4^{2-}\,(aq)$
$$K_L(BaSO_4) = c\,(Ba^{2+}) \cdot c\,(SO_4^{2-})$$

Für gesättigte Lösungen von Salzen des Formeltyps AB_2 ergibt sich eine Konstante, wenn man die Konzentration der Anionen quadriert:

$$K_L(AB_2) = c\,(A^{2+}) \cdot c^2\,(B^-)$$

Beispiel: $CaF_2\,(s) \rightleftharpoons Ca^{2+}\,(aq) + 2\,F^-\,(aq)$
$$K_L(CaF_2) = c\,(Ca^{2+}) \cdot c^2\,(F^-)$$

Ganz entsprechend muss für ein Salz des Formeltyps A_2B die Konzentration der Kationen quadriert werden:

Beispiel: $K_L(Ag_2CrO_4) = c^2\,(Ag^+) \cdot c\,(CrO_4^{2-})$

In Tabellenwerken wird häufig statt des K_L-Wertes der **pK_L-Wert** angegeben. Dabei handelt es sich um den negativen Zehnerlogarithmus des Zahlenwertes von K_L.

Beispiel: $K_L(AgCl) = 1,8 \cdot 10^{-10}\ mol^2 \cdot l^{-2}$

$$pK_L = -\lg \frac{1,8 \cdot 10^{-10}\ mol^2 \cdot l^{-2}}{mol^2 \cdot l^{-2}} = 9,7$$

Salz	Formel	K_L	pK_L
Bariumfluorid	BaF_2	$1,6 \cdot 10^{-6}\ mol^3 \cdot l^{-3}$	5,8
Bariumsulfat	$BaSO_4$	$1,1 \cdot 10^{-10}\ mol^2 \cdot l^{-2}$	10,0
Bleicarbonat	$PbCO_3$	$7,4 \cdot 10^{-14}\ mol^2 \cdot l^{-2}$	13,1
Bleichlorid	$PbCl_2$	$1,6 \cdot 10^{-5}\ mol^3 \cdot l^{-3}$	4,8
Bleiiodid	PbI_2	$8 \cdot 10^{-9}\ mol^3 \cdot l^{-3}$	8,1
Bleisulfat	$PbSO_4$	$1,6 \cdot 10^{-8}\ mol^2 \cdot l^{-2}$	7,8
Bleisulfid	PbS	$3 \cdot 10^{-28}\ mol^2 \cdot l^{-2}$	27,5
Calciumcarbonat	$CaCO_3$	$4 \cdot 10^{-9}\ mol^2 \cdot l^{-2}$	8,4
Calciumfluorid	CaF_2	$4 \cdot 10^{-11}\ mol^3 \cdot l^{-3}$	10,4
Calciumhydroxid	$Ca(OH)_2$	$6 \cdot 10^{-6}\ mol^3 \cdot l^{-3}$	5,2
Calciumsulfat	$CaSO_4$	$2,4 \cdot 10^{-5}\ mol^2 \cdot l^{-2}$	4,6
Eisen(II)-hydroxid	$Fe(OH)_2$	$8 \cdot 10^{-16}\ mol^4 \cdot l^{-4}$	15,1
Eisen(III)-hydroxid	$Fe(OH)_3$	$1,6 \cdot 10^{-39}\ mol^3 \cdot l^{-3}$	38,8
Eisen(II)-sulfid	FeS	$8 \cdot 10^{-19}\ mol^2 \cdot l^{-2}$	18,1
Kupfer(II)-hydroxid	$Cu(OH)_2$	$4,8 \cdot 10^{-20}\ mol^3 \cdot l^{-3}$	19,3
Kupfer(II)-sulfid	CuS	$8 \cdot 10^{-37}\ mol^2 \cdot l^{-2}$	36,1
Magnesiumhydroxid	$Mg(OH)_2$	$7,1 \cdot 10^{-12}\ mol^3 \cdot l^{-3}$	11,2
Silberbromid	$AgBr$	$5 \cdot 10^{-13}\ mol^2 \cdot l^{-2}$	12,3
Silberchlorid	$AgCl$	$1,8 \cdot 10^{-10}\ mol^2 \cdot l^{-2}$	9,7
Silberiodid	AgI	$8,3 \cdot 10^{-17}\ mol^2 \cdot l^{-2}$	16,1
Silbersulfid	Ag_2S	$8 \cdot 10^{-51}\ mol^2 \cdot l^{-2}$	50,1
Zinksulfid	ZnS	$2 \cdot 10^{-25}\ mol^2 \cdot l^{-2}$	24,7

pK_L-Werte einiger schwer löslicher Salze (bei 25 °C)

Löslichkeitsprodukt und Löslichkeit. Mit Hilfe des K_L-Werts lässt sich zunächst berechnen, welche Stoffmengenkonzentration die gesättigte Lösung aufweist. Dieser Wert kann dann in die Massenkonzentration β umgerechnet werden.

- *Löslichkeit von Bleisulfat in reinem Wasser:*

$$K_L(PbSO_4) = c(Pb^{2+}) \cdot c(SO_4^{2-}) = 1{,}6 \cdot 10^{-8} \text{ mol}^2 \cdot l^{-2}$$

Da die Konzentrationen der Ionen gleich groß sind, gilt für die gesättigte Lösung: $K_L = c^2(Pb^{2+})$

$$\Rightarrow \quad c(PbSO_4) = c(Pb^{2+}) = \sqrt{K_L}$$

$$c(PbSO_4) = \sqrt{1{,}6 \cdot 10^{-8} \text{ mol}^2 \cdot l^{-2}} = 1{,}3 \cdot 10^{-4} \text{ mol} \cdot l^{-1}$$

Multiplikation mit der molaren Masse von Bleisulfat ($M = 303 \text{ g} \cdot \text{mol}^{-1}$) ergibt die Löslichkeit in Form der Massenkonzentration β:

$$\beta(PbSO_4) = 0{,}039 \text{ g} \cdot l^{-1}$$

- *Löslichkeit von Calciumfluorid in reinem Wasser:*

$$K_L(CaF_2) = c(Ca^{2+}) \cdot c^2(F^-) = 4 \cdot 10^{-11} \text{ mol}^3 \cdot l^{-3}$$

Da die Konzentration der Fluorid-Ionen doppelt so groß ist wie die der Calcium-Ionen, gilt für die gesättigte Lösung: $K_L = c(Ca^{2+}) \cdot [2 \cdot c(Ca^{2+})]^2 = 4c^3(Ca^{2+})$

$$\Rightarrow \quad c(CaF_2) = c(Ca^{2+}) = \sqrt[3]{\frac{K_L}{4}}$$

$$c(CaF_2) = \sqrt[3]{10^{-11} \text{ mol}^3 \cdot l^{-3}} = 2{,}15 \cdot 10^{-4} \text{ mol} \cdot l^{-1}$$

Mit $M(CaF_2) = 78 \text{ g} \cdot \text{mol}^{-1}$ erhält man:

$$\beta(CaF_2) = 0{,}017 \text{ g} \cdot l^{-1}$$

Die Rechenergebnisse stimmen in diesen Fällen gut mit den experimentell ermittelten Werten überein. Systematische Untersuchungen zeigten aber bereits vor 100 Jahren, dass sich ein mit Gleichgewichtskonzentrationen berechneter K_L-Wert nur als *Näherung* für sehr schwer lösliche Salze eignet.

So ist schon bei Calciumsulfat der aus der Löslichkeit ($1{,}53 \cdot 10^{-2} \text{ mol} \cdot l^{-1}$) berechnete und bis 1930 in Tabellen aufgeführte K_L-Wert ($2{,}3 \cdot 10^{-4} \text{ mol}^2 \cdot l^{-2}$) keineswegs konstant: Gleichionige Zusätze erniedrigen die Löslichkeit nur geringfügig; der K_L-Wert steigt dabei auf mehr als das 10fache.

Der in neuerer Zeit angegebene Wert ist um eine Zehnerpotenz kleiner: $K_L(CaSO_4) = 2{,}3 \cdot 10^{-5} \text{ mol}^2 \cdot l^{-2}$. Die Berechnung geht von der Hypothese aus, dass eine sogenannte *ideale* Lösung vorliegt, in der es keinerlei Wechselwirkungen zwischen den Ionen gibt. Dieser Wert gilt als stoffspezifische Konstante für wissenschaftliche Berechnungen. Als (ideale) Löslichkeit erhält man damit aber nur ein Drittel der tatsächlichen Löslichkeit.

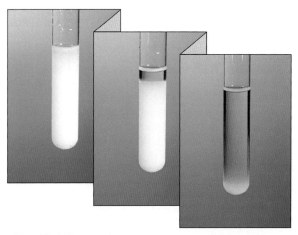

Silberchlorid löst sich bei Zugabe von Ammoniak-Lösung.

Komplexbildung und Löslichkeit. In Labor und Technik setzt man häufig Komplexbildner ein, um schwerlösliche Salze in eine Lösung zu überführen. Ein einfaches Beispiel ist das Auflösen von Silberchlorid durch Zugabe von Ammoniak-Lösung. Aufgrund der Bildung von Diamminsilber-Ionen wird die ursprüngliche Konzentration der hydratisierten Silber-Ionen stark erniedrigt. Die Lösung ist somit nicht mehr gesättigt; der Niederschlag löst sich auf:

$$AgCl(s) + 2\,NH_3(aq) \rightleftharpoons [Ag(NH_3)_2]^+(aq) + Cl^-(aq)$$

Eine ganz ähnliche Reaktion wird beim Fixieren von Schwarzweiß-Fotos genutzt: Man löst das lichtempfindliche Silberbromid mit Hilfe von Fixiersalz (Natriumthiosulfat, $Na_2S_2O_3$) heraus:

$$AgBr(s) + 2\,S_2O_3^{2-}(aq) \rightleftharpoons [Ag(S_2O_3)_2]^{3-}(aq) + Br^-(aq)$$

> Das Löslichkeitsgleichgewicht eines Salzes wird quantitativ durch das Löslichkeitsprodukt K_L beschrieben. Grundlage für die Berechnung von K_L sind die Konzentrationen der Ionen in einer gesättigten Lösung.

1. Notieren Sie jeweils den Term zur Berechnung von K_L: AlF_3, Ag_3PO_4, $Pb_3(PO_4)_2$.
2. Berechnen Sie die Löslichkeit von Silberchromat in reinem Wasser ($K_L(Ag_2CrO_4) = 1{,}2 \cdot 10^{-12} \text{ mol}^3 \cdot l^{-3}$).
3. Silberchlorid wird in stark verdünnter Salzsäure ($10^{-3} \text{ mol} \cdot l^{-1}$) gelöst. Berechnen Sie $c(Ag^+)$ für die gesättigte Lösung.
4. Erklären Sie die folgenden Effekte:
   a) Ein $Al(OH)_3$-Niederschlag löst sich bei Zugabe von Natronlauge.
   b) Silberchlorid löst sich in konzentrierter Salzsäure. Beim Verdünnen der Lösung fällt ein großer Teil wieder aus.

V1: Silberhalogenide

Materialien: Tropfpipetten, Stopfen;
Lösungen von Natriumchlorid, Kaliumbromid, Kaliumiodid (jeweils $0{,}1 \; mol \cdot l^{-1}$), Silbernitrat-Lösung ($0{,}1 \; mol \cdot l^{-1}$) Ammoniak-Lösung (verd.), Ammoniak-Lösung (15 %; C) Natriumthiosulfat-Lösung ($0{,}1 \; mol \cdot l^{-1}$).

Durchführung:
Reaktion mit verdünnter Ammoniak-Lösung

1. Füllen Sie etwa 2 ml Natriumchlorid-Lösung in ein Reagenzglas und fügen Sie 2 Tropfen Silbernitrat-Lösung hinzu.
2. Geben Sie etwa 1 ml der verdünnten Ammoniak-Lösung zu dieser Probe.
3. Wiederholen Sie die beiden Schritte mit Kaliumbromid-Lösung sowie mit Kaliumiodid-Lösung.
4. Geben Sie konzentrierte Ammoniak-Lösung zu den mit Bromid und mit Iodid erhaltenen Fällungen.
5. Stellen Sie erneut – entsprechend Schritt 1 – Fällungen der drei Silberhalogenide her. Fügen Sie jeweils etwa 1 ml Natriumthiosulfat-Lösung hinzu.

Aufgaben:
a) Notieren Sie Ihre Beobachtungen.
b) Formulieren Sie Reaktionsgleichungen für die ablaufenden Reaktionen. *Hinweis:* Silber-Komplexe haben die Koordinationszahl 2.
c) Berechnen Sie die Gleichgewichtskonzentration von Silber-Ionen in einer Kaliumiodid-Lösung ($0{,}1 \; mol \cdot l^{-1}$) mit Silberiodid als Bodenkörper.

V2: Fraktionierte Fällung

Materialien: Tropfpipetten, Trichter, Filtrierpapier;
Kaliumiodid-Lösung ($0{,}05 \; mol \cdot l^{-1}$), Kaliumchromat-Lösung (T; $0{,}005 \; mol \cdot l^{-1}$), Silbernitrat-Lösung ($0{,}1 \; mol \cdot l^{-1}$), Ammoniak-Lösung (verd.).

Durchführung:

1. Geben Sie zu etwa 1 ml Kaliumchromat-Lösung 2 Tropfen Silbernitrat-Lösung. Diese Mischung bleibt als Vergleichsprobe stehen.
2. Mischen Sie in einem Reagenzglas etwa 1 ml Kaliumchromat-Lösung mit 1 ml Kaliumiodid-Lösung.
3. Geben Sie dann unter Schütteln tropfenweise Silbernitrat-Lösung hinzu. Beenden Sie die Zugabe, sobald sich die Mischung bräunlich färbt.
4. Filtrieren Sie den gebildeten Niederschlag ab.
5. Versetzen Sie das Filtrat mit Silbernitrat-Lösung bis die Farbe der Vergleichsprobe erreicht ist.

Aufgaben:
a) Notieren Sie Ihre Beobachtungen.
b) Erklären Sie die Effekte und stellen Sie Reaktionsgleichungen für die Fällungsreaktionen auf.
c) Berechnen Sie die Konzentration der Silber-Ionen in gesättigten Lösungen von Silberiodid und von Silberchromat (K_L (Ag_2CrO_4) = $1{,}2 \cdot 10^{-12} \; mol^3 \cdot l^{-3}$).
d) Erklären Sie die Verwendung von Kaliumchromat als Indikator bei der Bestimmung des Gehalts an Cl^--Ionen durch Titration mit einer $AgNO_3$-Maßlösung.

EXKURS   ## Fraktionierte Fällung

In der analytischen Chemie nutzt man vielfach die Fällung eines schwerlöslichen Salzes, um eine bestimmte Ionensorte in einer Probelösung nachzuweisen. So gilt ein beim Zutropfen von Silbernitrat-Lösung auftretender weißer, flockiger Niederschlag als sicherer Nachweis für Chlorid-Ionen.

Falls die Probe weitere Anionen enthält, die mit Silber-Ionen schwerlösliche Salze bilden, fällt zunächst *nur* das Salz mit der geringsten Löslichkeit aus. Bei weiterer Zugabe von Silbernitrat-Lösung folgen dann nacheinander auch die besser löslichen Salze. Aufgrund einer solchen *fraktionierten Fällung* könnte man prinzipiell verschiedene Ionen nebeneinander nachweisen und auch weitgehend voneinander trennen. Praktisch gelingt das am ehesten, wenn sich die einzelnen Salze deutlich in ihrer Farbe unterscheiden.

Ein einfaches Beispiel ist der Nachweis von Chlorid-Ionen in einer durch Chromat-Ionen (CrO_4^{2-}) gelb gefärbten Probe: Zunächst fällt das schwerer lösliche Silberchlorid aus. Nur an der Eintropfstelle wird auch ein wenig rotbraunes Silberchromat mitgefällt. Solange die Lösung aber noch Chlorid-Ionen enthält, verschwindet die durch Silberchromat verursachte Färbung, wenn man umschüttelt:

$$Ag_2CrO_4\,(s) + 2\,Cl^-\,(aq) \rightleftharpoons 2\,AgCl\,(s) + CrO_4^{2-}\,(aq)$$

Sobald die Chlorid-Ionen vollständig ausgefällt sind, ergibt bereits der nächste Tropfen eine bräunliche Färbung der gesamten Suspension. Praktisch genutzt wird dieser Effekt bei der quantitativen Bestimmung von Chlorid-Ionen: Man setzt der Probelösung etwas Kaliumchromat als Indikator zu und titriert mit einer Silbernitrat-Maßlösung.

Reaktionsgeschwindigkeit und chemisches Gleichgewicht

A1 Reaktionsgeschwindigkeit

a) Nennen Sie drei Reaktionen, die nur sehr langsam ablaufen.

b) Erläutern Sie am Beispiel der Reaktion von Salzsäure mit Marmor, wie man die Reaktionsgeschwindigkeit beeinflussen kann.

c) Erklären Sie die Begriffe Momentangeschwindigkeit und Durchschnittsgeschwindigkeit.

d) Stellen Sie die Geschwindigkeitsgleichung für eine Reaktion des Typs $A_2 + B_2 \longrightarrow 2\,AB$ auf.

e) Erklären Sie die wesentlichen Merkmale der Katalyse am Beispiel einer exothermen Reaktion. Zeichnen und beschriften Sie dazu auch das entsprechende Enthalpiediagramm.

A2 Einstellung des chemischen Gleichgewichts

Viele chemische Reaktionen verlaufen nicht vollständig: Es stellt sich ein Gleichgewicht ein, bei dem Reaktionsprodukte und Ausgangsstoffe nebeneinander vorliegen.

Die folgenden Abbildungen geben schematisch Konzentrations/Zeit-Diagramme wieder, wie sie sich bei der Untersuchung von Reaktionen des besonders einfachen Typs $A \rightleftharpoons B$ ergeben könnten:

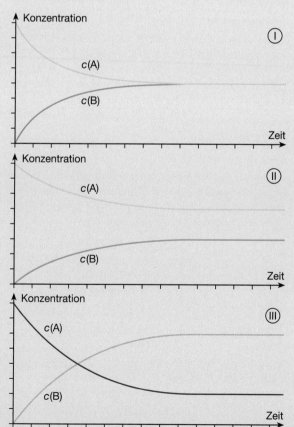

A3 Gasreaktionen und das Prinzip von LE CHATELIER

Die folgenden Reaktionen spielen eine entscheidene Rolle in Produktionsprozessen der chemischen Industrie:

1) $CO\,(g) + H_2O\,(g) \rightleftharpoons CO_2\,(g) + H_2\,(g)$; exotherm
2) $N_2\,(g) + 3\,H_2\,(g) \rightleftharpoons 2\,NH_3\,(g)$; exotherm
3) $2\,SO_2\,(g) + O_2\,(g) \rightleftharpoons 2\,SO_3\,(g)$; exotherm
4) $C\,(s) + CO_2\,(g) \rightleftharpoons 2\,CO\,(g)$; endotherm

a) Geben Sie an, in welche Richtung die Lage des Gleichgewichts durch eine Erhöhung der Temperatur beziehungsweise des Druckes verschoben wird.

b) Nennen Sie jeweils Reaktionsbedingungen, die die Bildung der Produkte begünstigen.

c) Erläutern Sie, aus welchen Gründen in der Praxis Kompromisse erforderlich sind.

d) Recherchieren Sie für die Reaktionen 2) und 3), wie man im technischen Verfahren vorgeht, um einen möglichst vollständigen Stoffumsatz zu erreichen.

A4 Synthesegas und Konvertierung

Das industriell überwiegend durch die Reaktion von Erdgas mit Wasserdampf erzeugte *Synthesegas* ist ein Gemisch aus Wasserstoff und Kohlenstoffmonooxid. Solche Gemische können in einigen Fällen direkt für Synthesen eingesetzt werden. Häufig muss man aber zunächst das Mischungsverhältnis zugunsten des Wasserstoffs verändern. Diese *Konvertierung* von Kohlenstoffmonooxid erfolgt durch eine weitere Reaktion mit Wasserdampf an geeigneten Katalysatoren.

a) Stellen Sie die Reaktionsgleichungen für die folgenden Reaktionen auf und berechnen Sie jeweils die molare Reaktionsenthalpie:
- Bildung von Synthesegas aus Methan
- Konvertierung von Kohlenstoffmonooxid

b) Bei 600 K wurden in einer Mischung aus 1 mol Kohlenstoffmonooxid und 3 mol Wasserdampf bis zur Einstellung des Gleichgewichts 0,971 mol Wasserstoff gebildet. Berechnen Sie die Gleichgewichtskonstante K.

c) Berechnen Sie, wie viel Wasserstoff bei 800 K ($K = 4$) aus den in b) angegebenen Ausgangsstoffmengen gebildet werden kann.

---

a) Erläutern Sie die Unterschiede im Ablauf der Reaktionen. Erklären Sie, inwiefern sich jeweils ein dynamischer Gleichgewichtszustand ergibt.

b) Schätzen Sie für die dargestellten Fälle jeweils das Verhältnis der im Gleichgewicht vorliegenden Konzentrationen ab und geben Sie die Gleichgewichtskonstante K an.

c) Skizzieren Sie entsprechende Diagramme für Reaktionen mit $K = 7$ sowie $K = 0{,}33$.

Reaktionsgeschwindigkeit und chemisches Gleichgewicht

1. Reaktionsgeschwindigkeit

Der zeitliche Verlauf einer Reaktion wird durch die *Konzentration* der Ausgangsstoffe, die *Temperatur* und die Beteiligung von *Katalysatoren* beeinflusst. Bei festen Stoffen spielt auch der *Zerteilungsgrad* eine große Rolle.

Die *Reaktionsgeschwindigkeit* v ist der Quotient aus dem Betrag der Konzentrationsänderung eines an der Reaktion beteiligten Stoffes und dem dazugehörigen Zeitintervall:

$$v = \frac{|\Delta c|}{\Delta t} = \frac{|c_2 - c_1|}{t_2 - t_1}$$

Man unterscheidet die **Durchschnittsgeschwindigkeit** $\bar{v}$ für ein bestimmtes Zeitintervall Δt und die **Momentangeschwindigkeit** **v** für einen Zeitpunkt t.

Grafisch ergibt sich die Durchschnittsgeschwindigkeit aus der Steigung einer Sekanten; die Momentangeschwindigkeit entspricht der Steigung der Tangenten.

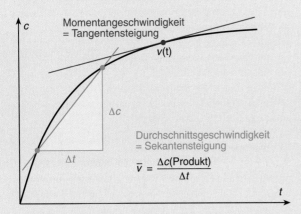

2. Geschwindigkeitsgleichung

Durch eine Geschwindigkeitsgleichung lässt sich beschreiben, wie die Reaktionsgeschwindigkeit von den Konzentrationen abhängt. Für Reaktionen des Typs A + B ⟶ C gilt bei Elementarreaktionen:

$$v = k \cdot c(A) \cdot c(B)$$

Der Proportionalitätsfaktor k ist die *Geschwindigkeitskonstante* der Reaktion. Verlaufen Reaktionen in mehreren Schritten, weist die experimentell ermittelte Geschwindigkeitsgleichung auf den langsamsten Reaktionsschritt hin.

3. Temperaturabhängigkeit

Für viele Reaktionen gilt die **RGT-Regel** (**R**eaktionsgeschwindigkeit-**T**emperatur-Regel). Danach steigt die Reaktionsgeschwindigkeit auf das Doppelte bis Vierfache, wenn man die Temperatur um 10 K erhöht.

4. Mindestenergie und Aktivierungsenergie

Damit eine Reaktion abläuft, müssen die Teilchen mit einer bestimmten **Mindestenergie E_{min}** zusammenstoßen. Bei niedrigen Temperaturen verfügen nur sehr wenige Teilchen über eine kinetische Energie, die größer ist als die Mindestenergie. Ihr Anteil steigt aber exponentiell mit der Temperatur und die Reaktionsgeschwindigkeit wächst entsprechend.

Was auf der Teilchenebene die Mindestenergie ist, das ist auf der Stoffebene die **Aktivierungsenergie E_A**. Mit ihrer Hilfe wird der energetische Ablauf einer Reaktion für Stoffportionen im Energiediagramm dargestellt.

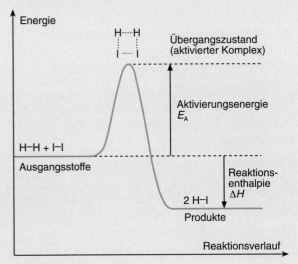

5. Katalysatoren

Katalysatoren sind Stoffe, die eine Reaktion beschleunigen, am Ende aber wieder in der ursprünglichen Form vorliegen. Im Reaktionsverlauf sind sie an der Bildung von *Zwischenstufen* beteiligt. Dadurch ergibt sich ein Reaktionsweg mit geringerer Aktivierungsenergie.

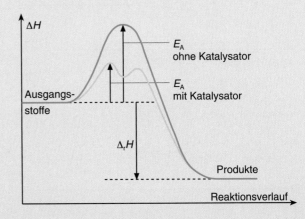

6. Umkehrbarkeit chemischer Reaktionen

Chemische Reaktionen sind im Prinzip umkehrbar. Verläuft die Hinreaktion *exotherm*, so ist die Rückreaktion *endotherm*.

$$I_2(g) + H_2(g) \longrightarrow 2\,HI(g); \quad \Delta_R H_m^0 = -10\ kJ \cdot mol^{-1}$$

$$2\,HI(g) \longrightarrow H_2(g) + I_2(g); \quad \Delta_R H_m^0 = 10\ kJ \cdot mol^{-1}$$

7. Chemisches Gleichgewicht

Viele chemische Reaktionen verlaufen nicht vollständig: Es stellt sich ein Gleichgewicht ein, bei dem Reaktionsprodukte und Ausgangsstoffe nebeneinander vorliegen. Ein Doppelpfeil in der Reaktionsgleichung weist darauf hin:

$$CH_3COOH + C_2H_5OH \rightleftharpoons CH_3COOC_2H_5 + H_2O$$

Essigsäure   Ethanol   Essigsäureethylester

Ein chemisches Gleichgewicht ist ein *dynamischer Gleichgewichtszustand:* Die Bildung der Produkte (Hinreaktion) und deren Zerfall (Rückreaktion) verlaufen mit gleicher Geschwindigkeit.

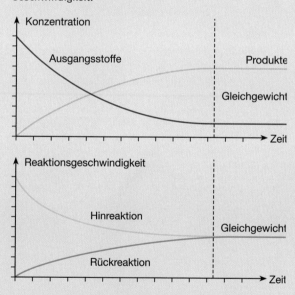

8. Verschiebung des Gleichgewichts

Die Lage eines dynamischen Gleichgewichts hängt von den Reaktionsbedingungen ab: Stört man das Gleichgewicht durch eine Änderung der *Temperatur* oder der *Konzentration* der Stoffe, so ändern sich auch die Konzentrationsverhältnisse und es stellt sich ein neues Gleichgewicht ein. Falls sich bei Reaktionen mit Gasen die Teilchenzahl im Gasraum ändert, hängt die Lage des Gleichgewichts auch vom *Druck* ab.

Der Einfluss der Reaktionsbedingungen wird durch das Prinzip von Le Chatelier beschrieben:
Jede Störung eines chemischen Gleichgewichts führt zu einer Verschiebung der Gleichgewichtslage, die der Störung entgegenwirkt und diese teilweise wieder aufhebt.

Beispiele:

1. Temperaturänderung:

Temperaturerniedrigung:
exotherme Reaktion

$$2\,SO_2(g) + O_2(g) \rightleftharpoons 2\,SO_3(g); \text{ exotherm}$$

Temperaturerhöhung:
endotherme Reaktion

2. Konzentrationsänderung:

Konzentrationserhöhung:
Verringerung der Teilchenzahl

$$Fe^{3+}(aq) + SCN^-(aq) \rightleftharpoons Fe(SCN)^{2+}(aq)$$

Konzentrationserniedrigung:
Vergrößerung der Teilchenzahl

3. Druckänderung (nur bei Reaktionen mit Gasen):

Druckerhöhung:
Verringerung der Teilchenzahl

$$N_2(g) + 3\,H_2(g) \rightleftharpoons 2\,NH_3(g)$$

Druckerniedrigung:
Vergrößerung der Teilchenzahl

9. Massenwirkungsgesetz und Gleichgewichtskonstante *K*

Aus den Konzentrationen der Stoffe im Gleichgewicht lässt sich mit Hilfe des Massenwirkungsgesetzes die Gleichgewichtskonstante K berechnen.
Für eine beliebige Reaktion gilt dabei folgender Zusammenhang:

$$iA + jB \rightleftharpoons mC + nD \qquad K = \frac{c^m(C) \cdot c^n(D)}{c^i(A) \cdot c^j(B)}$$

Liegen die beteiligten Stoffe in einem *homogenen System* vor, also in Lösung oder als Gase, so sind für die Berechnung der Gleichgewichtskonstante die Konzentrationen aller Stoffe zu berücksichtigen.
Bei *heterogenen Systemen* bleiben im Term für die Gleichgewichtskonstante die festen Stoffe unberücksichtigt.

Löslichkeitsgleichgewicht

Bei gesättigten wässrigen Lösungen salzartiger Stoffe entspricht das Löslichkeitsprodukt K_L der Gleichgewichtskonstante.

2 Säure/Base-Gleichgewichte

Seife gibt es schon viele Jahrhunderte. Für ihre Herstellung benötigte man neben Fetten auch alkalisch reagierende Stoffe wie Pottasche (Kaliumcarbonat) oder gebrannten Kalk. Die Rohstoffe waren relativ knapp, sodass Seife eher ein Luxusprodukt blieb. Erst mit der großtechnischen Herstellung von Soda (Natriumcarbonat) wurde Seife zum Alltagsprodukt. Die zunehmende praktische Bedeutung von sauer oder alkalisch reagierenden Stoffen führte dazu, dass Forscher Theorien und Konzepte über das Verhalten von Säuren und den als Basen bezeichneten Gegenspielern dem Kenntnisstand ihrer Zeit anpassten. Heute spielt neben der älteren Vorstellung von ARRHENIUS die von BRÖNSTED entwickelte Säure/Base-Theorie eine besondere Rolle.

BRÖNSTED

1923
Säuren sind Protonendonatoren, sie geben Protonen ab.
Basen sind Protonenakzeptoren, sie nehmen Protonen auf.

ARRHENIUS

1884
Säuren zerfallen in wässriger Lösung in Wasserstoff-Ionen (H^+) und negativ geladene Säurerest-Ionen.
Basen bilden Hydroxid-Ionen (OH^-) und positiv geladene Baserest-Ionen.

LIEBIG

1838
Säuren sind Wasserstoff-Verbindungen, bei denen der Wasserstoff durch Metalle ersetzt werden kann.

DAVY

1814
Säuren sind Wasserstoff-Verbindungen von Nichtmetallen.

LAVOSIER

1778
Nichtmetalloxide bilden in wässrigen Lösungen **Säuren.**

BOYLE

1663
Farbänderungen bestimmter Pflanzenfarbstoffe zeigen an, ob eine Lösung *sauer* oder *alkalisch* reagiert.

Grundlagen:
- saure und alkalische Lösungen
- Stoffmengenkonzentration
- pH-Wert und Indikatoren
- Neutralisation
- chemisches Gleichgewicht

Zentrale Fragen:
- Wie definierte BRÖNSTED Säuren und Basen?
- Was versteht man unter der Autoprotolyse?
- Wie definiert man die Stärke von Säuren und Basen?
- Wie kann der pH-Wert wässriger Lösungen berechnet werden?
- Was ist eine Säure/Base-Titration?

Alkalien – Gegenspieler der Säuren

Saure Früchte

Die Eigenschaften *sauer* und *alkalisch* werden heute weitgehend als gleich wichtig angesehen. Ursprünglich besaßen jedoch saure Stoffe eine wesentlich größere Bedeutung, denn schließlich besitzen wir mit der Zunge ein Sinnesorgan für die Wahrnehmung des sauren Geschmacks.

Eine erste Beschreibung für **Säuren** entwickelte Robert BOYLE im 17. Jahrhundert: Säuren färben bestimmte Pflanzenfarbstoffe rot. Seitdem wurde der Begriffsinhalt zwar mehrfach verändert und weiterentwickelt; die Bezeichnung Säure wurde aber beibehalten.

Fast genauso lange wie die Säuren kennt man auch deren Gegenspieler: Stoffe, die die Wirkung von Säuren mildern, bezeichnet man als *Alkalien*, *Basen* oder *Laugen*. Sie schmecken bitter und seifenartig. **Alkalien** wurden aus Pflanzenasche (arab. *alqalian*) gewonnen. BOYLE stellte heraus, dass Alkalien die durch Säuren hervorgerufenen Farbänderungen rückgängig machen.

Alkalien wurden zum Beispiel zum Wäschewaschen verwendet. Das erste überlieferte Seifenrezept stammt aus der Zeit der Sumerer um 2500 v. Chr. Man fand es in Tello, einer kleinen Stadt in Mesopotamien, dem heutigen Irak. Auf einer Tonschiefertafel waren in Keilschrift folgende Angaben eingeritzt: „Zur Seifenherstellung nehme man: Einen Liter Öl und die fünfeinhalbfache Portion Pottasche."

Sumerische Keilschrift

Bei der aus Pflanzenasche gewonnenen Pottasche handelt es sich um Kaliumcarbonat. Dieser Fund ist nicht nur der erste Hinweis auf den Gebrauch von Seife als Reinigungsmittel, sondern auch der erste Bericht über eine vom Menschen durchgeführte chemische Reaktion.

Ägyptische Texte aus der Zeit um 600 v. Chr. berichten, dass tierische Fette oder pflanzliche Öle mit *Soda* vermischt und gekocht wurden. Die als Mineral in der Wüste gefundene Soda bezeichnet man heute als Natriumcarbonat. Die Ägypter nutzten die so gewonnene Seife nur zu kosmetischen Zwecken und als Heilmittel bei Hautbeschwerden: Sie war ein Luxusartikel.

Der Begriff **Base** entstand im 17. Jahrhundert: Alkalien bildeten die *Basis* für die Salzbildung bei der Neutralisation von Säuren.
Unter anderem spielten Basen auch in der Medizin eine große Rolle. So heißt es im „Goldenen Buch der Gesundheit" von 1903: „Ein Schluck kalten Wassers oder Sodawassers, eine Messerspitze doppelt-kohlensaures Natron oder gebrannte Magnesia oder eine Tasse Pfefferminztee beseitigen das Sodbrennen schnell."
Auch heute noch verwendet man Basen in manchen Medikamenten gegen Sodbrennen.

Ende des 19. Jahrhunderts definierte der schwedische Chemiker Svante ARRHENIUS Säuren und Basen auf der Grundlage der neu entwickelten Ionentheorie. Säuren sind danach Stoffe, die in wässriger Lösung in positiv geladene *Wasserstoff-Ionen* und negativ geladene Säurerest-Ionen zerfallen. Basen bilden in wässriger Lösung negativ geladene *Hydroxid-Ionen* und positiv geladene Baserest-Ionen. Die Wasserstoff-Ionen verursachen die saure Reaktion und die Hydroxid-Ionen die alkalische Reaktion eines Stoffes in Wasser. Gelegentlich werden die Begriffe alkalisch und basisch gleichbedeutend benutzt.

Stark alkalische Lösungen von Natriumhydroxid und Kaliumhydroxid werden traditionell als Natronlauge und Kalilauge bezeichnet. Die Bezeichnung **Lauge** entstand vermutlich aus der Verwendung zur Herstellung von Seifenlauge. Dazu wurde ein Gemisch aus Pflanzenasche und gebranntem Kalk mit Wasser „ausgelaugt". Der Rückstand wurde als Dünger verwendet.

1. Definieren Sie die Begriffe Alkalien, Basen und Laugen im historischen Sinne.
2. Erläutern Sie, warum man sowohl von alkalischen als auch von basischen Lösungen sprechen kann.
3. Nennen Sie Alltagssubstanzen, die alkalisch reagieren.
4. Was versteht man heute unter Sodawasser?

2.1 Das BRÖNSTED-Konzept

Der schwedische Chemiker Svante ARRHENIUS untersuchte Ende des 19. Jahrhunderts zahlreiche wässrige Lösungen auf ihre elektrische Leitfähigkeit. Diese Messungen waren der Ausgangspunkt einer allgemeinen *Theorie der elektrolytischen Dissoziation*, für die ARRHENIUS 1903 mit dem Nobelpreis ausgezeichnet wurde.

Aufgrund dieser Theorie konnten auch die Begriffe *Säure* und *Base* weitgehend geklärt werden:

- Eine *Säure* ist danach eine Wasserstoff-Verbindung, die in wässriger Lösung unter Bildung von *Wasserstoff-Ionen* (H^+) und negativ geladenen Säurerest-Ionen zerfällt (dissoziiert). Je höher die Konzentration der H^+-Ionen ist, umso stärker *sauer* ist die Lösung.
- Eine *Base* ist eine Verbindung, die in Wasser – ähnlich wie Natriumhydroxid – in *Hydroxid-Ionen* (OH^-) und positiv geladene Baserest-Ionen zerfällt. Je höher die Konzentration der OH^--Ionen, umso stärker *alkalisch* ist die Lösung.
- Die *Neutralisation* beruht auf der Vereinigung von H^+-Ionen und OH^--Ionen zu Wasser-Molekülen.

Die aus heutiger Sicht grundlegenden Vorstellungen über den Aufbau von Atomen, Ionen und Molekülen wurden allerdings erst 20 oder 30 Jahre später entwickelt. Es ist also keineswegs überraschend, dass dabei auch einige Schwächen des ARRHENIUS-Konzepts deutlich wurden. So sollten in sauren Lösungen einfach positiv geladene Wasserstoff-Ionen vorliegen. Ein H^+-Ion ist aber nichts anderes als ein Proton (p^+); als äußerst kleines Elementarteilchen kann es nicht frei in einer Lösung auftreten, sondern nur in gebundener Form.

Säuren und Basen nach BRÖNSTED. Das heute weltweit bevorzugte Konzept zur Beschreibung von Säure/Base-Reaktionen geht auf den dänischen Chemiker Johannes Nicolaus BRÖNSTED zurück. Er schlug 1923 vor, die Begriffe *Säure* und *Base* nicht länger auf das Verhalten von *Stoffen* in wässriger Lösung zu beziehen, sondern auf ein Reaktionsverhalten von *Teilchen*, das auch in wasserfreien Systemen auftritt:

- Eine *Säure* ist ein neutrales oder geladenes Teilchen, das ein Proton abgeben kann.
- Eine *Base* ist dementsprechend ein Teilchen, das ein Proton aufnehmen kann.

Säuren wirken somit als *Protonendonatoren* (lat. *donare*: schenken), Basen als *Protonenakzeptoren* (lat. *acceptare*: annehmen). Da Protonen nicht frei auftreten, kann eine BRÖNSTED-Säure nur dann reagieren, wenn das Proton von einer Base aufgenommen wird. Eine solche Protonenübertragung nach dem *Donator/Akzeptor-Prinzip* bezeichnet man auch kurz als **Protolyse**.
Die Anwendung des Prinzips soll zunächst für einige wichtige Fälle erläutert werden.

1. Reaktion einer BRÖNSTED-Säure mit Wasser

Die bei der Bildung von Salzsäure ablaufende Protolyse kann schematisch auf unterschiedliche Weise beschrieben werden:

$$HCl\,(g) + H_2O\,(l) \longrightarrow H_3O^+\,(aq) + Cl^-\,(aq)$$

Das vom Chlorwasserstoff-Molekül abgegebene Proton wird dabei an eines der freien Elektronenpaare eines Wasser-Moleküls gebunden. Die primär entstehenden sogenannten *Oxonium-Ionen* (H_3O^+) haben somit die Gestalt einer flachen Pyramide.

Dieses Ion ist in wässriger Lösung über Wasserstoffbrückenbindungen relativ fest mit drei weiteren Wasser-Molekülen verknüpft.

Man könnte daher auch die Formel $H_9O_4^+\,(aq)$ in Erwägung ziehen. In der Regel bleibt man bei der einfachen Schreibweise $H_3O^+\,(aq)$, spricht aber meist von einem **Hydronium-Ion**. Dieser Name bedeutet soviel wie *hydratisiertes Oxonium-Ion*.

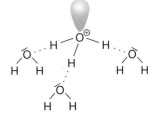

Soweit die Protonenübertragung bei einer Reaktion mit sauren Lösungen nicht besonders herausgestellt werden muss, stellt man das Hydronium-Ion meist durch die Formel $H^+\,(aq)$ dar. Man erhält so übersichtlichere Reaktionsgleichungen.

Beispiel: $Mg\,(s) + 2\,H^+\,(aq) \longrightarrow Mg^{2+}\,(aq) + H_2\,(g)$
statt $Mg\,(s) + 2\,H_3O^+\,(aq) \longrightarrow Mg^{2+}\,(aq) + H_2\,(g) + 2\,H_2O\,(l)$

2. Reaktion einer BRÖNSTED-Base mit Wasser

Ammoniak-Gas löst sich sehr gut in Wasser und bildet dabei eine alkalische Lösung. Das Ammoniak-Molekül wirkt demnach gegenüber Wasser als Protonenakzeptor; Reaktionsprodukte sind das Ammonium-Ion (NH_4^+) und das Hydroxid-Ion. Die Protolyse führt in diesem Fall zu einem Gleichgewichtszustand, in dem der größte Teil der Ammoniak-Moleküle unverändert vorliegt:

$$NH_3\,(aq) + H{-}OH\,(l) \rightleftharpoons NH_4^+\,(aq) + OH^-\,(aq)$$

3. Neutralisation

Die Bildung einer neutralen Lösung bei der Reaktion von Salzsäure mit Natronlauge wird häufig durch die folgende Reaktionsgleichung beschrieben:

$$H_3O^+\,(aq) + Cl^-\,(aq) + Na^+\,(aq) + OH^-\,(aq) \longrightarrow$$
$$Na^+\,(aq) + Cl^-\,(aq) + 2\,H_2O\,(l)$$

Natrium-Ionen und Chlorid-Ionen bleiben demnach unverändert erhalten. Die eigentliche chemische Reaktion ist die *exotherm* verlaufende Bildung von Wasser durch eine *Protonenübertragung* zwischen Hydronium-Ionen und Hydroxid-Ionen:

$$H_3O^+(aq) + OH^-(aq) \longrightarrow 2\,H_2O\,(l);\ \Delta_r H^{o}_m = -56\,\text{kJ}\cdot\text{mol}^{-1}$$

4. Protolyse ohne Beteiligung von Wasser

Leitet man Ammoniak in einen mit Chlorwasserstoff gefüllten Standzylinder, bildet sich weißer Rauch. Er besteht aus dem Salz Ammoniumchlorid. Bei der Reaktion wird demnach jeweils ein Proton vom Chlorwasserstoff-Molekül auf ein Ammoniak-Molekül übertragen:

$$NH_3\,(g) + H{-}Cl\,(g) \longrightarrow NH_4^+Cl^-(s)$$

Säure/Base-Paare. Bei einer Protolysereaktion wird jeweils eine BRÖNSTED-Säure HA in die zugehörige Base A⁻ überführt; gleichzeitig geht eine BRÖNSTED-Base B in die zugehörige Säure HB⁺ über. Solche Paare von Teilchen wie HA/A⁻ oder HB⁺/B, die sich um ein Proton unterscheiden, bezeichnet man als *Säure/Base-Paare*. Da die Protonenabgabe mit der Protonenaufnahme gekoppelt ist, gehören zu jeder Reaktion *zwei* Säure/Base-Paare. Bei der Reaktion von Ammoniak mit Wasser sind es die Paare NH_4^+/NH_3 und H_2O/OH^-:

$$\text{Säure/Base-Paar 1}$$
$$NH_3\,(aq) + H_2O\,(l) \rightleftharpoons NH_4^+(aq) + OH^-(aq)$$
Base 1   Säure 2   Säure 1   Base 2
$$\text{Säure/Base-Paar 2}$$

In diesem Fall reagiert das H_2O-Molekül als BRÖNSTED-Säure. Bei der Reaktion mit Chlorwasserstoff spielt es dagegen die Rolle der Base im Säure/Base-Paar H_3O^+/H_2O. Teilchen, die ähnlich wie das Wasser-Molekül je nach Reaktionspartner ein Proton aufnehmen *oder* abgeben können, werden allgemein als **Ampholyte** bezeichnet.

Protolyse in Salzlösungen. Die wässrigen Lösungen von Salzen wie Natriumchlorid, Kaliumnitrat oder Magnesiumsulfat sind neutral. Das bedeutet, das in diesen Fällen weder die hydratisierten Kationen noch die hydratisierten Anionen an Protolysereaktionen teilnehmen. Eine Ammoniumchlorid-Lösung dagegen reagiert schwach *sauer*. Das Ammonium-Ion wirkt demnach gegenüber Wasser als BRÖNSTED-Säure:

$$NH_4^+(aq) + H_2O\,(l) \rightleftharpoons NH_3\,(aq) + H_3O^+(aq)$$

Mit Natriumcarbonat (Na_2CO_3) erhält man dagegen eine *alkalische* Lösung. Hier wirkt das Carbonat-Ion als BRÖNSTED-Base; als Produkte entstehen Hydrogencarbonat-Ionen und Hydroxid-Ionen:

$$CO_3^{2-}(aq) + H_2O\,(l) \rightleftharpoons HCO_3^-(aq) + OH^-(aq)$$

Eine Säure/Base-Reaktion im Sinne BRÖNSTEDS entspricht der Übertragung von Protonen von einer Teilchenart auf eine andere. Die Säure wirkt dabei als Protonendonator, die Base als Protonenakzeptor.

1. Geben Sie an, welche der folgenden Formeln zu Teilchen gehören, die im Sinne BRÖNSTEDS **a)** als Säure, **b)** als Base oder **c)** als Ampholyt reagieren können: H_2O, OH^-, NH_4^+, HNO_3, H_2SO_4, HSO_4^-, SO_4^{2-}, HCO_3^-, Cl^-.
2. Für fünf der in 1. genannten Teilchen kann man erwarten, dass eine Protolyse mit Wasser-Molekülen abläuft. Nennen Sie diese Teilchen und formulieren Sie die entsprechenden Reaktionsgleichungen.
3. Erklären Sie die folgenden Beobachtungen mit Hilfe von Reaktionsgleichungen:
   a) Lösungen von Natriumhydrogensulfat ($NaHSO_4$), Kaliumdihydrogenphosphat (KH_2PO_4) sowie Ammoniumnitrat (NH_4NO_3) reagieren sauer.
   b) Lösungen von Natriumsulfit (Na_2SO_3) und Ammoniumcarbonat ($(NH_4)_2CO_3$) reagieren alkalisch.

Ist Natriumhydroxid eine Base?

EXKURS

Wie vor 100 Jahren wird Natriumhydroxid auch heute oft als starke *Base* eingestuft. Dabei bezieht man sich auf die Bildung der stark alkalischen Natronlauge:

$$NaOH\,(s) \xrightarrow{\text{Wasser}} Na^+(aq) + OH^-(aq)$$

Natriumhydroxid ist danach eine typische Base im Sinne von ARRHENIUS.
Das BRÖNSTED-Konzept kann sinnvoll nur auf das Verhalten von *Teilchen* angewendet werden. Als BRÖNSTED-Base tritt in diesem Fall das im salzartig aufgebauten Feststoff und

in der Lösung bereits enthaltene Hydroxid-Ion auf. Beim Lösen läuft demnach keine Protonenübertragung ab. Das OH^--Ion wirkt jedoch als *Protonenakzeptor* gegenüber vielen BRÖNSTED-Säuren, ein Beispiel ist die Neutralisation.

1. Erläutern Sie, in welchem Sinne jeweils der Begriff *Säure* in den folgenden Bezeichnungen verwendet wird: Salzsäure, konzentrierte Salpetersäure, Schwefelsäure, Kohlensäure, Flusssäure, Fluorwasserstoffsäure.

2.2 Autoprotolyse und pH-Wert

Trinkwasser leitet den elektrischen Strom relativ gut, denn chemisch gesehen handelt es sich um eine verdünnte Salzlösung, deren Mineralstoffgehalt meist im Bereich von $500\ mg \cdot l^{-1}$ liegt. Bereits um 1900 zeigte sich, dass Wasser auch nach mehrfacher Destillation und weiterer Reinigungsschritte eine geringe, aber sicher messbare Leitfähigkeit aufweist. Diese Eigenleitfähigkeit des Wassers ist auf eine Protonenübertragung zwischen Wasser-Molekülen zurückzuführen. Da die Protolyse hier zwischen gleichartigen Molekülen abläuft spricht man von einer **Autoprotolyse** (gr. *autos:* selbst). Die Reaktion ist *endotherm*, denn sie entspricht der Umkehrung der Neutralisation:

$$2\ H_2O\ (l) \rightleftharpoons H_3O^+(aq) + OH^-\ (aq);$$
$$\Delta_r H_m^0 = 56\ kJ \cdot mol^{-1}$$

Für die Gleichgewichtskonstante ergibt sich zunächst der folgende Term:

$$K = \frac{c(H_3O^+) \cdot c(OH^-)}{c^2(H_2O)}$$

Die Konzentration der Ionen beträgt dabei jeweils nur $1{,}0 \cdot 10^{-7}\ mol \cdot l^{-1}$ (bei 25 °C). Da ein Liter Wasser aber insgesamt 55,4 mol Moleküle enthält, hat die Autoprotolyse praktisch keinen Einfluss auf die Konzentration der Wasser-Moleküle. Man kann deshalb die Gleichgewichtskonstante K mit $c^2(H_2O)$ multiplizieren und erhält eine neue Konstante K_w, die man als **Ionenprodukt des Wassers** bezeichnet:

$$K_w = K \cdot c^2(H_2O) = c(H_3O^+) \cdot c(OH^-)$$

Mit den für reines Wasser bei 25 °C gültigen Werten erhält man:

$$K_w = 10^{-7}\ mol \cdot l^{-1} \cdot 10^{-7}\ mol \cdot l^{-1} = \mathbf{10^{-14}\ mol^2 \cdot l^{-2}}$$

Wie bei Gleichgewichtskonstanten allgemein wird auch der Zahlenwert von K_w durch die Temperatur beeinflusst: Das Gleichgewicht verschiebt sich mit steigender Temperatur in Richtung der endotherm verlaufenden Autoprotolyse. Das Ionenprodukt wird entsprechend größer; bei 50 °C beträgt es etwa $5 \cdot 10^{-14}\ mol^2 \cdot l^{-2}$.

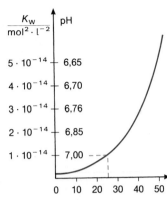

Der pH-Wert. Wer andere darüber informieren will, wie stark sauer oder alkalisch eine Lösung reagiert, gibt in der Regel den *pH-Wert* an. Dieser Zahlenwert zwischen 0 und 14 hängt direkt mit der Konzentration der Hydronium-Ionen zusammen; man erspart sich also die etwas umständliche Angabe der Stoffmengenkonzentration. Diese Praxis geht auf einen Vorschlag des dänischen Biochemikers Paul L. Sörensen aus dem Jahre 1909 zurück. Nach seiner Definition ist der pH-Wert (lat. *potentia hydrogenii:* Wasserstoff-Exponent) der negative Zehnerlogarithmus des Zahlenwerts der Konzentration von H_3O^+-Ionen:

$$pH = -lg\ \frac{c(H_3O^+)}{mol \cdot l^{-1}} \Leftrightarrow \frac{c(H_3O^+)}{mol \cdot l^{-1}} = 10^{-pH}$$

Ganz entsprechende Definitionen verwendet man auch in Bezug auf die Konzentration an OH^--Ionen sowie das Ionenprodukt des Wassers:

$$pOH = -lg\ \frac{c(OH^-)}{mol \cdot l^{-1}}\ ; \qquad pK_w = -lg\ \frac{K_w}{mol^2 \cdot l^{-2}}$$

Für den Zusammenhang zwischen diesen Größen gilt allgemein: $pK_w = pH + pOH$

Für eine Temperatur von 25 °C ($K_w = 10^{-14}\ mol^2 \cdot l^{-2}$) bedeutet das:

pH + pOH = 14

Autoprotolyse in wasserfreien Ampholyten

Ähnlich wie in Wasser tritt die Bildung von Ionen durch Autoprotolyse auch in anderen flüssigen Ampholyten auf. Beispiele dafür sind wasserfreie Säuren wie Essigsäure, oder Schwefelsäure sowie flüssiger Ammoniak, der beim Abkühlen des Gases auf −33 °C gebildet wird.
Für wasserfreie Schwefelsäure wird ein Ionenprodukt von $2{,}7 \cdot 10^{-4}\ mol^2 \cdot l^{-2}$ angegeben. Die Ionenkonzentrationen sind demnach um mehr als das 100 000fache größer als in reinem Wasser.

$$H_2SO_4 + H_2SO_4 \rightleftharpoons H_3SO_4^+ + HSO_4^-$$

Wasserfreie Schwefelsäure leitet den elektrischen Strom ebenso gut wie eine wässrige Kaliumchlorid-Lösung mit einer Konzentration von $0{,}1\ mol \cdot l^{-1}$. Für einfache Demonstrationsexperimente eignet sich SO_3-haltige Schwefelsäure, wie sie im Labor als sogenannte *rauchende Schwefelsäure* zur Verfügung steht.

1. Geben Sie die Reaktionsgleichungen für die Autoprotolyse von Ammoniak und von Essigsäure an.

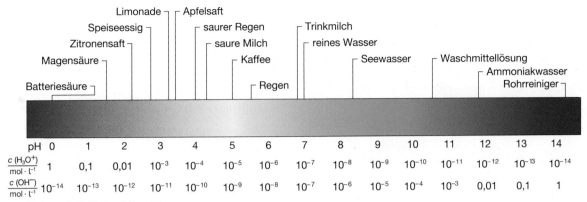

pH	0	1	2	3	4	5	6	7	8	9	10	11	12	13	14
$\dfrac{c(H_3O^+)}{mol \cdot l^{-1}}$	1	0,1	0,01	10^{-3}	10^{-4}	10^{-5}	10^{-6}	10^{-7}	10^{-8}	10^{-9}	10^{-10}	10^{-11}	10^{-12}	10^{-13}	10^{-14}
$\dfrac{c(OH^-)}{mol \cdot l^{-1}}$	10^{-14}	10^{-13}	10^{-12}	10^{-11}	10^{-10}	10^{-9}	10^{-8}	10^{-7}	10^{-6}	10^{-5}	10^{-4}	10^{-3}	0,01	0,1	1

pH-Skala und pH-Werte einiger Lösungen

Die pH-Skala. Die Reihe der pH-Werte von 0 bis 14 bezeichnet man kurz als *pH-Skala*. Diese Skala entspricht einem Konzentrationsbereich von 14 Zehnerpotenzen, sowohl für die Hydronium-Ionen als auch für die Hydroxid-Ionen.

In neutralen Lösungen sind beide Konzentrationen gleich groß:

$$c(H_3O^+) = c(OH^-) = 10^{-7}\,mol \cdot l^{-1} \Rightarrow pH = 7.$$

In sauren Lösungen überwiegt die Konzentration an Hydronium-Ionen:

$$c(H_3O^+) > 10^{-7}\,mol \cdot l^{-1}; \quad c(OH^-) < 10^{-7}\,mol \cdot l^{-1}$$

Der pH-Wert ist kleiner als 7. Je kleiner der pH-Wert, umso stärker sauer ist die Lösung. pH = 0 gilt beispielsweise für Salzsäure mit $c_0(HCl) = 1\,mol \cdot l^{-1}$.

Alkalische Lösungen haben einen Überschuss an Hydroxid-Ionen:

$$c(OH^-) > 10^{-7}\,mol \cdot l^{-1}; \quad c(H_3O^+) < 10^{-7}\,mol \cdot l^{-1}$$

Der pH-Wert ist größer als 7. Je größer der pH-Wert, umso stärker alkalisch ist die Lösung. Natronlauge mit $c_0(NaOH) = 1\,mol \cdot l^{-1}$ hat den pH-Wert 14. Die Konzentration der H_3O^+-Ionen ist also aufgrund der hohen Konzentration von OH^--Ionen auf den extrem niedrigen Wert von $10^{-14}\,mol \cdot l^{-1}$ abgesunken.

In Lösungen mit hohen Elektrolytkonzentrationen kann das Ionenprodukt nicht als konstant angesehen werden, denn ein großer Teil der Wasser-Moleküle ist in den Hydrathüllen der Ionen gebunden. Dementsprechend weichen die gemessenen pH-Werte oft erheblich von den berechneten Werten ab.
Untersucht man beispielsweise halbkonzentrierte Salzsäure mit $c_0(HCl) = 5\,mol \cdot l^{-1}$, so ergibt sich mit pH = −1 ein Wert, der rechnerisch erst für Salzsäure mit einer Konzentration von 10 mol $\cdot l^{-1}$ zu erwarten wäre.

Das Ionenprodukt $K_w = c(H_3O^+) \cdot c(OH^-)$ ist für verdünnte wässrige Lösungen konstant. Auf dieser Grundlage wurde der pH-Wert als negativer Logarithmus des Zahlenwerts der Konzentration der Hydronium-Ionen definiert.

1. Berechnen Sie die Konzentration der Wasser-Moleküle in reinem Wasser und erläutern Sie die Ableitung des Ionenprodukts K_w.
2. Berechnen Sie die Konzentration der Hydronium-Ionen und der Hydroxid-Ionen in folgenden Lösungen:
   a) Essig, pH = 2,4
   b) Ammoniak-Lösung, pH = 11,2
3. 2,5 g Natriumhydroxid werden in 100 ml Wasser gelöst.
   a) Berechnen Sie den pH-Wert der Lösung.
   b) Erläutern Sie, wie sich der pH-Wert verändert, wenn man auf 1 l verdünnt.
4. Der pH-Wert einer Lösung ändert sich durch Zutropfen von Natronlauge von pH = 5 auf pH = 10. Erläutern Sie die dabei auftretenden Konzentrationsänderungen.

Rechenbeispiel

Eine Seifenlösung hat den pH-Wert 8,5. Berechnen Sie die Konzentration der Hydronium-Ionen und der Hydroxid-Ionen in der Lösung.

Berechnung von $c(H_3O^+)$:
gegeben: pH = 8,5
$c(H_3O^+) = 10^{-pH}\,mol \cdot l^{-1}$
$c(H_3O^+) = 10^{-8,5}\,mol \cdot l^{-1} = \mathbf{3,2 \cdot 10^{-9}\,mol \cdot l^{-1}}$

Berechnung von $c(OH^-)$:
pOH + pH = 14 $\Rightarrow$ pOH = 14 − 8,5 = 5,5
$c(OH^-) = 10^{-pOH}\,mol \cdot l^{-1}$
$c(OH^-) = 10^{-5,5}\,mol \cdot l^{-1} = \mathbf{3,2 \cdot 10^{-6}\,mol \cdot l^{-1}}$

2.3 Wie stark sind Säuren und Basen?

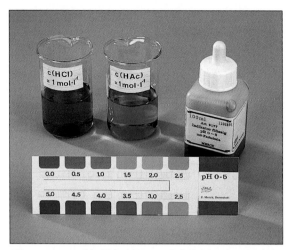

Säuren – unterschiedliche pH-Werte bei gleicher Konzentration

Neben der *Konzentration* einer Säure oder einer Base spielt die *Lage des Protolysegleichgewichts* eine entscheidende Rolle für den pH-Wert einer wässrigen Lösung. Ein Maß für die *Stärke* von Säuren und Basen muss deshalb primär die Unterschiede in der Gleichgewichtslage berücksichtigen.

Wichtig sind aber auch einige Sonderfälle, bei denen die Protolyse *vollständig* abläuft, das *Gleichgewicht* also nicht diskutiert werden muss. So stimmt in verdünnter Salzsäure die Konzentration der Hydronium-Ionen mit der formal berechneten Anfangskonzentration c_0 (HCl) überein. Für $c_0 = 0{,}1$ mol $\cdot$ l^{-1} ergibt sich daher pH = 1:

$$c\,(H_3O^+) = c_0\,(HCl) = 10^{-1}\,\text{mol} \cdot \text{l}^{-1} \Rightarrow pH = 1$$

Ähnlich wie bei der BRÖNSTED-Säure Chlorwasserstoff liegen die Verhältnisse bei Salpetersäure (HNO_3) und Schwefelsäure (H_2SO_4). Solche Säuren, bei denen die Protolyse vollständig abläuft, bezeichnet man allgemein als *sehr starke Säuren*. Moleküle dieser Säuren treten in verdünnten wässrigen Lösungen nicht auf; die stärkste in Wasser existenzfähige BRÖNSTED-Säure ist das Hydronium-Ion.

Die zugehörigen Basen (Cl^-, NO_3^-, HSO_4^-) nehmen selbst in stark saurer Lösung (pH = 0) keine Protonen auf. Man kann sie somit als *äußerst schwache Basen* einstufen.

Ein leicht überschaubares Beispiel für eine *sehr starke Base* ist das Oxid-Ion (O^{2-}). So liefert die Reaktion von Calciumoxid mit Wasser eine Lösung von Calciumhydroxid:

$$CaO\,(s) + H_2O\,(l) \longrightarrow Ca^{2+}\,(aq) + 2\,OH^-\,(aq)$$

Oxid-Ionen werden dabei vollständig in Hydroxid-Ionen überführt, die zum O^{2-}-Ion gehörige BRÖNSTED-Säure. Diese „Säure" erweist sich als die stärkste in Wasser existenzfähige Base.

Säurekonstante und pK_S-Wert. Essigsäure mit einer Konzentration von 0,1 mol $\cdot$ l^{-1} hat einen pH-Wert von 2,8. Die Konzentration der Hydronium-Ionen liegt somit nur wenig oberhalb von 10^{-3} mol $\cdot$ l^{-1}. Im Gleichgewichtszustand hat also nur etwa 1 % aller Essigsäure-Moleküle ein Proton abgegeben:

$$CH_3COOH\,(aq) + H_2O\,(l) \rightleftharpoons H_3O^+\,(aq) + CH_3COO^-\,(aq)$$

Die Gleichgewichtskonstante K kann folgendermaßen formuliert werden:

$$K = \frac{c\,(H_3O^+) \cdot c\,(CH_3COO^-)}{c\,(CH_3COOH) \cdot c\,(H_2O)}$$

Die Konzentration der Wasser-Moleküle in der verdünnten Lösung stimmt dabei aber praktisch mit der für reines Wasser überein ($c\,(H_2O) = 55{,}4$ mol $\cdot$ l^{-1}). Wie im Fall der Autoprotolyse multipliziert man deshalb K mit $c\,(H_2O)$ und erhält so eine neue Konstante, die *Säurekonstante K_S*:

$$K \cdot c\,(H_2O) = K_S = \frac{c\,(H_3O^+) \cdot c\,(CH_3COO^-)}{c\,(CH_3COOH)}$$

Diese Konstante hat für Essigsäure bei 25 °C den Wert $2{,}2 \cdot 10^{-5}$ mol $\cdot$ l^{-1}.

Die Säurekonstante K_S ermöglicht Berechnungen zur Lage des Protolysegleichgewichts bei unterschiedlichen Konzentrationen. Sie ist damit ein Maß für die *Säurestärke:* Je größer K_S ist, umso größer ist auch die Tendenz zur Abgabe von Protonen und damit die Stärke der Säure.

Die Zahlenwerte der Säurekonstanten erstrecken sich über einen Bereich von etwa 14 Zehnerpotenzen. In Analogie zum pH-Wert gibt man deshalb meist den pK_S-Wert an, den negativen Zehnerlogarithmus des Zahlenwerts von K_S:

$$pK_S = -\lg \frac{K_S}{\text{mol} \cdot \text{l}^{-1}}$$

Aufgrund dieser Definition weist bei einem Vergleich der *kleinere* pK_S-Wert jeweils auf die *größere* Säurestärke hin. Essigsäure gehört mit einem pK_S-Wert von 4,65 zu den *mittelstarken Säuren*.

Basenkonstante und pK_B-Wert. Eine wässrige Lösung von Natriumacetat reagiert schwach alkalisch (pH $\approx$ 9). Acetat-Anionen (CH_3COO^-) wirken demnach gegenüber Wasser als Base und werden zu einem kleinen Teil in Essigsäure-Moleküle überführt:

$$CH_3COO^-\,(aq) + H_2O\,(l) \rightleftharpoons CH_3COOH\,(aq) + OH^-\,(aq)$$

Quantitativ wird das Protolysegleichgewicht durch die *Basenkonstante K_B* erfasst:

Säurestärke	Säure	pK$_S$-Wert	Protolyse (c_0 = 0,1 mol · l^{-1})	Base	pK$_B$-Wert	Protolyse (c_0 = 0,1 mol · l^{-1})	Basenstärke
sehr stark	HCl	–	vollständig	Cl$^-$	–	keine Protolyse	äußerst schwach
stark	HSO$_4^-$	1,6	39 %	SO$_4^{2-}$	12,4	< 0,001 %	sehr schwach
	H$_3$PO$_4$	2,0	27 %	H$_2$PO$_4^-$	12,0		
	CH$_3$COOH	4,65	1,5 %	CH$_3$COO$^-$	9,35	0,007 %	schwach
mittel-stark	CO$_2$ + H$_2$O	6,2	0,22 %	HCO$_3^-$	7,8	0,04 %	
	H$_2$S	6,8	0,13 %	HS$^-$	7,2	0,08 %	
	H$_2$PO$_4^-$	6,9	0,11 %	HPO$_4^{2-}$	7,1	0,09 %	mittel-stark
schwach	NH$_4^+$	9,3	0,007 %	NH$_3$	4,7	1,4 %	
	HCO$_3^-$	10,0	0,003 %	CO$_3^{2-}$	4,0	3,2 %	stark
sehr schwach	HPO$_4^{2-}$	11,7	< 0,001 %	PO$_4^{3-}$	2,3	20 %	
	HS$^-$	13,8		S^{2-}	0,2	88 %	
äußerst schwach	NH$_3$	–	keine Protolyse	NH$_2^-$	–	vollständig	sehr stark

pK$_S$ = 0 ... pK$_S$ = 14 (linke Seite); pK$_B$ = 14 ... pK$_B$ = 0 (rechte Seite)

Protolyseverhalten einiger Säuren und der zugehörigen Basen (Werte für 25 °C)

$$K_B = \frac{c\,(CH_3COOH) \cdot c\,(OH^-)}{c\,(CH_3COO^-)}$$

Den negativen Zehnerlogarithmus des Zahlenwerts von K_B bezeichnet man als pK$_B$-Wert:

$$pK_B = -\lg \frac{K_B}{mol \cdot l^{-1}}$$

Je *kleiner* der pK$_B$-Wert ist, umso *größer* ist die *Basenstärke*. Das Acetat-Ion gehört mit einem pK$_B$-Wert von 9,35 demnach zu den *schwachen Basen*. Das Ausmaß der Protolyse ist wesentlich geringer als bei Essigsäure.

Zusammenhang zwischen pK$_S$-Wert und pK$_B$-Wert. Die enge Beziehung zwischen der Stärke einer Säure HA und der Stärke der zugehörigen Base A$^-$ spiegelt sich in einer allgemein gültigen Gleichung wider:

pK$_S$(HA) + pK$_B$(A$^-$) = 14   (bei 25 °C)

Ist einer der Werte bekannt, kann der andere leicht berechnet werden. So führt der *kleine* pK$_S$-Wert einer starken Säure auf einen relativ *großen* pK$_B$-Wert, der eine geringe Basenstärke anzeigt.
Zur Ableitung der Gleichung multipliziert man den K$_S$-Wert der Säure HA mit dem K$_B$-Wert der zugehörigen Base:

$$K_S \cdot K_B = \frac{c\,(H_3O^+) \cdot c\,(A^-)}{c\,(HA)} \cdot \frac{c\,(HA) \cdot c\,(OH^-)}{c\,(A^-)}$$

$$= c\,(H_3O^+) \cdot c\,(OH^-) = K_W$$

Mit dem für 25 °C gültigen Wert für das Ionenprodukt des Wassers geht man dann zu den pK-Werten über.

Protolyseverhalten von Ampholyten. Natriumhydrogen-phosphat (Na$_2$HPO$_4$) und Kaliumdihydrogenphosphat (KH$_2$PO$_4$) gehören zu den häufig im Labor verwendeten Salzen. Die Anionen dieser Salze (HPO$_4^{2-}$, H$_2$PO$_4^-$) sind wichtige Beispiele für *Ampholyte*, denn sie können sowohl Protonen aufnehmen als auch Protonen abgeben. Ob eine wässrige Lösung des Salzes sauer oder alkalisch reagiert, lässt sich voraussagen, wenn man die Säurestärke mit der Basenstärke des Ampholyten vergleicht. *Beispiel:* Für das Dihydrogenphosphat-Ion gelten die folgenden Werte: pK$_S$(H$_2$PO$_4^-$) = 6,9; pK$_B$(H$_2$PO$_4^-$) = 12. Das Anion ist damit einerseits eine *mittelstarke Säure*, andererseits eine *sehr schwache Base*. Eine Lösung des Salzes reagiert dementsprechend sauer.

> Der pK$_S$-Wert ist ein Maß für die Stärke einer Säure.
> Je kleiner der Wert ist, umso stärker ist die Säure.
> Je stärker eine Säure ist, umso schwächer ist die zugehörige Base.

1. Für eine Säure gilt pK$_S$ = 1,8. Berechnen Sie die Werte von K$_S$ und von K.
2. Erläutern Sie den Zusammenhang zwischen dem K$_S$-Wert und dem K$_B$-Wert der zugehörigen Base.
3. Eine Ammoniak-Lösung (c_0 = 0,1 mol · l^{-1}) hat einen pH-Wert von 11,1. Berechnen Sie pK$_B$(NH$_3$).
4. Begründen Sie, warum wässrige Lösungen der Salze Natriumhydrogencarbonat und Natriumhydrogenphosphat alkalisch reagieren.
5. Erklären Sie, wie man aufgrund einfacher Messungen die pK$_S$-Werte für die Ionen H$_2$PO$_4^-$ und HPO$_4^{2-}$ ermitteln könnte.

2.4 Berechnung von pH-Werten

Über die Berechnung von pH-Werten sind ganze Bücher geschrieben worden. Man findet dort auch Formeln für viele Spezialfälle. Für die meisten praktisch wichtigen Fälle lässt sich der pH-Wert einer wässrigen Lösung jedoch relativ einfach berechnen. Voraussetzung dafür ist, dass man sich ein Bild über das Protolyseverhalten des gelösten Stoffes machen kann. Außerdem muss klar sein, welche Ausgangskonzentration c_0 sich für die in Lösung gebrachte Stoffmenge der Säure oder Base ergibt.

Besonders einfach ist die Berechnung, wenn der gelöste Stoff – ähnlich wie bei Salzsäure oder Natronlauge – ausschließlich in Form der entsprechenden Ionen vorliegt.

Sehr starke Säuren. In verdünnten Lösungen sehr starker Säuren läuft die Protolysereaktion vollständig ab:

$$HA\,(aq) + H_2O\,(l) \longrightarrow H_3O^+\,(aq) + A^-\,(aq)$$

Die Konzentration der Hydronium-Ionen stimmt demnach mit der (hypothetischen) Ausgangskonzentration der Säure-Moleküle $c_0\,(HA)$ überein. Der pH-Wert der Lösung ist somit gleich dem negativen Zehnerlogarithmus der Ausgangskonzentration:

$$c\,(H_3O^+) = c_0\,(HA) \Leftrightarrow pH = -\lg \frac{c_0\,(HA)}{mol \cdot l^{-1}}$$

Beispiel: Salzsäure mit $c_0\,(HCl) = 0{,}05\ mol \cdot l^{-1}$
$$pH = -\lg 0{,}05 = \mathbf{1{,}3}$$

Sehr starke Basen. In verdünnten Lösungen sehr starker BRÖNSTED-Basen wäre aufgrund der vollständigen Protolyse die Konzentration der OH^--Ionen jeweils genauso groß wie die Ausgangskonzentration $c_0\,(B)$ der Base. Basen mit dieser Eigenschaft spielen im Labor jedoch praktisch keine Rolle.

Von größter Bedeutung sind dagegen die Hydroxide der Alkalimetalle. In diesen salzartigen Verbindungen (MeOH) liegt das OH^--Ion bereits als Baustein vor. Bei der Bildung der Lösung läuft demnach keine Protonenübertragung ab. Die Konzentration der OH^--Ionen stimmt mit der aus der gelösten Stoffmenge berechneten Ausgangskonzentration $c_0\,(MeOH)$ überein:

$$c\,(OH^-) = c_0\,(MeOH) \Leftrightarrow pOH = -\lg \frac{c_0\,(MeOH)}{mol \cdot l^{-1}}$$

Der zugehörige pH-Wert ergibt sich über das Ionenprodukt des Wassers mit Hilfe des pK_w-Werts:

$$pH = pK_w - pOH \Rightarrow \mathbf{pH = 14 - pOH} \quad (\text{bei } 25\ °C)$$

Beispiel: Natronlauge mit $c_0\,(NaOH) = 0{,}02\ mol \cdot l^{-1}$
$$pOH = -\lg 0{,}02 = 1{,}7$$
$$pH = 14 - pOH = 14 - 1{,}7 = \mathbf{12{,}3}$$

Schwache und mittelstarke Säuren. In wässrigen Lösungen von Essigsäure und anderen mittelstarken oder schwachen Säuren stellt sich ein Protolysegleichgewicht ein, das überwiegend auf der linken Seite liegt:

$$HA\,(aq) + H_2O\,(l) \rightleftharpoons H_3O^+\,(aq) + A^-\,(aq)$$

Die Konzentrationen der gebildeten Ionen sind dabei gleich groß: $c\,(H_3O^+) = c\,(A^-)$. Die Gleichgewichtskonzentration der Säure-Moleküle ($c\,(HA)$) ist die Differenz aus der Ausgangskonzentration $c_0\,(HA)$ und $c\,(H_3O^+)$. In den meisten Fällen ist das Ausmaß der Protolyse aber so gering, dass $c\,(HA)$ annähernd mit $c_0\,(HA)$ übereinstimmt:

$$c\,(HA) = c_0\,(HA) - c\,(H_3O^+) \approx c_0\,(HA)$$

Ersetzt man nun im Term für die Säurekonstante $c\,(HA)$ durch $c_0\,(HA)$, kommt man zu einer Formel mit der sich der pH-Wert mühelos berechnen lässt:

$$K_s = \frac{c\,(H_3O^+) \cdot c\,(A^-)}{c\,(HA)} = \frac{c^2\,(H_3O^+)}{c_0\,(HA)}$$

$$\Rightarrow c\,(H_3O^+) = \sqrt{K_s \cdot c_0\,(HA)}$$

$$\Rightarrow \mathbf{pH = \tfrac{1}{2}\left[pK_s - \lg \frac{c_0\,(HA)}{mol \cdot l^{-1}}\right]}$$

Rechenbeispiel

pH-Wert einer NH_4Cl-Lösung

In 500 ml Wasser wird 1 g Ammoniumchlorid gelöst. Berechnen Sie den pH-Wert der Lösung.

Protolyseverhalten:
Das NH_4^+-Ion reagiert als schwache Säure ($pK_s = 9{,}3$). Das Cl^--Ion geht keine Protolyse ein.

$$NH_4^+\,(aq) + H_2O\,(l) \rightleftharpoons NH_3\,(aq) + H_3O^+\,(aq)$$

Berechnung der Ausgangskonzentration:
$m\,(NH_4Cl) = 1\ g;\quad M\,(NH_4Cl) = 53{,}5\ g \cdot mol^{-1};$
$V\,(\text{Lösung}) = 500\ ml$

$$n = \frac{m}{M} = \frac{1\ g}{53{,}5\ g \cdot mol^{-1}} = 0{,}019\ mol$$

$$c_0\,(NH_4^+) = \frac{n}{V} = \frac{0{,}019\ mol}{0{,}5\ l} = 0{,}038\ mol \cdot l^{-1}$$

Berechnung des pH-Werts:
Näherungsformel für geringfügig protolysierte Säuren:

$$pH = \tfrac{1}{2}[pK_s - \lg c_0\,(HA)] = \tfrac{1}{2}(9{,}3 - \lg 0{,}038) = 5{,}4$$

Diese **Näherungsformel** liefert selbst dann noch akzeptable Ergebnisse, wenn die Säure zu rund 25 % protolysiert; der exakte Wert ist dann um nur 0,07 pH-Einheiten höher. Noch besser ist die Übereinstimmung, falls für $pK_s \geq 3$ der Wert von $c_0(HA)$ oberhalb von 10^{-2} mol $\cdot$ l^{-1} liegt.

Beispiel: Essigsäure-Lösung mit $c_0(HAc) = 0,03$ mol $\cdot$ l^{-1}

$$pH = \tfrac{1}{2}(4,65 - \lg 0,03) = 3,1$$

Schwache und mittelstarke Basen. In den meisten alkalischen Lösungen liegt das Protolysegleichgewicht auf der Seite der entsprechenden Base:

$$B\,(aq) + H_2O\,(l) \rightleftharpoons BH^+\,(aq) + OH^-\,(aq)$$

Ersetzt man die Gleichgewichtskonzentration $c(B)$ durch $c_0(B)$ als Näherungswert, so führt der K_B-Term zu den folgenden Beziehungen:

$$c(OH^-) = \sqrt{K_B \cdot c_0(B)} \Leftrightarrow pOH = \frac{1}{2}\left[pK_B - \lg \frac{c_0(B)}{\text{mol} \cdot \text{l}^{-1}}\right]$$

Die Näherungsformel zur Berechnung des pH-Werts solcher Lösungen lautet somit:

$$pH = 14 - \frac{1}{2}\left[pK_B - \lg \frac{c_0(B)}{\text{mol} \cdot \text{l}^{-1}}\right]$$

Beispiel: Ammoniak-Lösung mit $c_0(NH_3) = 1,1$ mol $\cdot$ l^{-1}

$$pH = 14 - \tfrac{1}{2}(4,7 - \lg 1,1) = \mathbf{11,7}$$

Bei vollständiger Protolyse ergibt sich der pH-Wert direkt aus der Ausgangskonzentration. Bei geringem Ausmaß der Protolyse berücksichtigt man die Gleichgewichtslage über die Anwendung von Näherungsformeln.

1. Berechnen Sie den pH-Wert für die folgenden Lösungen: Ameisensäure (0,01 mol $\cdot$ l^{-1}; $pK_s = 3,65$); Bromwasserstoffsäure (0,02 mol $\cdot$ l^{-1}); Natriumacetat (0,1 mol $\cdot$ l^{-1}); Kaliumfluorid (0,25 mol $\cdot$ l^{-1}, $pK_B = 11$); Natriumhydrogensulfat (0,5 mol $\cdot$ l^{-1}).
2. **a)** 35 ml reine Essigsäure ($\varrho \approx 1,0$ g $\cdot$ ml^{-1}) wurden mit Wasser auf einen Liter aufgefüllt.
   b) 0,7 g Calciumoxid wurden in 500 ml Wasser gelöst. Berechnen Sie die pH-Werte der Lösungen.
3. Erklären Sie die folgenden Beobachtungen mit Hilfe von Reaktionsgleichungen:
   a) Eine Lösung von Ammoniumacetat reagiert neutral.
   b) Eine $(NH_4)_2CO_3$-Lösung reagiert alkalisch.
4. In einer Natriumcarbonat-Lösung wird ein pH-Wert von 11,0 gemessen. Berechnen Sie $c_0(CO_3^{2-})$.
5. Berechnen Sie die pH-Werte für Salzsäure mit $c_0(HCl) = 10$ mol $\cdot$ l^{-1} sowie $c_0(HCl) = 10^{-8}$ mol $\cdot$ l^{-1}. Bewerten Sie die Aussagekraft der Ergebnisse.

Exakte Berechnung des pH-Werts

In verdünnten Lösungen starker Säuren (pK_s-Wert zwischen 0 und 3) liegt das Protolysegleichgewicht vielfach bereits auf der Seite der Produkte:

$$HA\,(aq) + H_2O\,(l) \rightleftharpoons H_3O^+\,(aq) + A^-\,(aq)$$

Die Gleichgewichtskonzentration der Säure HA weicht hier so stark von der Ausgangskonzentration ab, dass eine Berechnung des pH-Werts über die Näherungsformel zu erheblichen Fehlern führt.

Aus dem Term für die Säurekonstante lässt sich jedoch eine quadratische Gleichung ableiten, deren Lösung den exakten Wert für die Konzentration der H_3O^+-Ionen darstellt. Man berücksichtigt dazu die folgenden Beziehungen:

$$c(HA) = c_0(HA) - c(H_3O^+)\,; \qquad c(H_3O^+) = c(A^-)$$

$$\Rightarrow K_s = \frac{c^2(H_3O^+)}{c_0(HA) - c(H_3O^+)}$$

$$\Rightarrow c^2(H_3O^+) + K_s \cdot c(H_3O^+) - K_s \cdot c_0(HA) = 0$$

Da nur positive Werte sinnvoll sind, gilt für die Lösung:

$$c(H_3O^+) = -\frac{K_s}{2} + \sqrt{\frac{K_s^2}{4} + K_s \cdot c_0(HA)}$$

Beispiel: Phosphorsäure ($K_{s1} = 10^{-2}$ mol $\cdot$ l^{-1}) mit $c_0(H_3PO_4) = 10^{-2}$ mol $\cdot$ l^{-1}

$$c(H_3O^+) = -5 \cdot 10^{-3} + \sqrt{25 \cdot 10^{-6} + 10^{-2} \cdot 10^{-2}}\ \text{mol} \cdot \text{l}^{-1}$$

$$= 6,2 \cdot 10^{-3}\ \text{mol} \cdot \text{l}^{-1} \Rightarrow pH = 2,21$$

Die Näherungsformel ergibt pH = 2,0; das entspräche einer vollständigen Protolyse.

1. **a)** Führen Sie die exakte Berechnung des pH-Werts für Flusssäure ($pK_s(HF) = 3,0$) mit den Ausgangskonzentrationen 10^{-2} mol $\cdot$ l^{-1} und 10^{-4} mol $\cdot$ l^{-1} durch.
   b) Bewerten Sie für beide Fälle das über die Näherungsformel errechnete Ergebnis.
2. Notieren Sie die einzelnen Schritte für die exakte Berechnung des pH-Werts von Lösungen starker Basen.

Protolyse der Phosphorsäure

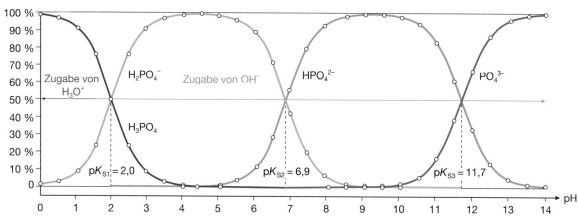

Protolysediagramm der Phosphorsäure – pH-Wert und Anteil der Teilchenarten an der Gesamtkonzentration

Wie viele Protonen ein Molekül einer mehrprotonigen Säure tatsächlich abgibt und welche Anionen sich bilden, wird durch den pH-Wert der Lösung bestimmt. Die wesentlichen Zusammenhänge lassen sich in einem *Protolysediagramm* darstellen.

Löst man Phosphorsäure (H_3PO_4) in Wasser, so spielt zunächst nur der erste Protolyseschritt eine Rolle:

$$H_3PO_4\,(aq) + H_2O\,(l) \rightleftharpoons H_3O^+\,(aq) + H_2PO_4^-\,(aq)$$

Bei einer Ausgangskonzentration von $0,1\ mol \cdot l^{-1}$ ergibt sich ein pH-Wert von 1,57 ($\triangleq c(H_3O^+) = 0,027\ mol \cdot l^{-1}$). Demnach hat nur etwa ein Viertel der Phosphorsäure-Moleküle reagiert. Das Protolysegleichgewicht kann noch weiter nach links verschoben werden, indem man Salzsäure hinzufügt.

Eine Zugabe von Natronlauge erniedrigt die Konzentration von H_3O^+-Ionen; die Konzentration der Dihydrogenphosphat-Ionen ($H_2PO_4^-$) nimmt entsprechend zu. Bei pH = 4,5 ist Phosphorsäure dann praktisch vollständig in $H_2PO_4^-$-Ionen überführt.

Eine weitere Zugabe von Natronlauge bewirkt die Bildung von Hydrogenphosphat-Ionen (HPO_4^{2-}). Dieser zweite Protolyseschritt ist bei pH = 9 weitgehend abgelaufen.

Die Bildung von Phosphat-Ionen (PO_4^{3-}) durch den dritten Protolyseschritt spielt erst bei pH-Werten oberhalb von 10 eine merkliche Rolle.

1. Ermitteln Sie aus dem Diagramm die Zusammensetzung der Lösung bei pH = 6. Überprüfen Sie das Ergebnis durch Berechnung.

Hydratisierte Metall-Ionen als Säuren

Im Gegensatz zu den neutralen Lösungen von Natriumnitrat und Calciumchlorid, reagieren wässrige Lösungen von Salzen mit *dreifach* positiv geladenen Metall-Ionen, wie Fe^{3+}-Ionen oder Al^{3+}-Ionen, sauer. So hat eine Eisennitrat-Lösung mit der Konzentration $0,1\ mol \cdot l^{-1}$ einen pH-Wert von 1,5.

Dieser Sachverhalt lässt sich folgendermaßen erklären: Jedes Fe^{3+}-Ion ist von *sechs* Wasser-Molekülen unmittelbar umgeben. Die ohnehin polaren Wasser-Moleküle werden durch die hohe positive Ladung des Fe^{3+}-Ions noch stärker polarisiert. Die Abspaltung eines Protons aus einem der sechs Wasser-Moleküle der Hydrathülle des Kations wird dadurch erleichtert. Diese Reaktion ist mit einer Farbänderung verbunden:

$$\underset{\text{farblos}}{[Fe(H_2O)_6]^{3+}\,(aq)} + H_2O\,(l) \rightleftharpoons H_3O^+\,(aq) + \underset{\text{gelbbraun}}{[Fe(OH)(H_2O)_5]^{2+}\,(aq)}$$

Die einfach oder zweifach geladenen Ionen der Alkali- und Erdalkalimetalle polarisieren Wasser-Moleküle weniger stark. Die entsprechenden Lösungen reagieren neutral.

Protolyseprodukte:
$[Fe(OH)(H_2O)_5]^{2+}\,(aq)$ und $H_3O^+\,(aq)$

2.5 Säure/Base-Indikatoren

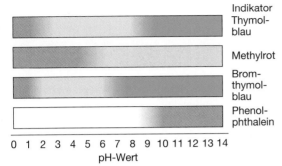

Indikator Thymol-blau

Methylrot

Brom-thymol-blau

Phenol-phthalein

0 1 2 3 4 5 6 7 8 9 10 11 12 13 14
pH-Wert

Umschlagsbereiche einiger Indikatoren

COOH

—N=N— —N(CH₃)₂   Indikatorsäure (HIn)

OH⁻ →H₂O
H₂O← ⟵H₃O⁺   Umschlag im
pH-Bereich 4,4–6,2

COO⁻

—N=N— —N(CH₃)₂   Indikatorbase (In⁻)

Methylrot

Bei den im Labor eingesetzten Indikatoren zur Abschätzung des pH-Werts von Lösungen handelt es sich meist um schwache organische Säuren. Die Säure (HIn) weist dabei jeweils eine andere Farbe auf als die zugehörige Base (In⁻). So ist im Falle von Methylrot die Säure rot, die Base dagegen gelb.

Welche Farbe ein Säure/Base-Indikator in einer Lösung zeigt, hängt davon ab, welches Konzentrationsverhältnis zwischen Säure (HIn) und Base (In⁻) besteht:

$$HIn\,(aq) + H_2O\,(l) \rightleftharpoons H_3O^+\,(aq) + In^-\,(aq)$$
Farbe 1 · Farbe 2

Sind beide Konzentrationen etwa gleich groß, beobachtet man eine Mischfarbe. Der pH-Wert der Lösung liegt dann in der Nähe des pK_s-Werts der Indikatorsäure HIn:

$$K_s\,(HIn) = \frac{c\,(H_3O^+) \cdot c\,(In^-)}{c\,(HIn)}$$

$$c\,(In^-) = c\,(HIn) \Rightarrow pH = pK_s\,(HIn)$$

Fügt man eine stark saure Lösung hinzu, so erhöht sich die Konzentration der H_3O^+-Ionen. Das Gleichgewicht verschiebt sich damit nach links und die Probe nimmt die Farbe der Indikatorsäure an. Die Zugabe einer alkalischen Lösung erniedrigt die Konzentration der H_3O^+-Ionen: Das Gleichgewicht verschiebt sich nach rechts; die Lösung zeigt die Farbe der Indikatorbase.

Ein Wechsel zwischen zwei Farben erscheint dem Auge erst dann vollständig, wenn eine Komponente mit etwa zehnfachem Überschuss vorliegt. Für Indikatoren ergibt sich daher ein *Umschlagsbereich*, der ungefähr zwei pH-Einheiten entspricht:

$$pH = pK_s\,(HIn) \pm 1$$

Bei einigen Indikatoren treten zwei Umschlagsbereiche auf. So ändert Bromthymolblau im Bereich von pH 1 bis 2 seine Farbe von Rot nach Gelb und im Bereich von pH 6 bis 8 von Gelb über die Mischfarbe Grün nach Blau.

Universalindikatoren. Um den pH-Wert genauer abzuschätzen, verwendet man ein Gemisch mehrerer Indikatoren mit unterschiedlichen Umschlagsbereichen. Solche *Universalindikatoren* gibt es als Lösung, als Indikatorpapier oder als Indikatorstäbchen mit mehreren Farbzonen. Der Messbereich erstreckt sich oft von pH 1 bis 14 mit Stufen von einem pH-Wert. Für kleine pH-Bereiche gibt es auch Spezialindikatoren mit Abstufungen von 0,2 pH-Einheiten.

pH-Meter. Zur genauen Messung von pH-Werten wird ein pH-Meter verwendet. Eine Elektrode liefert auf elektrochemischem Wege eine Spannung, die vom pH-Wert abhängt. Das Gerät rechnet den Spannungswert in den pH-Wert um.

> Säure/Base-Indikatoren sind organische Säuren. Die Säure besitzt dabei eine andere Farbe als die zugehörige Base. Für den Umschlagsbereich gilt meist: pH = pK_s (HIn) ± 1.

1. Erläutern Sie die Farbänderung eines Indikators bei Veränderung des pH-Wertes.
2. Geben Sie für die Indikatoren aus der Abbildung die Umschlagsbereiche und die pK_s-Werte an.
3. In Natriumhydrogencarbonat-Lösung färbt sich Phenolphthalein blassrosa. Lesen Sie aus der Abbildung den zugehörigen pH-Bereich ab.
4. Drei Reagenzgläser enthalten Lösungen von Aluminiumchlorid (pK_s ([Al(H₂O)₆]³⁺) = 4,8), Ammoniumsulfat beziehungsweise Natriumhydrogencarbonat (jeweils 0,1 mol · l⁻¹). Erläutern Sie, wie sich die Stoffe mit Hilfe von Indikatoren identifizieren lassen.
5. Beim Springbrunnenversuch mit Ammoniak wird dem Wasser meist Phenolphthalein zugesetzt.
   a) Erläutern Sie die auftretenden Effekte.
   b) Begründen Sie, welcher Indikator sich für den ähnlichen Springbrunnenversuch mit Chlorwasserstoff eignen würde.

pH-Wert-Bestimmung

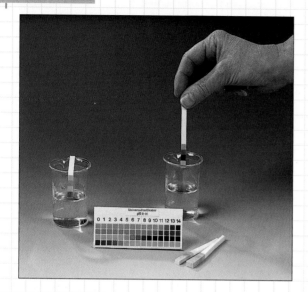

V1: Bestimmung von pH-Werten

Materialien: Bechergläser (50 ml), Messpipette (10 ml), Universalindikator, pH-Meter;
Salzsäure (0,1 mol $\cdot$ l^{-1}), Natronlauge (0,1 mol $\cdot$ l^{-1}), Essigsäure (0,1 mol $\cdot$ l^{-1}), Ammoniak-Lösung (0,1 mol $\cdot$ l^{-1}).

Durchführung:
1. Bestimmen Sie den pH-Wert der Salzsäure mit dem Universalindikator und anschließend mit dem pH-Meter.
2. Geben Sie in ein Becherglas zu 9 ml Wasser 1 ml der Salzsäure. Bestimmen Sie den pH-Wert.
Verdünnen Sie nochmals auf das Zehnfache und bestimmen Sie erneut den pH-Wert.
3. Wiederholen Sie die Versuchsreihe mit Natronlauge, mit Ammoniak sowie mit Essigsäure.

Aufgaben:
a) Notieren Sie Ihre Beobachtungen.
b) Geben Sie die Protolysegleichungen an. Begründen Sie die pH-Werte der Ausgangslösungen.
c) Erklären Sie die unterschiedliche Änderung der pH-Werte beim Verdünnen.

A1: Erläutern Sie, wie sich der pH-Wert ändert, wenn man Essigsäure zu einer Natriumhydrogensulfat-Lösung gibt.

A2: Aluminiumchlorid-Lösung reagiert mit Magnesium. Der pH-Wert der Lösung steigt bis zum Ende der Reaktion. Begründen Sie mit Hilfe von Reaktionsgleichungen.

V2: Vom pH-Wert zum pK_s-Wert

Materialien: Bechergläser (100 ml), Waage, Messzylinder (50 ml), Spatel, pH-Meter;
Ammoniumchlorid (Xn), Natriumacetat, Natriumhydrogencarbonat.

Durchführung:
1. Stellen Sie Lösungen der Salze mit einer Konzentration von 0,1 mol $\cdot$ l^{-1} her.
2. Bestimmen Sie die pH-Werte der Lösungen.

Aufgaben:
a) Notieren Sie Ihre Beobachtungen.
b) Geben Sie für jede Salzlösung die Protolysegleichung an. Erklären Sie den gemessenen pH-Wert.
c) Berechnen Sie den jeweiligen pK_s-Wert.

V3: Nachweis von Ammonium-Ionen

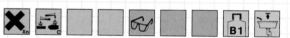

Materialien: zwei Uhrgläser, Spatel, Glasstab;
Ammoniumchlorid (Xn), Ammoniumsulfat, Natronlauge (verd.; C), Salsäure (konz.; C), Universalindikatorpapier.

Durchführung:
1. Geben Sie eine Spatelspitze Ammoniumchlorid auf ein Uhrglas.
2. Feuchten Sie einen Indikatorstreifen mit Wasser an und kleben Sie ihn auf die Innenseite des zweiten Uhrglases.
3. Tropfen Sie etwas Natronlauge auf das Ammoniumchlorid und decken Sie mit dem zweiten Uhrglas ab.
4. Geben Sie eine Spatelspitze Ammoniumsulfat in ein Reagenzglas und tropfen Sie Natronlauge dazu.
5. Tauchen Sie den Glasstab in die Salzsäure und halten Sie ihn über die Reagenzglasöffnung.

Aufgaben:
a) Notieren Sie Ihre Beobachtungen.
b) Erklären Sie die ablaufenden Reaktionen und formulieren Sie die Reaktionsgleichungen.

A3: *Experimentelle Hausaufgabe:* Machen Sie drei sauer reagierende und drei alkalisch reagierende Haushaltchemikalien ausfindig.
a) Messen Sie die pH-Werte und geben Sie an, welcher Inhaltsstoff jeweils den pH-Wert bestimmt.
b) Präsentieren Sie Ihre Ergebnisse.

Wasser – ein dynamisches System

Wasser scheint ein alltäglicher und einfacher Stoff zu sein. Es hat aber erstaunliche Eigenschaften, sowohl im flüssigen als auch im festen Zustand.

Eisstruktur. Bei 0 °C beträgt die Dichte von Eis 0,917 g · cm^{-3}; für flüssiges Wasser gilt dagegen ein Wert von 0,9998 g · cm^{-3}. Die Dichte von Eis ist demnach um rund 8 % geringer als die von Wasser. Ursache dafür ist die besondere Struktur von Eis: Jedes Wasserstoff-Atom bildet mit einem Sauerstoff-Atom eines benachbarten Wasser-Moleküls eine *Wasserstoffbrückenbindung*. Dabei entsteht eine tetraedrische Anordnung der Sauerstoff-Atome. Je vier liegen in den Ecken, ein fünftes im Zentrum des Tetraeders. Die Tetraeder sind räumlich vernetzt und bilden ein Gitter mit relativ großen Hohlräumen. Darauf ist die geringere Dichte von Eis zurückzuführen.

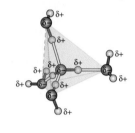

Anomalie des Wassers. Wenn ein fester Stoff schmilzt, vergrößert sich normalerweise das Volumen und die Teilchen können sich unabhängig voneinander bewegen. Beim Schmelzen von Eis bricht die Gitterordnung jedoch nicht völlig zusammen. Neben freien Wasser-Molekülen entstehen verschieden große Bruchstücke des Kristalls, die man als *Cluster* (engl.: Haufen) bezeichnet. Die Hohlräume in diesen Clustern werden weitgehend durch freie Wasser-Moleküle aufgefüllt. Die Dichte nimmt deshalb zu, obwohl viele Moleküle noch ganz ähnlich verknüpft sind wie in der Eisstruktur.

Bei 0 °C bestehen die Cluster noch aus durchschnittlich 100 Wasser-Molekülen; mit zunehmender Temperatur werden die Cluster immer kleiner. So wird einerseits beim Erwärmen die Ordnung geringer und die Teilchen können sich dichter zusammenlagern. Andererseits nimmt wie bei allen Substanzen die thermische Bewegung der Teilchen und damit ihr Raumbedarf zu. Als Folge dieser gegenläufigen Effekte hat Wasser ein Dichtemaximum. Es liegt bei 4 °C. Diese Eigenschaft wird als *Dichteanomalie* des Wassers bezeichnet.

Protonenaustausch. Durch einen geschickten Versuch lässt sich zeigen, dass Wasser-Moleküle fortwährend Protonen untereinander austauschen. Hierzu mischt man gewöhnliches Wasser (H_2O) mit *schwerem* Wasser (D_2O), das Deuterium-Atome ($_1^2D = _1^2H$) statt gewöhnlicher Wasserstoff-Atome ($_1^1H$) enthält. Schon nach kürzester Zeit findet man in einem Massenspektrogramm keine D_2O-Moleküle mehr, dafür aber HDO-Moleküle:

$$H_2O\,(l) + D_2O\,(l) \longrightarrow 2\ HDO\,(l)$$

Genauso rasch tauschen auch H_2O-Moleküle untereinander Protonen aus. Wasser ist also ein *dynamisches* System, in dem ein einzelnes Wasser-Molekül nur für kurze Zeit existiert. Wie schnell diese Austauschvorgänge ablaufen, wurde 1962 durch den Göttinger Chemiker Manfred EIGEN geklärt. Aufgrund seiner Messungen konnte er die „Lebensdauer" eines H_3O^+-Ions berechnen: Sie beträgt nur 10^{-12} s. Wasser-Moleküle existieren immerhin rund 10^{-3} s. Nach dieser Zeit nehmen sie entweder ein Proton auf oder sie geben ein Proton ab.

Auch *Hydronium*-Ionen sind nicht stabil: Ein Wasserstoff-Atom, das sich zwischen einem Oxonium-Ion und einem Wasser-Molekül seiner Hydrathülle in einer *Wasserstoffbrückenbindung* befindet, kann als Proton von einem Sauerstoff-Atom zum anderen überwechseln. Dadurch entsteht aus dem Wasser-Molekül ein neues Oxonium-Ion, das mit benachbarten Wasser-Molekülen wieder ein Hydronium-Ion ergibt.

Elektrische Leitfähigkeit. Saure Lösungen leiten den elektrischen Strom wesentlich besser als alle anderen Elektrolytlösungen entsprechender Konzentration. Eine Erklärung dafür gibt das folgende Modell: Ein Oxonium-Ion bildet jeweils den Anfang einer Kette von Wasser-Molekülen, die über Wasserstoffbrückenbindungen miteinander verknüpft sind. In einem elektrischen Feld kann sich nun die positive Ladung rasch über die Kette der Wasser-Moleküle verschieben, ohne dass das Oxonium-Ion selbst wandert. Der Ladungstransport ergibt sich vielmehr aus einer extrem schnell verlaufenden Änderung der Bindungsverhältnisse. Schritt für Schritt gehen dabei Wasserstoffbrückenbindungen in normale Elektronenpaarbindungen über:

a)
$$\left.\begin{array}{c}+\\+\\+\\+\end{array}\right|\ H-\overset{\oplus}{\overline{O}}-H\cdots\overset{|}{\underset{H}{\overline{O}}}-H-\overset{|}{\underset{H}{\overline{O}}}-H\cdots\overset{|}{\underset{H}{\overline{O}}}-H\cdots\overset{|}{\underset{H}{\overline{O}}}-H\ \left|\begin{array}{c}-\\-\\-\\-\end{array}\right.$$

b)
$$\left.\begin{array}{c}+\\+\\+\\+\end{array}\right|\ H-\overset{|}{\underset{H}{\overline{O}}}\cdots H-\overset{|}{\underset{H}{\overline{O}}}\cdots H-\overset{|}{\underset{H}{\overline{O}}}\cdots H-\overset{|}{\underset{H}{\overline{O}}}\cdots H-\overset{\oplus}{\overline{O}}-H\ \left|\begin{array}{c}-\\-\\-\\-\end{array}\right.$$

1. Zeichnen Sie die Zwischenstationen für den durch die Abbildung angedeuteten Ladungstransport in einer sauren Lösung.
2. Erklären Sie, warum die Temperatur am Grunde eines Sees auch in sehr kalten Wintern nur bis auf 4 °C abfällt.

2.6 Säure/Base-Titration – ein chemisches Messverfahren

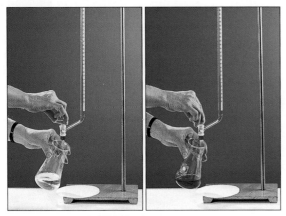

Durchführung einer Säure/Base-Titration

Eine *Titration* ist ein quantitatives Verfahren zur Bestimmung der Stoffmenge oder der Konzentration eines Stoffes in einer Lösung. Grundlage einer **Säure/Base-Titration** ist die Neutralisationsreaktion:

$$H_3O^+ (aq) + OH^- (aq) \longrightarrow 2\,H_2O\,(l)$$

Man setzt dabei jeweils einen abgemessenen Teil der zu untersuchenden Lösung ein und neutralisiert mit einer *Maßlösung*, einer Lösung mit genau bekannter Konzentration. Den Endpunkt der Titration, den **Äquivalenzpunkt**, erkennt man am Farbumschlag eines Indikators. Der Indikator sollte dabei so gewählt werden, dass der pH-Wert der gebildeten Salzlösung möglichst in der Mitte des Umschlagbereichs liegt.

Bei der praktischen Durchführung sind folgende Punkte zu beachten:
1. Eine Bürette wird blasenfrei mit Maßlösung gefüllt.
2. Als Probe gibt man ein bestimmtes Volumen mit Pipette und Pipettierhilfe in einen Erlenmeyerkolben und fügt einige Tropfen der Indikatorlösung hinzu.
3. Unter ständigem Schütteln des Kolbens wird dann Maßlösung bis zum Farbumschlag des Indikators zugetropft.
4. Der Verbrauch an Maßlösung wird abgelesen und notiert.

Auswertung. Titriert man beispielsweise Salzsäure mit Natronlauge, so bildet sich eine neutrale Natriumchlorid-Lösung. Als Indikator könnte man daher Bromthymolblau einsetzen.

$$HCl\,(aq) + NaOH\,(aq) \longrightarrow NaCl\,(aq) + H_2O\,(l)$$

Aus der Reaktionsgleichung folgt, dass die Ausgangsstoffe im Stoffmengenverhältnis 1 : 1 miteinander reagieren. Es gilt also:

$$n\,(HCl) = n\,(NaOH)$$

Die Stoffmengen ergeben sich aus dem Produkt von Konzentration und Volumen ($n = c \cdot V$):

$$c\,(HCl) \cdot V(\text{Salzsäure}) = c\,(NaOH) \cdot V(\text{Natronlauge})$$

$$c\,(HCl) = \frac{c\,(NaOH) \cdot V(\text{Natronlauge})}{V(\text{Salzsäure})}$$

Beispiel: Zur Neutralisation von 20 ml Salzsäure werden 15,4 ml Natronlauge (0,1 mol · l^{-1}) benötigt. Für die Konzentration der Salzsäure gilt demnach:

$$c\,(HCl) = \frac{0,1\ \text{mol} \cdot l^{-1} \cdot 15,4\ \text{ml}}{20\ \text{ml}} = 0,077\ \text{mol} \cdot l^{-1}$$

> Durch eine Säure/Base-Titration mit einer geeigneten Maßlösung lässt sich die Konzentration einer Säure oder einer Base bestimmen.

1. Beschreiben Sie die Durchführung einer Titration, mit der sich die Konzentration an Essigsäure in Speiseessig bestimmen lässt.
2. Bei der Titration von 25 ml Schwefelsäure erfolgte der Farbumschlag des Indikators Phenolphthalein nach Zugabe von 18,5 ml Natronlauge (0,1 mol · l^{-1}). Berechnen Sie die Konzentration der Schwefelsäure.
3. 0,08 g Calciumoxid wurden in Wasser gelöst. Berechnen Sie, welches Volumen an Salzsäure (0,1 mol · l^{-1}) man zur Neutralisation der Lösung benötigt.

Rechenbeispiel

Titration von Natronlauge mit Schwefelsäure

Für die Neutralisation von 50 ml Natronlauge wurden 30 ml Schwefelsäure (0,1 mol · l^{-1}) benötigt. Berechnen Sie die Konzentration der Natronlauge.

Reaktionsgleichung:
$$2\,NaOH\,(aq) + H_2SO_4\,(aq) \longrightarrow Na_2SO_4\,(aq) + 2\,H_2O\,(l)$$

Stoffmengenverhältnis:
$$\frac{n\,(NaOH)}{n\,(H_2SO_4)} = \frac{2}{1} \Rightarrow n\,(NaOH) = 2 \cdot n\,(H_2SO_4)$$

Berechnung der Konzentration:
$$c\,(NaOH) \cdot V(\text{Natronlauge})$$
$$= 2 \cdot c\,(H_2SO_4) \cdot V(\text{Schwefelsäure})$$

$$c\,(NaOH) = \frac{2 \cdot c\,(H_2SO_4) \cdot V(\text{Schwefelsäure})}{V(\text{Natronlauge})}$$

$$= \frac{2 \cdot 0,1\ \text{mol} \cdot l^{-1} \cdot 30\ \text{ml}}{50\ \text{ml}} = \mathbf{0,12\ mol \cdot l^{-1}}$$

2.7 Titrationskurven

Mit einem pH-Meter kann man genau verfolgen, wie sich der pH-Wert während einer Titration verändert. Trägt man die gemessenen pH-Werte gegen das Volumen der Maßlösung auf, ergibt sich eine *Titrationskurve*.

Da die Maßlösung in der Regel eine wesentlich höhere Konzentration aufweist als die Probelösung, hat die Volumenzunahme praktisch keinen Einfluss auf den Verlauf der Kurve.

Sehr starke Säuren. Titriert man beispielsweise 100 ml Salzsäure ($0,1 \text{ mol} \cdot l^{-1}$) mit Natronlauge ($1 \text{ mol} \cdot l^{-1}$), so ist die Säure bereits zu 90 % umgesetzt, wenn der pH-Wert von 1 auf 2 angestiegen ist. Selbst bei einem Umsatz von 99 % wird erst pH = 3 erreicht. In der Nähe des Äquivalenzpunktes führt schließlich ein einziger Tropfen der Maßlösung zu einem pH-Sprung um bis zu sechs Einheiten.

V in ml	pH
0	1
5	1,3
9	2
9,9	3
9,99	4
10,00	7
10,01	10
10,1	11
11	12
15	12,7
20	13

Der weitere Verlauf der Kurve ist punktsymmetrisch in Bezug auf den Äquivalenzpunkt bei pH = 7, dem Wendepunkt der Kurve.

Mittelstarke Säuren. Bei mittelstarken Säuren wie Essigsäure ($pK_s = 4,65$) beginnt die Titrationskurve bei deutlich höheren pH-Werten und steigt anfänglich relativ steil an. In der Nähe des Halbäquivalenzpunktes ($pH = pK_s$) verläuft sie dagegen besonders flach.

Der Halbäquivalenzpunkt ist somit ein erster Wendepunkt im Kurvenverlauf. In der Nähe des Äquivalenzpunkts steigt der pH-Wert wieder sprunghaft an. Der Äquivalenzpunkt entspricht dem pH-Wert einer Natriumacetat-Lösung. Er liegt somit im schwach alkalischen Bereich (pH ≈ 9), denn Acetat-Ionen reagieren als schwache Base ($pK_B = 9,35$).

Die Verschiebung des Äquivalenzpunktes in den alkalischen Bereich ist umso größer, je schwächer die zu titrierende Säure ist. Bei sehr schwachen Säuren wird der pH-Sprung so klein, dass sich der Äquivalenzpunkt nur ungenau ermitteln lässt.

Mehrprotonige Säuren. Bei der Titration zweiprotoniger Säuren treten meist zwei pH-Sprünge auf. Das gilt auch für eine wässrige Lösung von Kohlenstoffdioxid. Man spricht hier von **Kohlensäure** und verwendet oft die Formel H_2CO_3, obwohl solche Moleküle praktisch nicht vorliegen. In der ersten Protolysestufe werden Hydrogencarbonat-Ionen gebildet, in der zweiten schließlich Carbonat-Ionen:

$$CO_2\,(aq) + H_2O\,(l) + OH^-\,(aq) \rightleftharpoons HCO_3^-\,(aq) + H_2O\,(l)$$

$$HCO_3^-\,(aq) + OH^-\,(aq) \rightleftharpoons CO_3^{2-}\,(aq) + H_2O\,(l)$$

Bei der Titration der dreiprotonigen **Phosphorsäure** (H_3PO_4) lassen sich nur zwei pH-Sprünge beobachten. Die Äquivalenzpunkte liegen bei den pH-Werten 4,2 und 9,1, der dritte Äquivalenzpunkt liegt oberhalb von pH = 12, also in einem Bereich, in dem keine sprunghaften pH-Änderungen mehr möglich sind.

> Die Titrationskurve stellt die Veränderung des pH-Wertes im Verlauf einer Säure/Base-Titration dar. Charakteristisch ist vor allem die sprunghafte Änderung in der Nähe des Äquivalenzpunktes.

1. Begründen Sie, warum der Äquivalenzpunkt einer Säure/Base-Titration nicht immer bei pH = 7 liegt.
2. Skizzieren Sie eine Titrationskurve für die Reaktion von Ammoniak ($0,1 \text{ mol} \cdot l^{-1}$) mit Salzsäure ($1 \text{ mol} \cdot l^{-1}$).

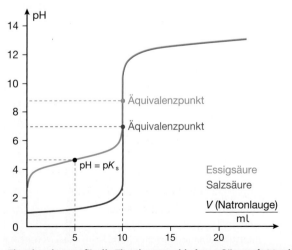

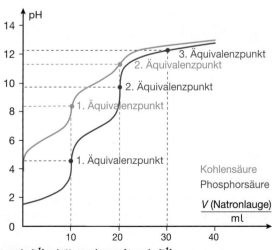

Titrationskurven für die Titration verschiedener Säuren (100 ml; $0,1 \text{ mol} \cdot l^{-1}$) mit Natronlauge ($1 \text{ mol} \cdot l^{-1}$)

V1: Säuregehalt von Nahrungsmitteln

Materialien: Bürette (25 ml), Pipette (50 ml), Messpipette (5 ml), Pipettierhilfe, Erlenmeyerkolben (300 ml, weit), Becherglas (50 ml), Trichter;
Natronlauge (0,1 mol · l^{-1}), Phenolphthalein-Lösung (F), *Proben:* Weißwein, Haushaltsessig, Zitronensaft, Frischmilch, saure Milch, stilles Mineralwasser.

Durchführung:
1. Befestigen Sie die Bürette an einem Stativ und füllen Sie die Bürette mit der Maßlösung. Lassen Sie dann Maßlösung in das Becherglas ablaufen bis der Bürettenablauf luftfrei ist und lesen Sie den Flüssigkeitsstand ab.
2. Pipettieren Sie 50 ml Wein in den Erlenmeyerkolben. Fügen Sie einige Tropfen Phenolphthalein-Lösung zu.
3. Lassen Sie Natronlauge unter ständigem Schwenken des Erlenmeyerkolbens zum Wein tropfen, bis die Lösung dauerhaft eine blassrosa Farbe angenommen hat. Lesen Sie erneut das Volumen an der Bürette ab.
4. Führen Sie entsprechende Titrationen mit den folgenden Proben durch: 2 ml Essig, 5 ml Zitronensaft, 50 ml Frischmilch, 50 ml saure Milch, 100 ml Mineralwasser.

Aufgaben:
a) Notieren Sie Ihre Messwerte.
b) Geben Sie für Weinsäure, Essigsäure, Citronensäure und Milchsäure die Formeln an.
c) Berechnen Sie die Konzentrationen der Säuren.
d) Geben Sie die Reaktionsgleichung für die Neutralisation einer Kohlenstoffdioxid-Lösung an. Berechnen Sie die Konzentration von Kohlenstoffdioxid im Mineralwasser.

V2: Titrationskurven

Materialien: Bürette (25 ml), Pipette (10 ml), Pipettierhilfe, Erlenmeyerkolben (300 ml, weit), Trichter, pH-Meter, Magnetrührer mit Rührstäbchen;
Salzsäure (0,1 mol · l^{-1}), Natronlauge (0,1 mol · l^{-1}), Essigsäure (0,1 mol · l^{-1}), Phenolphthalein-Lösung (F).

Durchführung:
Titration der Säuren:
1. Geben Sie 10 ml Salzsäure, 100 ml Wasser und einige Tropfen Indikator-Lösung in den Erlenmeyerkolben.
2. Stellen Sie die Versuchsanordnung zusammen. Achten Sie darauf, dass das Rührstäbchen nicht gegen die Elektrode schlägt.

3. Geben Sie Natronlauge in 1-ml-Schritten zu. Titrieren Sie im Bereich von 9 ml bis 11 ml in Schritten von 0,2 ml. Notieren Sie die zugehörigen pH-Werte. Insgesamt werden 20 ml Maßlösung zugefügt.
4. Wiederholen Sie den Versuch mit Essigsäure.

Titration der Natronlauge:
5. Geben Sie 10 ml Natronlauge, 100 ml Wasser und einige Tropfen Indikator-Lösung in den Erlenmeyerkolben.
6. Titrieren Sie analog zu Schritt 3 mit Salzsäure.
7. Wiederholen Sie den Versuch mit Essigsäure.

Aufgaben:
a) Zeichnen Sie die Titrationskurven.
b) Vergleichen Sie die Titrationskurve für Salzsäure mit der Titrationskurve für Essigsäure.
c) Vergleichen Sie die Titrationskurven für die Säuren mit den Titrationskurven für Natronlauge.

V3: Leitfähigkeitstitration

Materialien: Bürette (25 ml), Pipette (10 ml), Pipettierhilfe, Becherglas (150 ml), Leitfähigkeitsmessgerät, Magnetrührer mit Rührstäbchen, Trichter;
Salzsäure (0,1 mol · l^{-1}), Natronlauge (0,1 mol · l^{-1}).

Durchführung:
1. Stellen Sie die Versuchsanordnung zusammen.
2. Geben Sie 10 ml Salzsäure in das Becherglas und füllen Sie mit Wasser auf etwa 100 ml auf.
3. Titrieren Sie in Schritten von 1 ml. Notieren Sie jeweils die zugehörige Leitfähigkeit.

Aufgaben:
a) Stellen Sie die Messergebnisse grafisch dar und erklären Sie den Kurvenverlauf.
b) Ermitteln Sie den Äquivalenzpunkt.

Richtig messen mit Pipette und Bürette
- Eine Pipette ist auf Auslauf kalibriert. Sie darf nicht ausgeblasen werden.
- Im Hintergrund der Bürette befindet sich meist eine Ablesehilfe (SCHELLBACH-Streifen). An der durch Lichtbrechung entstehenden Spitze kann das Volumen (hier: 20,1 ml) abgelesen werden. Die Spitze und das Auge müssen dabei auf gleicher Höhe sein.

Leitfähigkeitstitration

Die heute vielfach im Labor eingesetzten Leitfähigkeitsmessgeräte eignen sich auch zur Ermittlung des Äquivalenzpunktes einer Säure/Base-Titration. Die Abbildung zeigt als Beispiel den bei einer Titration von Salzsäure mit Natronlauge gemessenen Verlauf der Leitfähigkeit. Das Minimum der Kurve entspricht dem Äquivalenzpunkt der Reaktion.

Dieser typische Kurvenverlauf lässt sich verstehen, wenn man berücksichtigt, dass die elektrische Leitfähigkeit einer Lösung nicht nur von der Konzentration sondern auch von der Beweglichkeit der Ionen abhängt. So leitet Salzsäure fast viermal so gut wie eine Natriumchlorid-Lösung gleicher Konzentration. Dieser Unterschied weist auf eine – im Vergleich zu Natrium-Ionen – besonders hohe Beweglichkeit der Hydronium-Ionen hin. Tatsächlich erfordert der Transport der positiven Ladung gar keine Wanderung von H_3O^+-Ionen, entscheidend ist vielmehr die durch Wasserstoffbrückenbindungen begünstigte Übertragung der Protonen auf benachbarte Wasser-Moleküle. Ganz ähnlich verläuft auch der Ladungstransport durch Hydroxid-Ionen: Die Leitfähigkeit von Natronlauge ist etwa doppelt so groß wie die einer Natriumchlorid-Lösung gleicher Konzentration.

H_3O^+	32,7
OH^-	18,0
Na^+	4,3
K^+	6,5
Cl^-	6,4
NO_3^-	6,1

Vergleichswerte für den Beitrag einiger Ionen zur insgesamt gemessenen Leitfähigkeit sind in der Tabelle zusammengestellt. Diese Werte mit der Einheit $mS \cdot cm^{-1}$ (Millisiemens pro Zentimeter) gelten bei 25 °C für eine Konzentration von jeweils $0,1 \ mol \cdot l^{-1}$. Das in der Angabe der Einheit auftretende *Siemens* bezieht sich auf den Kehrwert des elektrischen Widerstands: $1 \ S = 1 \ \Omega^{-1}$.

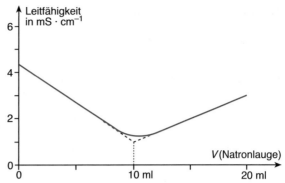

Änderung der Leitfähigkeit bei der Titration von 100 ml Salzsäure ($0,01 \ mol \cdot l^{-1}$) mit Natronlauge ($0,1 \ mol \cdot l^{-1}$)

Bei der Titration nimmt die Konzentration der gut beweglichen H_3O^+-Ionen ab:

$$H_3O^+ (aq) + OH^- (aq) \longrightarrow 2 \ H_2O \ (l)$$

Gleichzeitig steigt die Konzentration der schlechter beweglichen Na^+-Ionen an. Die Leitfähigkeit der Lösung nimmt entsprechend ab und erreicht den Minimalwert für die am Äquivalenzpunkt vorliegende NaCl-Lösung. Ingesamt gesehen wird durch die Neutralisation die besonders gut leitende Salzsäure in eine wesentlich schlechter leitende Natriumchlorid-Lösung überführt. Die weitere Zugabe von Natronlauge lässt die Leitfähigkeit dann wieder ansteigen.

1. Erklären Sie, warum die Leitfähigkeit bei der Titration von Salzsäure mit Natronlauge steiler abfällt als sie anschließend wieder ansteigt.

Der Protolysegrad

Mit dem Protolysegrad α gibt man an, welcher Anteil einer Säure oder einer Base protolysiert ist; der Wert beschreibt somit anschaulich die Lage des Gleichgewichts. Für den Fall einer Säure HA gilt:

$$\alpha = \frac{c(H_3O^+)}{c_0(HA)} = \frac{c(A^-)}{c_0(HA)}$$

Aufgrund dieser Definition erhält man für die im Gleichgewicht vorliegenden Konzentrationen:

$$c(H_3O^+) = c(A^-) = \alpha \cdot c_0; \quad c(HA) = c_0(1 - \alpha)$$

Durch Einsetzen dieser Werte in den K_s-Term ergibt sich ein allgemeingültiger Zusammenhang zwischen den Größen K_s, c_0 und α:

$$K_s = \frac{(\alpha \cdot c_0)^2}{c_0(1 - \alpha)} \Rightarrow K_s = \frac{\alpha^2 \cdot c_0}{1 - \alpha}$$

In vielen Fällen ist der Protolysegrad aber so gering ($\alpha \ll 1$), dass man den Nenner $1 - \alpha$ durch den Näherungswert 1 ersetzen kann:

$$K_s = \alpha^2 \cdot c_0$$
$$\Rightarrow \alpha = \sqrt{K_s \cdot \frac{1}{c_0}}$$

Diese für die Berechnung von α nützliche Näherung bezeichnet man als **OSTWALDsches Verdünnungsgesetz.**

Der wesentliche Punkt wird oft folgendermaßen beschrieben: *Der Protolysegrad α ist proportional zur Quadratwurzel aus der Verdünnung.* Mit „Verdünnung" ist dabei $\frac{1}{c_0}$ gemeint, der Kehrwert der Ausgangskonzentration. Eine Verdünnung auf das Hundertfache Volumen erhöht demnach den Protolysegrad um den Faktor 10.

2.8 Puffersysteme

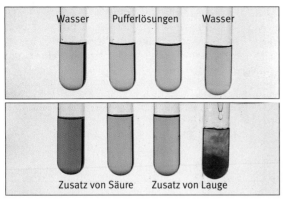

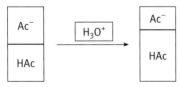

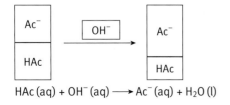

Gepufferte und ungepufferte Systeme

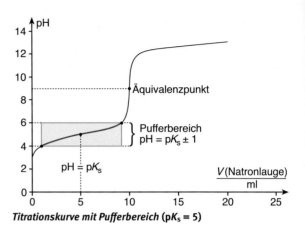

Titrationskurve mit Pufferbereich (pK_s = 5)

Gibt man zu neutralem Wasser einen Tropfen Salzsäure oder einen Tropfen Natronlauge, so ändert sich der pH-Wert sprunghaft. Bei vielen Messungen und Untersuchungen muss der pH-Wert trotz der Zugabe von Säuren oder Basen jedoch weitgehend konstant gehalten werden. Man fügt dann *Pufferlösungen* hinzu; sie enthalten eine mittelstarke oder schwache Säure und die zugehörige Base in etwa gleicher Konzentration.

Pufferwirkung. Als Puffer für den schwach sauren Bereich (pH ≈ 5) verwendet man oft eine Lösung, die Essigsäure und Natriumacetat enthält. Tropft man Salzsäure zu diesem *Essigsäure/Acetat-Puffer*, werden die mit der Säure zugegebenen Hydronium-Ionen weggefangen: Sie reagieren mit den Acetat-Ionen der Pufferlösung zu Essigsäure-Molekülen. Dadurch ändert sich zwar das Stoffmengenverhältnis zwischen Essigsäure-Molekülen und Acetat-Ionen, der pH-Wert bleibt aber nahezu konstant. Dieser Stoffumsatz kann durch ein einfaches Schema verdeutlicht werden:

$$Ac^- (aq) + H_3O^+ (aq) \longrightarrow HAc (aq) + H_2O (l)$$

Ganz entsprechend verhält sich die Lösung bei Zutropfen von Natronlauge: Die Hydroxid-Ionen reagieren mit den Essigsäure-Molekülen. Der pH-Wert steigt deshalb nur geringfügig an:

$$HAc (aq) + OH^- (aq) \longrightarrow Ac^- (aq) + H_2O (l)$$

Puffergleichung. Der pH-Wert einer Pufferlösung ergibt sich aus der über die Säurekonstante K_s berechneten Konzentration der Hydronium-Ionen:

$$K_s = \frac{c(H_3O^+) \cdot c(A^-)}{c(HA)} \Rightarrow c(H_3O^+) = K_s \cdot \frac{c(HA)}{c(A^-)}$$

$$pH = -\lg \frac{c(H_3O^+)}{mol \cdot l^{-1}}$$

In der Praxis wendet man aber meist direkt die durch Logarithmieren und Multiplikation mit −1 erhaltene *Puffergleichung* an. Sie wird häufig auch als HENDERSON-HASSELBALCH-Gleichung bezeichnet:

$$pH = pK_s + \lg \frac{c(A^-)}{c(HA)}$$

Da Säure und zugehörige Base im gleichen Volumen vorliegen, gilt eine völlig entsprechende Beziehung für die Stoffmengen:

$$pH = pK_s + \lg \frac{n(A^-)}{n(HA)}$$

Stimmen die Stoffmengen (beziehungsweise Konzentrationen) beider Teilchenarten überein, so erhält man:

$$pH = pK_s + \lg 1 \Rightarrow \mathbf{pH = pK_s}$$

Dieser Fall entspricht dem Halbäquivalenzpunkt in der Titrationskurve für die Säure HA. Ändert man das Stoffmengenverhältnis durch Zugabe von Säuren oder Laugen, verschiebt sich der pH-Wert entlang der Titrationskurve.

Praktisch nutzbar ist in der Regel nur der flach ansteigende Bereich, in dem sich der pH-Wert um eine Einheit nach oben oder nach unten von pH = pK_s entfernt:

pH = pK_s ± 1

Für die Grenzen dieses *Pufferbereichs* gilt:
$n(A^-) : n(HA) = 10 : 1$ (obere Grenze)
$n(A^-) : n(HA) = \ \ 1 : 10$ (untere Grenze)

Puffersysteme in der Praxis. Die Stoffmenge an Säuren oder Basen, die ohne wesentliche Änderung des pH-Werts aufgenommen werden kann, hängt von der Menge der gelösten Puffersubstanzen ab: Die *Pufferkapazität* steigt mit der Konzentration der Pufferlösung.

Vielfach geht es jedoch weniger um hohe Pufferkapazitäten, sondern um Lösungen mit ganz genau bekannten pH-Werten. Nur mit Hilfe solcher **pH-Standardlösungen** lässt sich absichern, dass die mit einem pH-Messgerät ermittelten Werte auch tatsächlich zutreffen. Man taucht deshalb die an das Gerät angeschlossene Elektrode zuerst in pH-Standardlösungen. Abweichungen von den Sollwerten werden jeweils elektronisch korrigiert. Diesen Vorgang bezeichnet man als **Kalibrierung.**

Zu den weltweit bevorzugten pH-Standards gehören vor allem die folgenden Puffersysteme:
- *Dihydrogenphosphat/Hydrogenphosphat-Puffer*
  mit $c(KH_2PO_4) = c(Na_2HPO_4)$
  $pH = pK_s(H_2PO_4^-) = 6,86$ (bei 25 °C)
- *Hydrogencarbonat/Carbonat-Puffer*
  mit $c(NaHCO_3) = c(Na_2CO_3)$
  $pH = pK_s(HCO_3^-) = 10,0$ (bei 25 °C)

In beiden Fällen sind je 0,025 mol der angegebenen Salze in 1 kg Wasser zu lösen.

Wie in diesen Beispielen wird der Gehalt an Puffersubstanzen stets auf 1 kg Wasser bezogen. Während die Stoffmengenkonzentration (in $mol \cdot l^{-1}$) aufgrund der Wärmeausdehnung mit steigender Temperatur etwas abnimmt, ist dieser Wert in $mol \cdot kg^{-1}$ völlig unabhängig von der Temperatur.

Insgesamt gesehen werden damit genaue pH-Messungen bei unterschiedlichen Temperaturen erleichtert:

Die Kalibrierung des pH-Meters kann bei der vorgesehenen Messtemperatur mit den ohnehin bereitstehenden Standardlösungen durchgeführt werden. Zu berücksichtigen ist dabei der für die Messtemperatur gültige pH-Wert.

> Puffer sind Lösungen, deren pH-Wert sich bei Zugabe begrenzter Mengen von sauren oder alkalischen Lösungen nur geringfügig verändert. Sie enthalten jeweils eine mittelstarke oder schwache Säure und die zugehörige Base in etwa gleicher Konzentration.

1. Zu 70 ml Methansäure-Lösung ($pK_s = 3,65$) gibt man 30 ml Natronlauge gleicher Konzentration. Berechnen Sie den pH-Wert der Mischung.
2. **a)** Skizzieren Sie die Titrationskurve für die Titration von 100 ml Ammoniak-Lösung ($c_0 = 0,2 \ mol \cdot l^{-1}$) mit Salzsäure ($1 \ mol \cdot l^{-1}$).
   b) Markieren Sie in dieser Grafik die im Rechenbeispiel betrachteten pH-Änderungen.
3. Zu 100 ml eines Essigsäure/Acetat-Puffers mit $c(HAc) = c(Ac^-) = 0,1 \ mol \cdot l^{-1}$ werden 5 ml Natronlauge ($1 \ mol \cdot l^{-1}$) gegeben.
   Berechnen Sie den pH-Wert der Lösung.
4. Es wird eine Pufferlösung mit pH = 7,00 benötigt.
   a) Erläutern Sie die Wahl des Puffersystems und berechnen Sie das erforderliche Stoffmengenverhältnis.
   b) Die Summe der Konzentrationen von Säure und zugehöriger Base soll $0,1 \ mol \cdot l^{-1}$ betragen. Ermitteln Sie die für 1 l Lösung erforderlichen Stoffmengen und berechnen Sie die Einwaagen.

Rechenbeispiel

Ammoniak/Ammonium-Puffer

Eine Pufferlösung enthält Ammoniak und Ammoniumchlorid mit einer Konzentration von jeweils $0,1 \ mol \cdot l^{-1}$. Auf 100 ml dieser Lösung werden 2 ml Salzsäure ($1 \ mol \cdot l^{-1}$) beziehungsweise 2 ml Natronlauge ($1 \ mol \cdot l^{-1}$) zugefügt.

Berechnen Sie die pH-Werte, die sich nach der Zugabe von Salzsäure beziehungsweise Natronlauge einstellen.

pH-Wert nach Zugabe von Salzsäure:

$n_0(NH_3) = n_0(NH_4^+) = 0,1 \cdot mol \cdot l^{-1} \cdot 0,1 \ l = 0,01 \ mol$

$n_0(H_3O^+) = 1 \cdot mol \cdot l^{-1} \cdot 0,002 \ l = 0,002 \ mol$

Es werden demnach 0,002 mol NH_3-Moleküle in NH_4^+-Ionen überführt:

$n(NH_3) = 0,01 \ mol - 0,002 \ mol = 0,008 \ mol$

$n(NH_4^+) = 0,01 \ mol + 0,002 \ mol = 0,012 \ mol$

$$pH = pK_s + lg \frac{n(NH_3)}{n(NH_4^+)} = 9,3 + lg \frac{0,008}{0,012} = \mathbf{9,12}$$

pH-Wert nach Zugabe von Natronlauge:

$n_0(OH^-) = 1 \cdot mol \cdot l^{-1} \cdot 0,002 \ l = 0,002 \ mol$

Durch die Zugabe werden 0,002 mol NH_4^+-Ionen in NH_3-Moleküle überführt:

$n(NH_3) = 0,01 \ mol + 0,002 \ mol = 0,012 \ mol$

$n(NH_4^+) = 0,01 \ mol - 0,002 \ mol = 0,008 \ mol$

$$pH = pK_s + lg \frac{n(NH_3)}{n(NH_4^+)} = 9,3 + lg \frac{0,012}{0,008} = \mathbf{9,48}$$

Puffersysteme

V1: Herstellung und Prüfung einer Pufferlösung

Materialien: Bechergläser (50 ml), pH-Meter, Messzylinder (25 ml), Tropfpipette;
Ammoniak-Lösung (0,1 mol · l^{-1}), Ammoniumchlorid (X_n), Salzsäure (1 mol · l^{-1}), Natronlauge (1 mol · l^{-1}; C).

Durchführung:

1. Geben Sie 30 ml Ammoniak-Lösung in ein Becherglas und messen Sie den pH-Wert. Fügen Sie dann Ammoniumchlorid hinzu bis etwa pH = 9,3 erreicht ist.
2. Verteilen Sie die Pufferlösung auf zwei Bechergläser und stellen Sie als Vergleichsproben zwei weitere Bechergläser mit je 15 ml demineralisiertem Wasser bereit.
3. Geben Sie zu einem Becherglas mit Wasser und einem Becherglas mit Pufferlösung jeweils einen Tropfen Salzsäure. Messen Sie die pH-Werte.
4. Tropfen Sie in das Becherglas mit dem Puffer weitere Salzsäure, bis der pH-Wert der Vergleichsprobe erreicht ist. Zählen Sie die Tropfen.
5. Wiederholen Sie die Schritte 3 und 4 mit Natronlauge.

Aufgaben:

a) Berechnen Sie den pH-Wert der Ammoniak-Lösung und vergleichen Sie mit Ihrem Messwert.
b) Erläutern Sie die Vorgänge, die in der Pufferlösung bei Zugabe von Salzsäure beziehungsweise Natronlauge ablaufen.

V2: Pufferwirkung von Wasser

Materialien: Bechergläser (50 ml), pH-Meter, Messzylinder (25 ml), Tropfpipette;
Trinkwasser, Wasserproben aus Bächen, Flüssen oder Seen, Natronlauge (0,01 mol · l^{-1}), Salzsäure (0,01 mol · l^{-1}).

Durchführung:

1. Geben Sie 15 ml Trinkwasser in ein Becherglas und messen Sie den pH-Wert.
2. Fügen Sie tropfenweise Salzsäure hinzu und messen Sie nach jedem Tropfen erneut den pH-Wert. Beenden Sie die Zugabe, sobald pH ≤ 4,3 erreicht ist.
3. Wiederholen Sie die Untersuchung mit Natronlauge. Beenden Sie die Zugabe, wenn der pH-Wert größer als 8,2 wird.
4. Führen Sie das Experiment mit den anderen Wasserproben durch.

Aufgaben:

a) Notieren Sie Ihre Beobachtungen.
b) Geben Sie Reaktionsgleichungen für mögliche Protolysegleichgewichte in den Wasserproben an.
c) Erläutern Sie die Vorgänge bei Zugabe von Salzsäure beziehungsweise Natronlauge.
d) Wasserwerke geben die Säurekapazität und die Basekapazität von Trinkwasser an. Erklären Sie, was darunter zu verstehen ist.

Puffer und Blut

Puffersysteme spielen eine lebenswichtige Rolle in unserem Organismus. Mit der Nahrung und durch den Stoffwechsel werden dem Blut Säuren und Basen in wechselnden Mengen zugeführt. Trotzdem hat menschliches Blut einen nahezu konstanten pH-Wert von 7,4 (± 0,05). Schon Abweichungen um mehr als 0,5 pH-Einheiten sind lebensgefährlich. Mehr als die Hälfte der Pufferkapazität des Blutes entfällt auf den sogenannten Kohlensäure-Puffer ($CO_2 + H_2O/HCO_3^-$). An zweiter Stelle stehen die Proteine mit ihren sauren und basischen Gruppen, insbesondere das Hämoglobin. Erwähnenswert ist auch der Phosphat-Puffer ($H_2PO_4^-/HPO_4^{2-}$).

Gekoppelt mit den Puffereigenschaften des Blutes ist die Ausscheidung von Kohlenstoffdioxid über die Lungen: Die ausgeatmete Luft enthält Kohlenstoffdioxid mit einem Volumenanteil von etwa 5 %. Auf diese Weise bleibt der CO$_2$-Gehalt des Blutes insgesamt gesehen konstant, obwohl aufgrund der Oxidation von Nährstoffen ständig neue CO$_2$-Moleküle gebildet werden und in die Blutkapillaren diffundieren.

Protolysereaktionen, an denen Kohlenstoffdioxid beteiligt ist, haben die ungewöhnliche Eigenschaft, dass sich das Gleichgewicht nur relativ langsam einstellt. Im Blut wird die Reaktion daher durch das Enzym *Carboanhydrase* katalytisch beschleunigt. Das Enzym befindet sich in den roten Blutkörperchen, deren Zellmembran sowohl für CO$_2$-Moleküle als auch für HCO$_3^-$-Ionen durchlässig ist. Die entstehenden HCO$_3^-$-Ionen werden somit überwiegend durch das Blutplasma in die Lungen transportiert. Dort werden sie – wiederum in den roten Blutkörperchen – umgewandelt und schließlich als Kohlenstoffdioxid ausgeatmet.

Natürliche Wässer und ihr Säure/Base-Verhalten

Als chemisch reiner Stoff hat Wasser eine extrem geringe elektrische Leitfähigkeit, denn neben den durch die Autoprotolyse gebildeten Ionen ($c(H_3O^+) = c(OH^-) = 10^{-7}$ mol $\cdot$ l^{-1}) gibt es keine weiteren Ladungsträger.

Durch Aufnahme von Kohlenstoffdioxid aus der Luft erhöht sich die Leitfähigkeit jedoch erheblich; gleichzeitig verschiebt sich der pH-Wert in den sauren Bereich (pH $\approx$ 5,6):

$$CO_2\,(aq) + 2\,H_2O\,(l) \rightleftharpoons HCO_3^-\,(aq) + H_3O^+\,(aq); pK_S = 6,2$$

Grundwasser und das daraus gewonnene *Trinkwasser* sind chemisch gesehen stark verdünnte Salzlösungen. Das gilt ähnlich für die natürlichen *Oberflächenwässer* in Flüssen, Seen und Talsperren sowie für Regenwasser.

Trinkwasser. Typisch für Trinkwasser sind gelöste Mineralstoffe in einer Gesamtmenge von etwa 500 mg pro Liter. Die Konzentrationen von Kationen und Anionen sind dabei mit rund $5 \cdot 10^{-3}$ mol $\cdot$ l^{-1} um den Faktor 50 000 größer als in reinem Wasser.

Bei den Kationen überwiegen Calcium-Ionen und Natrium-Ionen. Wesentlich geringer sind die Konzentrationen von Magnesium-Ionen und Kalium-Ionen. Die Hauptrolle bei den Anionen spielen Chlorid-Ionen, Sulfat-Ionen und Hydrogencarbonat-Ionen. In welchem Konzentrationsverhältnis diese Ionen vorliegen, hängt von der Zusammensetzung der Böden ab, in denen sich das Grundwasser sammelt.

Der pH-Wert von Trinkwasser liegt meist oberhalb des Neutralpunktes. Zulässig nach der Trinkwasserverordnung sind Werte zwischen 6,5 und 9,5. Das von den Wasserwerken abgegebene Wasser darf aber keineswegs einen beliebigen pH-Wert aus diesem Bereich aufweisen. Vielmehr muss bei der Aufbereitung dafür gesorgt werden, dass sich das *Kalk/ Kohlensäure-Gleichgewicht* einstellen kann:

$$CaCO_3\,(s) + CO_2\,(aq) + H_2O\,(l) \rightleftharpoons Ca^{2+}\,(aq) + 2\,HCO_3^-\,(aq)$$

Auf die Lage dieses Gleichgewichts wirken sich insbesondere die folgenden Faktoren aus:
- die Konzentration der Calcium-Ionen und somit die *Wasserhärte,*
- das Konzentrationsverhältnis zwischen Kohlenstoffdioxid und Hydrogencarbonat und damit der pH-Wert.

Säurekapazität und Basekapazität. Der Gehalt an Hydrogencarbonat-Ionen und Kohlenstoffdioxid macht natürliche Wässer zu einem *Puffersystem:* Hydronium-Ionen werden durch die Reaktion mit Hydrogencarbonat-Ionen umgesetzt, Hydroxid-Ionen durch die Reaktion mit Kohlenstoffdioxid-Molekülen:

$$H_3O^+\,(aq) + HCO_3^-\,(aq) \longrightarrow CO_2\,(aq) + 2\,H_2O\,(l)$$

$$OH^-\,(aq) + CO_2\,(aq) \longrightarrow HCO_3^-\,(aq)$$

Jede Wasseranalyse enthält Angaben über das mögliche Ausmaß dieser Reaktionen:
- Auf die erste Reaktion bezieht sich der als *Säurekapazität bis pH 4,3* in mmol $\cdot$ l^{-1} angegebene Wert. Die Bestimmung erfolgt durch eine Titration mit Salzsäure-Maßlösung. Man beendet die Zugabe, sobald pH = 4,3 erreicht ist. Dieser pH-Wert entspricht praktisch der vollständigen Überführung der HCO_3^--Ionen in CO_2-Moleküle.
- Die ebenfalls in mmol $\cdot$ l^{-1} angegebene *Basekapazität bis pH 8,2* bezieht sich auf die zweite Reaktion. Bei der Bestimmung titriert man mit Natronlauge als Maßlösung bis pH = 8,2 erreicht wird. Die gelösten CO_2-Moleküle sind dann praktisch vollständig in HCO_3^--Ionen überführt.

Bei einer Wasserprobe mit pH = pK_S = 6,2 stimmen Säurekapazität und Basekapazität zahlenmäßig überein. Da die pH-Werte aber meist oberhalb von pH = 7 liegen, ist die Basekapazität bis pH = 8,2 in der Regel wesentlich kleiner als die Säurekapazität bis pH = 4,3.

Die Abbildung zeigt die wesentlichen Zusammenhänge für das Beispiel einer Wasserprobe mit pH = 7. Der Kurvenverlauf entspricht einer Titrationskurve für die Umsetzung einer verdünnten Kohlenstoffdioxid-Lösung mit Natronlauge.

1. Recherchieren Sie die Säurekapazität und die Basekapazität Ihres häuslichen Trinkwassers.

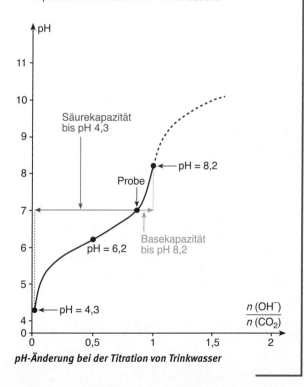

pH-Änderung bei der Titration von Trinkwasser

A1 Säure/Base-Reaktionen

a) Salze, die das Hydrogensulfat-Ion enthalten, wurden früher als „saure Sulfate" bezeichnet.
Begründen Sie diese Bezeichnung am Beispiel von Natriumhydrogensulfat und stellen Sie die Reaktionsgleichung für die Protolyse in wässriger Lösung auf.
b) In einer wässrigen Ammoniak-Lösung ($c = 0,5$ mol $\cdot$ l^{-1}l) wird ein pH-Wert von 11,5 gemessen. Berechnen Sie den K_B-Wert.
Welcher pH-Wert ergibt sich demnach bei einer Ammoniumchlorid-Lösung gleicher Konzentration?
c) Gibt man Bariumhydroxid-Lösung zu einer Probelösung, die Carbonat-Ionen enthält, bildet sich ein weißer Niederschlag. Der gleiche Effekt tritt auf, wenn Sulfat-Ionen in der Lösung vorliegen.
Eindeutig unterscheiden lassen sich die Lösungen durch Zugabe von Salzsäure. Erklären Sie dieses Vorgehen und stellen Sie die Reaktionsgleichungen auf.

A2 Welchen pH-Wert hat die Mischung?

Beim Mischen von Lösungen kommt es häufig zu Protolysereaktionen. Welcher pH-Wert sich dabei einstellt, hängt sowohl von den Stoffmengen als auch von den pK-Werten der beteiligten Säuren und Basen ab.
Geben Sie für die folgenden Fälle zunächst an, ob die Mischung sauer oder alkalisch reagiert und ob es sich gegebenenfalls um ein Puffersystem handelt.
Erläutern Sie dann kurz, auf welchem Wege sich der pH-Wert berechnen lässt und führen Sie die Berechnung aus.
a) 100 ml Salzsäure (0,1 mol $\cdot$ l^{-1})/10 ml Natronlauge (1 mol $\cdot$ l^{-1})
Erklären Sie, warum bei der Ausführung von Experimenten dieser Art erhebliche Abweichungen auftreten.
b) 50 ml Salzsäure (0,05 mol $\cdot$ l^{-1})/20 ml Ba(OH)$_2$-Lösung (0,05 mol $\cdot$ l^{-1})
c) 10 ml Salpetersäure (0,1 mol $\cdot$ l^{-1})/30 ml Natronlauge (0,05 mol $\cdot$ l^{-1})
d) 50 ml Natronlauge (0,1 mol $\cdot$ l^{-1})/3 ml NH$_4$Cl-Lösung (1 mol $\cdot$ l^{-1})
e) 50 ml Natronlauge (0,1 mol $\cdot$ l^{-1})/8 ml NH$_4$Cl-Lösung (1 mol $\cdot$ l^{-1})
f) 100 ml Essigsäure (0,1 mol $\cdot$ l^{-1})/50 ml Ammoniak-Lösung (0,1 mol $\cdot$ l^{-1})

A3 Auf den Indikator kommt es an

In einer Anleitung zur experimentellen Untersuchung des chemischen Gleichgewichts bei der Bildung von Essigsäureethylester findet sich der folgende Arbeitsschritt:
Zur Bestimmung der im Gleichgewichtszustand vorliegenden Konzentration an Essigsäure wird ein Teil der Lösung mit Methylorange als Indikator versetzt und mit Natronlauge als Maßlösung titriert.

a) Begründen Sie, warum hier die Wahl von Methylorange (Umschlagsbereich: pH = 3,1–4,4) nicht sinnvoll ist.
b) Ermitteln Sie, welcher Anteil der Essigsäure tatsächlich in Acetat-Ionen überführt wurde, wenn der Indikator eine rein gelbe Farbe angenommen hat.
Hinweis: Nehmen Sie die Titrationskurve in Kapitel 6.7 zu Hilfe.
c) Erklären Sie, warum bei der vorgeschlagenen Titration kein typischer Farbumschlag auftritt.

A4 Das Säure/Base-Paar Ameisensäure/Formiat

Reine Ameisensäure (HCOOH) ist eine wasserklare, ätzende Flüssigkeit, die sich in beliebigem Verhältnis mit Wasser mischt. Ameisensäure reagiert dabei als mittelstarke Säure; ihr pK$_S$-Wert beträgt 3,65. Die zugehörige Base ist das Formiat-Ion (HCOO$^-$).
a) Formulieren Sie die Protolysegleichgewichte für wässrige Lösungen von Ameisensäure und von Natriumformiat.
b) Berechnen Sie die pH-Werte einer Ameisensäure-Lösung (0,1 mol $\cdot$ l^{-1}) und einer Natriumformiat-Lösung (0,1 mol $\cdot$ l^{-1}).
c) 100 ml Ameisensäure (0,1 mol $\cdot$ l^{-1}) und 30 ml Natronlauge (0,2 mol $\cdot$ l^{-1}) werden gemischt. Berechnen Sie den pH-Wert der Mischung.
d) Aus Ameisensäure-Lösung und Natriumformiat-Lösung gleicher Konzentration soll eine Pufferlösung mit einem pH-Wert von 3,8 hergestellt werden.
Berechnen Sie das erforderliche Volumenverhältnis und geben Sie die für 1 l Pufferlösung benötigten Volumina an.
e) Zeichnen Sie die Titrationskurve für die Neutralisation von Ameisensäure (0,1 mol $\cdot$ l^{-1}) mit Natronlauge.

A5 Phosphat-Puffer

Für biochemische Untersuchungen benötigt man häufig eine Pufferlösung, deren pH-Wert dem des menschlichen Blutes entspricht. Man verwendet dann weltweit einen Phosphat-Puffer mit pH = 7,41 (bei 25 °C). Pro Kilogramm Wasser enthält die Lösung 4,321 g Na$_2$HPO$_4$ und 1,044 g KH$_2$PO$_4$.
a) Berechnen Sie aus diesen Angaben pK$_S$(H$_2$PO$_4^-$) mit Hilfe der Puffergleichung.
b) Viele Tabellenwerke geben mit pK$_S$(H$_2$PO$_4^-$) = 7,20 einen deutlich abweichenden Wert an. Er bezieht sich auf das Verhalten in extrem verdünnten, sogenannten *idealen* Lösungen. Die Verwendung dieses Wertes in der Puffergleichung führt zu erheblichen Fehlern.
Erläutern Sie diesen Sachverhalt, indem Sie zunächst das Stoffmengenverhältnis für einen Puffer mit pH = 7,41 aufgrund von pK$_S$ = 7,20 ermitteln.
Berechnen Sie dann zum Vergleich den tatsächlichen pH-Wert mit dem sachgerechten pK$_S$-Wert aus a).

Säure/Base-Gleichgewichte

1. Säure/Base-Definitionen

a) nach ARRHENIUS: Eine **Säure** zerfällt in wässriger Lösung in positiv geladene *Wasserstoff*-Ionen und negativ geladene *Säurerest*-Ionen. Eine **Base** bildet positiv geladene *Baserest*-Ionen und negativ geladene *Hydroxid*-Ionen.

b) nach BRÖNSTED: Eine **Säure** ist ein *Protonendonator*. Eine **Base** ist ein *Protonenakzeptor*.

2. Säure/Base-Reaktionen

Zwischen einer Säure HA und einer Base B findet ein *Protonenübergang* statt. Ein solcher Vorgang wird auch als Säure/Base-Reaktion oder **Protolyse** bezeichnet. Säure/Base-Reaktionen sind Gleichgewichtsreaktionen, an denen jeweils *zwei* Säure/Base-Paare beteiligt sind:

$$HA + B \rightleftharpoons A^- + HB^+$$
Säure 1 Base 2   Base 1 Säure 2

Teilchen, die – wie Wasser-Moleküle – je nach Reaktionspartner als Säure oder Base reagieren können, bezeichnet man als **Ampholyte.**

3. Autoprotolyse und pH-Wert

Eine Säure/Base-Reaktion zwischen gleichartigen Teilchen bezeichnet man als *Autoprotolyse.*
Im Falle von reinem Wasser gilt:

$$c(H_3O^+) = c(OH^-) = 10^{-7}\ mol \cdot l^{-1} \quad \text{(bei 25°C)}$$

Das Produkt dieser Konzentrationen, das **Ionenprodukt des Wassers,** ist in verdünnten wässrigen Lösungen konstant:

$$K_w = c(H_3O^+) \cdot c(OH^-) = 10^{-14}\ mol^2 \cdot l^{-2}$$

Der **pH-Wert** ist der negative Zehnerlogarithmus des Zahlenwerts der Konzentration der Hydronium-Ionen (H_3O^+(aq)). Eine entsprechende Definition gilt für den **pOH-Wert:**

$$pH = -lg \frac{c(H_3O^+)}{mol \cdot l^{-1}} \quad ; \qquad pOH = -lg \frac{c(OH^-)}{mol \cdot l^{-1}}$$

Die **pH-Skala** reicht von pH = 0 bis pH = 14. Es gilt:

$$pH + pOH = 14 \quad (= pK_w)$$

4. Die Stärke von Säuren und Basen

Säuren und Basen, die in verdünnter wässriger Lösung praktisch *vollständig* protolysieren, bezeichnet man als *sehr stark.*
In den meisten Fällen stellt sich ein *Protolysegleichgewicht* ein, dessen Lage durch die **Säurekonstante** K_S oder die **Basenkonstante** K_B charakterisiert wird:

$$HA(aq) + H_2O(l) \rightleftharpoons H_3O^+(aq) + A^-(aq)$$

$$K_S = \frac{c(H_3O^+) \cdot c(A^-)}{c(HA)}$$

$$B(aq) + H_2O(l) \rightleftharpoons HB^+(aq) + OH^-(aq)$$

$$K_B = \frac{c(HB^+) \cdot c(OH^-)}{c(B)}$$

Anstelle von K_S-Werten und K_B-Werten gibt man häufig den negativen Zehnerlogarithmus des Zahlenwerts an:

$$pK_S = -lg \frac{K_S}{mol \cdot l^{-1}} \quad ; \qquad pK_B = -lg \frac{K_B}{mol \cdot l^{-1}}$$

Für eine Säure HA und die zugehörige Base A^- gilt jeweils:

$$pK_S(HA) + pK_B(A^-) = 14 \quad \text{(bei 25°C)}$$

Säure/Base-Indikatoren sind organische Säuren, bei denen sich die Farbe der Säure (HIn) von der Farbe der zugehörigen Base (In$^-$) unterscheidet:

$$HIn(aq) + H_2O(l) \rightleftharpoons H_3O^+(aq) + In^-(aq)$$
Farbe 1   Farbe 2

Umschlagsbereich: $pH \approx pK_S(HIn) \pm 1$

5. Berechnung von pH-Werten

Bei *vollständiger Protolyse* gilt:

$$c(H_3O^+) = c_0(HA) \Rightarrow pH = -lg \frac{c_0(HA)}{mol \cdot l^{-1}}$$

$$c(OH^-) = c_0(B) \quad \Rightarrow pOH = -lg \frac{c_0(B)}{mol \cdot l^{-1}}; \quad pH = 14 - pOH$$

Bei *geringem Ausmaß der Protolyse* verwendet man die folgenden **Näherungsformeln:**

$$pH = \tfrac{1}{2}(pK_S - lg\ c_0(HA))$$

$$pOH = \tfrac{1}{2}(pK_B - lg\ c_0(B)); \quad pH = 14 - pOH$$

Pufferlösungen enthalten etwa gleiche Stoffmengen einer mittelstarken oder schwachen Säure HA und der zugehörigen Base A^-. Der pH-Wert ergibt sich mit Hilfe der **Puffergleichung:**

$$pH = pK_S + lg \frac{c(A^-)}{c(HA)} \quad \text{oder} \quad pH = pK_S + lg \frac{n(A^-)}{n(HA)}$$

6. Säure/Base-Titrationen

Die Konzentration einer Säure oder Base wird durch die Neutralisation einer Probe mit einer *Maßlösung* bestimmt. Den Äquivalenzpunkt erkennt man am Farbumschlag des zugesetzten Indikators.

3 Struktur und Analyse organischer Stoffe

Der Natur auf der Spur ... Der wunderbare Duft der Rosen steckt in den Blütenblättern. Die Blütenblätter müssen am frühen Morgen gepflückt werden, in der Mittagshitze verfliegt der Duft sehr schnell. Durch Wasserdampf-Destillation können aus 4000 kg Blütenblätter etwa 1 kg Rosenöl gewonnen werden.

Die Natur kopieren ... Rosenöl ist das teuerste ätherische Öl am Markt. Bei einem Preis von über 6000 € für 1 kg Rosenöl lag es nahe, den kostbaren Duft synthetisch herzustellen. Dazu wurden die Hauptkomponenten des Rosenduftes isoliert, ihre Struktur aufgeklärt und kostengünstige Synthesen entwickelt. Das Rosenöl der südfranzösischen *Rosa centifola* setzt sich aus mehr als 350 verschiedenen Verbindungen zusammen. Hauptkomponenten sind Phenylethanol (63 %), Citronellol (22 %) und Geraniol (15 %).

Heute wird weit mehr Rosenöl verwendet, als die Natur jemals liefern könnte. So wie in diesem Beispiel spielen organische Verbindungen wegen ihrer Vielfalt in der Natur und bei chemischen Synthesen im Labor und in der Industrie eine besondere Rolle.

Grundlagen:
- Bindungsverhältnisse in organischen Molekülen
- zwischenmolekulare Wechselwirkungen
- Stoffklassen und funktionelle Gruppen
- IUPAC-Nomenklatur

Zentrale Fragen:
- Wie bestimmt man die Molekülformel einer organischen Verbindung?
- Wie ermittelt man mit chemischen Methoden die Struktur eines Moleküls?
- Welche Stoffeigenschaften haben Ether, Aldehyde und Ketone und wie stellt man diese Verbindungen her?
- Wie weist man funktionelle Gruppen nach?

3.1 Strukturaufklärung organischer Verbindungen

Salicylsäure

Die Aufklärung der Struktur organischer Moleküle ist eine der wichtigen Aufgaben der Chemiker. Ein Beispiel ist Salicylsäure, der schmerzlindernde Wirkstoff der Weidenrinde. Schon der berühmte griechische Arzt HIPPOKRATES hatte um 300 v. Chr. Frauen vor ihrer Niederkunft empfohlen, gegen ihre Wehenschmerzen Weidenrinde zu kauen. 1859 gelang es dem Marburger Professor Hermann KOLBE, die Molekülstruktur der Salicylsäure aufzuklären und durch Synthese zu bestätigen. Die starken Nebenwirkungen der Salicylsäure wurden später durch gezielte Strukturveränderungen am Molekül vermindert. Der neue Wirkstoff wurde 1899 unter der Bezeichnung *Aspirin*® als geschütztes Warenzeichen eingetragen.

Chemische Methoden. Die Aufklärung der Struktur einer organischen Verbindung durch chemische Methoden erfolgt schrittweise:
Zunächst muss der *Reinstoff* isoliert werden. Neben Umkristallisieren, Destillieren und Extrahieren ist dabei die Chromatografie eines der wichtigsten Trennverfahren.
Mit dem Reinstoff wird anschließend eine *qualitative Elementaranalyse* durchgeführt, in der die Atomarten ermittelt werden, aus denen die Verbindung besteht. Eine *quantitative Elementaranalyse* führt danach zur **Verhältnisformel:** Eine organische Verbindung, die nur aus C-Atomen und H-Atomen aufgebaut ist, hat die Verhältnisformel C_xH_y. Durch die Bestimmung der molaren Masse erhält man die **Molekülformel** der Verbindung.
Im weiteren Verlauf der Strukturaufklärung werden die funktionellen Gruppen des Moleküls ermittelt. Über die Untersuchung größerer Untereinheiten im Molekül gelangt der Chemiker schließlich zu einer Vorstellung von der gesamten **Struktur** des Moleküls. Diese zunächst hypothetische Molekülstruktur muss schließlich durch eine *Synthese* bestätigt werden.

Instrumentelle Analytik. Neben den chemischen Methoden zur Strukturermittlung stehen heute noch zahlreiche physikalische Verfahren zur Verfügung. So wurden die traditionellen Arbeitsweisen durch Massenspektrometrie, IR-Spektroskopie, NMR-Spektroskopie und Röntgenstrukturanalyse weitgehend ersetzt. Mit den Methoden der *instrumentellen Analytik* und dem gleichzeitigen Einsatz computergestützter Auswertungen ist die Aufklärung der Struktur einer neuen Verbindung wesentlich einfacher und schneller geworden.

> Die Voraussetzung für die Strukturaufklärung ist die Isolierung des Reinstoffs. Die Struktur organischer Verbindungen lässt sich durch chemische Methoden und durch Verfahren der instrumentellen Analytik ermitteln.

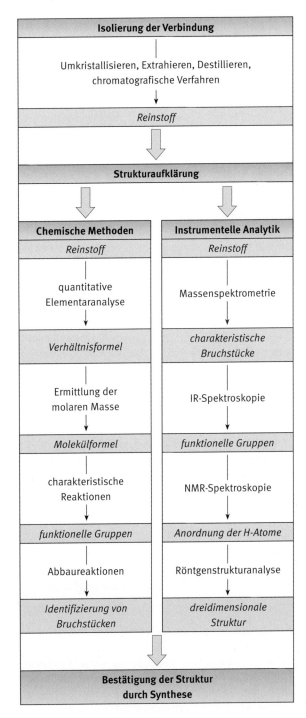

1. Vergleichen Sie den Weg der Strukturaufklärung über chemische Reaktionen mit den Verfahren der instrumentellen Analytik.
2. Erklären Sie die Trennmethoden Umkristallisieren, Extrahieren und Destillieren. Welche Trennprinzipien liegen zugrunde?

3.2 Qualitative Elementaranalyse

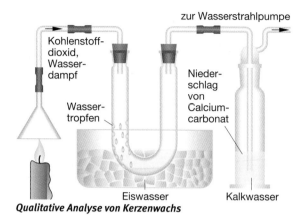

Qualitative Analyse von Kerzenwachs

Um die Formel einer organischen Verbindung zu ermitteln, führt man zunächst eine *qualitative Elementaranalyse* durch. Dazu werden die Atomarten, die in der Verbindung enthalten sind, mit Hilfe spezifischer Nachweisreaktionen bestimmt. Ein einfaches Beispiel ist das Verbrennen einer Kerze: Kerzenwachs (Stearinsäure, $C_{18}H_{36}O_2$) reagiert mit Luftsauerstoff zu Kohlenstoffdioxid und Wasserdampf. Der Nachweis von Kohlenstoffdioxid zeigt an, dass Stearinsäure Kohlenstoff-Atome enthält, der Nachweis von Wasser zeigt entsprechend Wasserstoff-Atome an.

Nachweis von Kohlenstoff. Zum Nachweis von Kohlenstoff-Atomen in organischen Verbindungen wird die Substanz mit Kupfer(II)-oxid oxidiert. Das entstehende Kohlenstoffdioxid wird in Kalkwasser ($Ca(OH)_2$ (aq)) eingeleitet. Es bildet sich ein weißer Niederschlag von Calciumcarbonat. Über diesen *Nachweis von Kohlenstoffdioxid* werden indirekt die Kohlenstoff-Atome nachgewiesen. Für den Nachweis von Kohlenstoff-Atomen in Glucose ergibt sich:

$$C_6H_{12}O_6 (s) + 12\ CuO (s) \longrightarrow$$
$$6\ CO_2 (g) + 6\ H_2O (g) + 12\ Cu (s)$$
$$CO_2 (g) + Ca^{2+} (aq) + 2\ OH^- (aq) \longrightarrow CaCO_3 (s) + H_2O (l)$$

Zum Nachweis von Kohlenstoff-Atomen in flüssigen organischen Verbindungen wird die Flüssigkeit verbrannt. Bei einer vollständigen Verbrennung entsteht ebenfalls Kohlenstoffdioxid und Wasserdampf. Kohlenstoffdioxid wird dann durch Einleiten in Kalkwasser identifiziert. Für die Verbrennung von Methanol ergibt sich:

$$2\ CH_3OH (l) + 3\ O_2 (g) \longrightarrow 2\ CO_2 (g) + 4\ H_2O (g)$$

Bei vielen festen organischen Stoffen reicht zum Nachweis von Kohlenstoff schon kräftiges Erhitzen. Die Stoffe zersetzen sich, flüchtige Bestandteile entweichen und zurück bleibt ein schwarzer Rückstand: Der Stoff verkohlt.

Bei unvollständigen Verbrennungen kann neben Kohlenstoffdioxid und Kohlenstoffmonooxid ebenfalls elementarer *Kohlenstoff* entstehen. So verbrennen ungesättigte Kohlenwasserstoffe wie Benzol oder Octen oft unter Rußentwicklung.

Nachweis von Wasserstoff. In organischen Stoffen erfolgt der Nachweis von Wasserstoff-Atomen durch Oxidation der Verbindung zu Wasser. So entsteht bei der Verbrennung von Kerzenwachs und bei der Oxidation von Glucose Wasserdampf, der im kälteren Teil einer Apparatur zu Wasser kondensiert. Wassertropfen können mit Cobalt(II)-chlorid-Papier nachgewiesen werden. Das blaue Papier wird bei Anwesenheit von Wasser durch die Bildung einer Komplexverbindung rosa gefärbt. Der *Nachweis von Wasser* kann auch mit wasserfreiem, weißem Kupfersulfat erfolgen, welches durch Wasser blau gefärbt wird.

Nachweis von Stickstoff. Viele organische Verbindungen, die Stickstoff-Atome enthalten, spalten beim Erhitzen mit Natriumhydroxid Ammoniak ab. Das Gas färbt feuchtes Universalindikator-Papier blau. Dieser *Nachweis von Ammoniak* zeigt also indirekt Stickstoff-Atome an.
So bildet sich beim Erhitzen von Harnstoff mit konzentrierter Natronlauge Ammoniak. Das Gas reagiert mit Wasser in einer Säure/Base-Reaktion zu Ammonium-Ionen und Hydroxid-Ionen. Die Hydroxid-Ionen werden durch die Blaufärbung des Universalindikator-Papiers angezeigt.

$$CO(NH_2)_2 (s) + 2\ NaOH (aq) \longrightarrow 2\ NH_3 (g) + Na_2CO_3 (s)$$
$$NH_3 (g) + H_2O (l) \longrightarrow NH_4^+ (aq) + OH^- (aq)$$

> Bei einer qualitativen Elementaranalyse werden die Atomarten, aus denen eine Verbindung aufgebaut ist, ermittelt.

1. Formulieren Sie für die vollständige Verbrennung von Stearinsäure mit Luftsauerstoff und für die Oxidation von Stearinsäure mit Kupfer(II)-oxid Reaktionsgleichungen.
2. Berechnen Sie, welche Masse Kupfer(II)-oxid zur vollständigen Oxidation von 2 g Glucose benötigt wird.
3. Stellen Sie die Reaktionsgleichung für die vollständige Oxidation von Hexadecan mit Kupfer(II)-oxid auf.
4. **a)** Formulieren Sie für die Oxidation der Aminosäure Glycin (Aminoethansäure) mit Kupfer(II)-oxid als Oxidationsmittel eine Reaktionsgleichung. *Hinweis:* Als weiteres Produkt entsteht molekularer Stickstoff.
   b) Beschreiben Sie den Nachweis der Stickstoff-Atome im Glycin. Stellen Sie Reaktionsgleichungen auf.

3.3 Verhältnisformel einer organischen Substanz

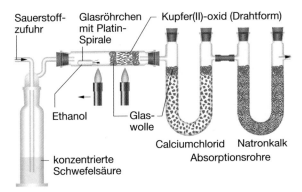

Labels: Sauerstoffzufuhr, Glasröhrchen mit Platin-Spirale, Kupfer(II)-oxid (Drahtform), Ethanol, Glaswolle, konzentrierte Schwefelsäure, Calciumchlorid, Natronkalk, Absorptionsrohre

Quantitative Elementaranalyse

Durch eine *qualitative Elementaranalyse* kann bestimmt werden, welche Atomarten am Aufbau einer organischen Substanz beteiligt sind. Will man ermitteln, um welche Verbindung es sich handelt, muss eine *quantitative Elementaranalyse* angeschlossen werden.

Quantitative Elementaranalyse. Für eine Verbindung, die aus Atomen der Elemente Kohlenstoff, Wasserstoff und Sauerstoff besteht, müssen in der Verhältnisformel $C_xH_yO_z$ die Werte für x, y und z ermittelt werden. Dies sind möglichst kleine natürliche Zahlen.

Nach Justus von LIEBIG erfolgt die quantitative Bestimmung von Kohlenstoff und Wasserstoff durch vollständige Verbrennung der Substanz. Dabei wird eine genau gewogene Probe vollständig zu Kohlenstoffdioxid und Wasser umgesetzt. Die Masse der Kohlenstoff- und Wasserstoff-Atome in der Probe erhält man durch Multiplikation mit dem Verhältnis der molaren Massen.

$$m\,(C) = m\,(CO_2) \cdot \frac{12\ g \cdot mol^{-1}}{44\ g \cdot mol^{-1}}$$

$$m\,(H) = m\,(H_2O) \cdot \frac{2\ g \cdot mol^{-1}}{18\ g \cdot mol^{-1}}$$

Die Masse der Sauerstoff-Atome erhält man als Differenz aus der Masse der Probe und der Summe der Massen der Kohlenstoff- und Wasserstoff-Atome.

Aus den berechneten Massen kann man dann die Stoffmengen der einzelnen Atomarten in der Probe berechnen:

$$n\,(C) = \frac{m\,(C)}{M\,(C)} = \frac{m\,(C)}{12\ g \cdot mol^{-1}}$$

$$n\,(H) = \frac{m\,(H)}{M\,(H)} = \frac{m\,(H)}{1\ g \cdot mol^{-1}}$$

$$n\,(O) = \frac{m\,(O)}{M\,(O)} = \frac{m\,(O)}{18\ g \cdot mol^{-1}}$$

Das Stoffmengenverhältnis der Atomarten in der Probe entspricht dem Anzahlverhältnis der Atome $x : y : z$ in dem entsprechenden Molekül. Dividiert man die ermittelten Stoffmengen n durch die kleinste dieser Stoffmengen, wird der kleinste Quotient 1. Durch sinnvolles Runden der übrigen Ergebnisse erhält man dann die beiden anderen Werte.

> Aus den Ergebnissen der quantitativen Elementaranalyse lässt sich die Verhältnisformel einer Substanz berechnen.

1. Beschreiben Sie den experimentellen Ablauf der quantitativen Elementaranalyse nach LIEBIG.
2. Die Verbrennung von 45,1 mg einer sauerstoffhaltigen organischen Verbindung ergab 66 mg Kohlenstoffdioxid und 27 mg Wasser. Berechnen Sie die Verhältnisformel.

Rechenbeispiel

Bestimmung der Verhältnisformel

Bei der Analyse der Probe einer organischen Flüssigkeit mit der Masse 203 mg erhält man 382 mg Kohlenstoffdioxid und 244 mg Wasser:

gegeben: $m\,(Probe) = 203\ mg$;
$m\,(CO_2) = 382\ mg$; $m\,(H_2O) = 244\ mg$
gesucht: Atomanzahlverhältnis und Verhältnisformel

1. Berechnung der Massen

$$m\,(C) = m\,(CO_2) \cdot \tfrac{12}{44} = 382\ mg \cdot \tfrac{12}{44} = 104\ mg = 0{,}104\ g$$

$$m\,(H) = m\,(H_2O) \cdot \tfrac{2}{18} = 214\ mg \cdot \tfrac{2}{18} = 27\ mg = 0{,}027\ g$$

$$m\,(O) = m\,(Probe) - [(m\,(C)) + (m\,(H))] = 72\ g = 0{,}072\ g$$

2. Berechnung der Stoffmengen

$$n\,(C) = \frac{m\,(C)}{M\,(C)} = \frac{m\,(C)}{12\ g \cdot mol^{-1}} = \frac{0{,}104\ g}{12\ g \cdot mol^{-1}}$$
$$= 0{,}0087\ mol = 8{,}7\ mmol$$

$$n\,(H) = \frac{m\,(H)}{M\,(H)} = \frac{0{,}027\ g}{1\ g \cdot mol^{-1}} = 0{,}027\ mol = 27\ mmol$$

$$n\,(O) = \frac{m\,(O)}{M\,(O)} = \frac{0{,}027\ g}{18\ g \cdot mol^{-1}} = 0{,}0048\ mol = 4{,}8\ mmol$$

3. Ermittlung der Verhältnisformel

Die kleinste ermittelte Stoffmenge ist $n\,(O)$.

$$x = \frac{n\,(C)}{n\,(O)} = \frac{8{,}7\ mmol}{4{,}5\ mmol} = 1{,}9 \approx 2$$

$$y = \frac{n\,(H)}{n\,(O)} = \frac{27\ mmol}{4{,}5\ mmol} = 6 \qquad z = \frac{n\,(O)}{n\,(O)} = \frac{4{,}5\ mmol}{4{,}5\ mmol} = 1$$

Die Verhältnisformel ist $C_2H_6O_1$.

Elementaranalyse und molare Masse

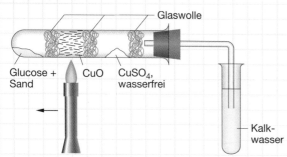

Glaswolle

Glucose + Sand   CuO   CuSO₄, wasserfrei

Kalk-wasser

Nachweis von Kohlenstoff und Wasserstoff in Glucose

V1: Nachweis von Kohlenstoff und Wasserstoff

Materialien: Schwerschmelzbares Reagenzglas, Glasstab, Glaswolle, Gasableitungsrohr, Gasbrenner, Abdampfschale, Becherglas (250 ml);
Glucose, Kupfer(II)-oxid (Drahtform), Kalkwasser (frisch zubereitet), Ethanol (F), Kupfer(II)-sulfat (wasserfrei; Xn, N, B2), Sand.

Durchführung:

1. Geben Sie in das Reagenzglas getrennt durch Glaswolle: Glucose/Sand-Gemisch, Kupfer(II)-oxid und wasserfreies Kupfer(II)-sulfat (siehe Abbildung). Spannen Sie das Reagenzglas waagerecht in ein Stativ ein.
2. Füllen Sie ein weiteres Reagenzglas zu einem Drittel mit Kalkwasser. Verbinden Sie beide Reagenzgläser mit dem Gasableitungsrohr.
3. Erhitzen Sie zunächst das Kupfer(II)-oxid kräftig, später auch die Glucose. Sobald Sie nicht mehr erhitzen, nehmen Sie das Gasableitungsrohr aus dem zweiten Reagenzglas.
4. Entzünden Sie etwas Ethanol in der Abdampfschale. Halten Sie über die Flamme zunächst ein kaltes trockenes Becherglas. Geben Sie anschließend etwas wasserfreies Kupfer(II)-sulfat in das Becherglas.
5. Wiederholen Sie die Verbrennung von Ethanol. Halten Sie jetzt *über* die Flamme einen Glasstab, der zuvor in Kalkwasser getaucht wurde.

Aufgaben:

a) Notieren Sie Ihre Beobachtungen.
b) Stellen Sie für die Oxidation von Glucose mit Kupfer(II)-oxid sowie für die Verbrennung von Ethanol Reaktionsgleichungen auf.
c) Erklären Sie, wie Sie Kohlenstoffdioxid und Wasser nachgewiesen haben.
d) Formulieren Sie Reaktionsgleichungen.

V2: Nachweis von Stickstoff

Materialien: Gasbrenner, Tropfpipette;
Eiweiß (Haare, Federn oder Eiklar), Harnstoff, Natriumhydroxid-Lösung (konz.; C), Universalindikator-Papier.

Durchführung:

1. Geben Sie den eiweißhaltigen Stoff in ein Reagenzglas mit 2 ml Natriumhydroxid-Lösung.
2. Erwärmen Sie die Mischung leicht und halten Sie in die entstehenden Dämpfe angefeuchtetes Universalindikator-Papier.
3. Wiederholen Sie den Versuch mit Harnstoff.

Aufgaben:

a) Notieren Sie Ihre Beobachtungen.
b) Formulieren Sie für die Umsetzung von Ammoniumsulfat mit Kaliumhydroxid-Lösung die Reaktionsgleichung.

V3: Bestimmung der molaren Masse

Materialien: Kolbenprober (100 ml), Spritze mit Kanüle (1 ml), Rundkolben (2 l) mit durchbohrtem Stopfen, Schlauch, Glaskugeln, Waage, Thermometer, Barometer;
Ethanol (F), Aceton (F, Xi).

Durchführung:

1. Geben Sie die Glaskugeln in den Rundkolben und verschließen Sie ihn mit dem durchbohrten Stopfen. Verbinden Sie den Rundkolben über einen Schlauch mit dem Kolbenprober.
2. Messen Sie Temperatur und Luftdruck.
3. Ziehen Sie 0,2 ml Ethanol in der Spritze auf und wiegen Sie die Spritze.
4. Geben Sie die Probe auf den Boden des Rundkolbens und verschießen Sie ihn sofort. Wiegen Sie die leere Spritze.
5. Schütteln Sie den Rundkolben bis die Flüssigkeit verdampft ist. Lesen Sie die Volumenzunahme ab.
6. Wiederholen Sie den Versuch mit Aceton.

Aufgaben:

a) Notieren Sie Ihre Beobachtungen.
b) Berechnen Sie die molare Masse.
c) Vergleichen Sie die gemessenen Werte mit dem nach der Molekülformel erwarteten Wert.
d) Erklären Sie auftretende Abweichungen.

3.4 Ermittlung der Molekülformel

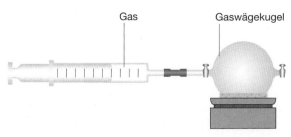

Gas | Gaswägekugel

Ermittlung der molaren Masse von Gasen

Im Anschluss an die Elementaranalyse, die zur Verhältnisformel führt, wird die molare Masse der organischen Substanz bestimmt. Aus ihr lässt sich die Anzahl der Atome in einem Molekül und damit die **Molekülformel** berechnen.

Molare Masse von Gasen. Mit einer Gaswägekugel kann die Masse m einer Gasportion ermittelt werden. Dazu wird zuerst die Gaswägekugel mit Luft gewogen. Anschließend drückt man aus einem Kolbenprober ein bestimmtes Volumen V des zu untersuchenden Gases hinein und wiegt erneut. Aus der Differenz der beiden Wägungen ergibt sich die Masse der Gasportion. Unter Einbeziehung von Druck und Temperatur, kann dann mit Hilfe der **allgemeinen Gasgleichung** die molare Masse M des Gases berechnet werden:

$$p \cdot V = n \cdot R \cdot T, \quad n = \frac{m}{M}$$

$$\Rightarrow \quad M = \frac{m \cdot R \cdot T}{p \cdot V}$$

Ein Vergleich des so ermittelten Wertes mit den aus der Verhältnisformel errechneten möglichen molaren Massen ergibt die zugehörige Molekülformel.

Molare Masse von Flüssigkeiten. Verdampft man eine bekannte Masse einer leicht flüchtigen Flüssigkeit vollständig in einer Apparatur, kann die molare Masse der Substanz wie bei Gasen über die allgemeine Gasgleichung ermittelt werden.

Dieses Verfahren kann nicht bei leicht zersetzlichen organischen Stoffen angewendet werden. Die Ermittlung der molaren Masse erfolgt in diesem Fall durch Messung der *Gefriertemperaturerniedrigung*. Die Methode beruht darauf, dass die Lösung eines Feststoffes bei tieferer Temperatur erstarrt als das reine Lösemittel.

> Die molare Masse von Gasen und leicht verdampfbaren Flüssigkeiten lässt sich aus der Masse und dem Volumen der Probe berechnen. Zusammen mit der Verhältnisformel ergibt sich die Molekülformel.

Rechenbeispiel

Berechnung der Molekülformel

100 ml eines Gases mit der Verhältnisformel C_1H_2 ergaben eine Masse von 0,11 g.

gegeben: $V = 100$ ml; $m = 0,11$ g; $T = 293$ K; $p = 980$ hPa

gesucht: Molekülformel

$$M = \frac{m \cdot R \cdot T}{p \cdot V}$$
$$= \frac{0,11 \text{ g} \cdot 83,145 \text{ hPa} \cdot l \cdot K^{-1} \cdot mol^{-1} \cdot 293 \text{ K}}{980 \text{ hPa} \cdot 0,1 \text{ l}}$$
$$= 27,3 \text{ g} \cdot mol^{-1}$$

Nach der Verhältnisformel sind folgende molare Massen möglich: 14, 28, 42 ... (in $g \cdot mol^{-1}$). Das Rechenergebnis liegt dem Wert 28 $g \cdot mol^{-1}$ am nächsten. Daraus ergibt sich ergibt sich die Molekülformel C_2H_4.

---

1. Für ein Gas wurde die Verhältnisformel C_1H_2 ermittelt. Bestimmen Sie die Molekülformel aus folgenden Werten:
   $m = 0,47$ g; $V = 0,2$ l; $T = 298$ K; $p = 1032$ hPa.
2. Die quantitative Elementaranalyse einer fruchtig riechenden Flüssigkeit, die aus 62,1 % Kohlenstoff, 10,2 % Wasserstoff und 27,7 % Sauerstoff besteht, ergab folgende Messwerte:
   $m = 0,295$ g; $\vartheta = 22$ °C; $p = 1013$ hPa; $V = 61$ ml. Ermitteln Sie die Molekülformel.
3. Die molare Masse leicht flüchtiger organischer Substanzen kann mit Hilfe der abgebildeten Apparatur bestimmt werden.
   a) Erläutern Sie die Funktionsweise der Apparatur.
   b) Ermitteln Sie aus den Messwerten die Molekülformel der Verbindung mit der Verhältnisformel $C_2H_6O_1$. Messwerte: $m = 149$ mg; $\vartheta = 89$ °C; $p = 1010$ hPa; $V = 90$ ml.
   c) Geben Sie mögliche Strukturformeln an.

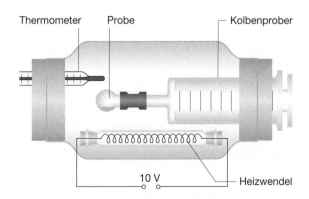

Thermometer   Probe   Kolbenprober
10 V   Heizwendel

3.5 Strukturaufklärung durch chemische Methoden

CH₃—CH₂—CH₂—CH₂—OH
Butan-1-ol

$$CH_3-\underset{\underset{OH}{|}}{CH}-CH_2-CH_3$$
Butan-2-ol

$$CH_3-\underset{\underset{CH_3}{|}}{CH}-CH_2-OH$$
2-Methylpropan-1-ol

$$H_3C-\underset{\underset{CH_3}{|}}{\overset{\overset{CH_3}{|}}{C}}-OH$$
2-Methylpropan-2-ol

CH₃—O—CH₂—CH₂—CH₃
Methylpropylether

$$CH_3-O-\underset{\underset{CH_3}{|}}{CH}-CH_3$$
Methyl-2-methylethylether
(Methylisopropylether)

CH₃—CH₂—O—CH₂—CH₃
Diethylether

Isomere mit der Molekülformel C₄H₁₀O

Unterscheidung von primären, sekundären und tertiären Alkoholen

Die *Molekülformel* einer unbekannten Verbindung kann über die quantitative Elementaranalyse und die Ermittlung der molaren Masse bestimmt werden. Die *Struktur* der Verbindung lässt sich über typische Stoffeigenschaften oder über Nachweisreaktionen für die funktionellen Gruppen ermitteln. Hat man beispielsweise eine Verbindung mit der Molekülformel $C_4H_{10}O$, so kommen verschiedene Isomere in Frage. Dabei kann es sich um einen Alkohol oder um einen Ether handeln.

Alkohol oder Ether? Die Siedetemperaturen der Alkohole und ihrer isomeren Ether unterscheiden sich merklich: Aufgrund der OH-Gruppen können zwischen den Alkohol-Molekülen stabile Wasserstoffbrücken ausgebildet werden. Zwischen Ether-Molekülen sind dagegen nur schwächere Dipol/Dipol-Wechselwirkungen und VAN-DER-WAALS-Bindungen möglich. Wenn es sich bei der Substanz um einen Alkohol handelt, muss die Siedetemperatur höher sein, als die Siedetemperatur von Ethanol. Dieses Ergebnis kann noch durch eine Reaktion mit Natrium bestätigt werden. Dabei werden die polar gebundenen Wasserstoff-Atome der Hydroxy-Gruppen reduziert, Natrium wird oxidiert. Es entstehen Natriumalkoholat und Wasserstoff.

Verlaufen die Untersuchungen auf die OH-Gruppe positiv, so kommen vier *isomere Alkohole* in Frage: Butan-1-ol, Butan-2-ol, 2-Methylpropan-1-ol und 2-Methylpropan-2-ol.
Welches dieser Isomere tatsächlich vorliegt, kann meist schon durch einen einfachen Test mit Zinkchlorid in konzentrierter Salzsäure geklärt werden: Primäre Alkohole wie Butan-1-ol oder 2-Methylpropan-1-ol reagieren nicht. Bei einem sekundären Alkohol wie Butan-2-ol bleibt die Lösung zunächst klar und trübt sich dann ganz allmählich. Liegt ein tertiärer Alkohol wie 2-Methylpropan-2-ol vor, so bilden sich sehr schnell zwei Phasen, von denen die untere das tertiäre Alkylchlorid enthält.

Liegt die Siedetemperatur unter der von Ethanol, handelt es sich um einen Ether. *Ether*-Moleküle können untereinander keine Wasserstoffbrücken ausbilden. Da Ether-Moleküle keine polar gebundenen Wasserstoff-Atome besitzen, reagieren sie auch nicht mit Natrium. Es kommen hier drei *isomere Ether* in Betracht:
– Diethylether
– Methylpropylether
– Methylisopropylether

Um die tatsächlich vorliegende Struktur zu ermitteln, muss der Ether durch Erhitzen mit Iodwasserstoffsäure gespalten werden. Dabei bilden sich Alkyliodide, die beispielsweise durch Bestimmung ihrer Siedetemperatur identifiziert werden können.
Die ermittelte Struktur der Verbindung könnte dann durch eine **Synthese** endgültig bestätigt werden.

> Die Struktur einer organischen Verbindung lässt sich über typische Stoffeigenschaften und durch den Nachweis der funktionellen Gruppen ermitteln.

1. Die Molekülformel einer noch nicht näher identifizierten wasserlöslichen Verbindung lautet C_3H_8O.
   a) Geben Sie drei mögliche Strukturformeln der Verbindung an und schließen Sie eine dieser Verbindungen aus.
   b) Für die weitere Untersuchung steht lediglich eine saure Kaliumdichromat-Lösung zur Verfügung. Geben Sie an, durch welche chemische Reaktion man die beiden verbliebenen Alternativen unterscheiden kann.
2. Folgende Substanzen stehen in nummerierten Reagenzgläsern bereit: Essigsäure, Ameisensäure, Ethanal, Methanol und Ethanol. Entwerfen Sie einen Versuchsplan, um diese Stoffe eindeutig zu identifizieren. Geben Sie die Reagenzien und die zu erwartenden Beobachtungen an.

Strukturaufklärung – chemische Methoden

Nachweis	Reagenz	Beobachtung
C = C-Zweifach-bindungen C ≡ C-Dreifach-bindungen	Brom-Lösung	Entfärbung
	BAEYER-Reagenz	Braunfärbung durch Braunstein (MnO_2)
Hydroxy-Gruppe $-\bar{\underline{O}}-H$	Borsäure	Bildung von brennbaren Estern der Borsäure
	Natrium	Bildung von Wasserstoff
Aldehyd-Gruppe $-C\overset{\bar{\underline{O}}\vert}{\underset{H}{<}}$	SCHIFF-Reagenz	rotviolette Färbung
	FEHLING-Lösung	ziegelroter Niederschlag von Kupfer(I)-oxid
	TOLLENS-Lösung	Silberspiegel oder schwarzer Niederschlag von Silber
Carboxy-Gruppe $-C\overset{\bar{\underline{O}}\vert}{\underset{\underline{\vert}\underline{O}-H}{<}}$	Alkanole	Bildung charakteristisch riechender Ester
	Magnesium	Bildung von Wasserstoff
	Säure/Base-Indikatoren	Farbumschlag
Halogene – Cl – Br – I	Kupferdraht	grüne bis blaugrüne Flamme durch flüchtige Kupfer-halogenide (BEILSTEIN-Probe)

3.7 Die Ether-Gruppe

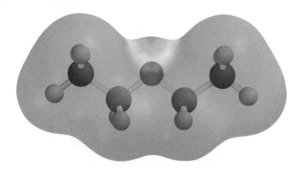

Verteilung der Elektronendichte im Diethylether-Molekül
(Elektronendichte hoch: rot, niedrig: blau)

Würde sich die organische Chemie auf die Chemie der Kohlenwasserstoffe beschränken, wäre sie sehr eintönig: Unterschiede gäbe es nur beim Aggregatzustand, Reaktivität wäre kaum vorhanden – abgesehen von der Reaktion mit Halogenen sowie der vollständigen Zersetzung beim Verbrennen. Erst durch den Austausch von H-Atomen gegen **funktionelle Gruppen** ergeben sich Moleküle mit sehr unterschiedlichen Reaktivitäten. Sie gehören zu **Stoffklassen**, die das Tor zu der überwältigenden Vielfalt organischer Produkte öffnen.

Bisher wurden im Unterricht verschiedene *Stoffklassen* und ihre *funktionellen Gruppen* behandelt:
Halogenalkane/Halogen-Atom
Alkene/C=C-Zweifachbindung
Alkine/C≡C-Dreifachbindung
Alkohole/Hydroxy-Gruppe (– OH)
Carbonsäuren/Carboxy-Gruppe (– COOH)

Ether. Eine weitere funktionelle Gruppe, die ein Sauerstoff-Atom enthält, ist die *Ether-Gruppe.* Zur Stoffklasse der *Ether* gehören alle Verbindungen, in deren Molekülen zwei Kohlenwasserstoff-Reste über ein Sauerstoff-Atom miteinander verbunden sind:

$R^1 - O - R^2$

Der wichtigste Ether ist *Diethylether*, eine farblose, charakteristisch riechende Flüssigkeit, die bereits bei 35 °C siedet. Diethylether wurde früher als Narkosemittel verwendet. Diethylether lässt sich aus *Ethanol* synthetisieren: Erhitzt man Ethanol in Gegenwart von konzentrierter Schwefelsäure gibt es je nach Reaktionsbedingungen zwei mögliche Reaktionswege. Bei Temperaturen über 140 °C überwiegt die **Eliminierung** von Wasser und man erhält als Reaktionsprodukt Ethen. Bei niedrigeren Temperaturen läuft eine **Kondensation** ab: Zwei Ethanol-Moleküle reagieren unter Abspaltung eines Wasser-Moleküls zu einem *Ether*-Molekül. Die Schwefelsäure wirkt als Katalysator.

Nomenklatur. Die Namen der Ether werden aus den Namen der Alkyl-Reste und der Endung **-ether** gebildet. *Beispiel Ethylmethylether:*

$$\begin{array}{cccc} & H & & H\ H \\ & | & & |\ \ | \\ H-&C&-\overline{\underline{O}}-&C-C-H \\ & | & & |\ \ | \\ & H & & H\ H \end{array}$$

1. Beide Alkyl-Reste benennen:
   Ethyl- und **Methyl-**
2. Alkyl-Reste alphabetisch ordnen.
3. Endung: **ether.**

Eigenschaften. Zwischen Ether-Molekülen können sich keine Wasserstoffbrückenbindungen ausbilden. Ether haben daher sehr viel niedrigere Siedetemperaturen als Alkohole vergleichbarer Molekülgröße. So siedet der zu Diethylether isomere Alkohol Butan-1-ol erst bei 118 °C. Der Beitrag der Wechselwirkungen zwischen den schwach polaren Molekülen ist sehr gering. Ähnlich wie bei Alkan-Molekülen liegen zwischen Ether-Molekülen praktisch nur VAN-DER-WAALS-Bindungen vor. Pentan hat bei vergleichbarer Molekülgröße mit 36 °C fast die gleiche Siedetemperatur wie Diethylether.
Eine Mischung von Diethylether und Wasser bildet zwei Phasen. Dadurch entsteht der Eindruck, der Ether sei wasserunlöslich. Tatsächlich löst sich jedoch sowohl etwas Ether in Wasser als auch etwas Wasser in Ether. Die Löslichkeit beruht auf Wasserstoffbrücken zwischen den Sauerstoff-Atomen der Ether-Moleküle und den Wasserstoff-Atomen der Wasser-Moleküle. Ether eignen sich daher als Lösemittel für hydrophile und hydrophobe Substanzen. Die meisten Ether sind leicht entzündlich, ihre Dämpfe sind im Gemisch mit Luft explosiv.

> Alkanol-Moleküle können durch Abspaltung eines Wasser-Moleküls zu Ether-Molekülen reagieren. Diethylether ist eine leicht flüchtige und kaum wasserlösliche Verbindung.

1. Geben Sie Namen und Strukturformeln möglicher Reaktionsprodukte eines mit Schwefelsäure angesäuerten Gemisches aus Ethanol und Methanol an.
2. Dimethylether siedet im Vergleich zum isomeren Ethanol schon bei −23 °C. Begründen Sie die niedrige Siedetemperatur.
3. Erläutern Sie, warum es im Labor strengstens untersagt ist, Diethylether in den Ausguss zu schütten.
4. Epoxide sind sehr reaktionsfähige cyclische Ether, in denen das O-Atom in einem Dreiring gebunden ist. Epoxide können sich aus Benzpyren im Zigarettenrauch bilden. Informieren Sie sich über den Zusammenhang zwischen der Krebsgefahr durch Rauchen und der Bildung von Epoxiden.

Ether – von der Narkose zum Superbenzin

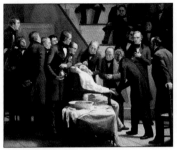 

Die Anfänge der Anästhesie

tert-Butylmethylether

Ether für die Narkose. „Gentlemen, this is no humbug!"
Das waren die Worte des amerikanischen Chirurgen John
Collins WARREN am 16. Oktober 1846, nachdem er am Mas-
sachusetts General Hospital in Boston erstmals erfolgreich
öffentlich einen Patienten unter Narkose operiert hatte. Die
Narkose wurde von dem Zahnarzt William Thomas Green
MORTON mit Diethylether durchgeführt.

Die Begriffe *Narkose* (gr.: Betäubung) und *Anästhesie* (gr.:
Empfindungslosigkeit) werden synonym verwendet. Man
versteht darunter eine kontrollierte, medikamentös herbei-
geführte reversible Änderung im Zentralnervensystem, die
zu einer Ausschaltung des Bewusstseins führt. Dabei werden im Körper die Schmerzempfindung, die Muskelspan-
nung und Körperreflexe vermindert oder ganz ausgeschal-
tet. Narkosen werden bei einer Operation nur von speziell
dafür ausgebildeten Narkoseärzten, den Anästhesisten,
ausgeführt.

Anfangs hielten einige Chirurgen es für unethisch, an Be-
wusstlosen zu operieren. Sie sahen den Schmerz außerdem als für die Heilung wichtig an. Nach der Demonstration
im Bostoner Operations-Hörsaal, der heute noch den Namen *Ether-Dome* trägt, war die Narkose wissenschaftlich
anerkannt. In den Anfängen der Anästhesie wurden neben
Diethylether auch Distickstoffmonooxid (N_2O, Lachgas)
und Chloroform ($CHCl_3$) eingesetzt. Diethylether und Chloroform werden heute nicht mehr als Narkotikum verwendet. Diethylether wirkt stark schleimhautreizend und führt
zu postoperativer Übelkeit und Brechreiz. Außerdem gab es
viele Unfälle, weil Diethylether sehr leicht flüchtig und
brennbar ist.

Desfluran

Lange Zeit wurde Halothan, ein Ha-
logenalkan (2-Brom-2-chlor-1,1,1-tri-
fluorethen) als Narkosemittel eingesetzt. Heute sind wichtigste Verbindungen für Vollnarkosen fluorierte
Ether: Desfluran und Serafluran.

Serafluran

Ether im Tank. In Deutschland sind mehr als 55 Millionen
Autos zugelassen. Mehr als die Hälfte davon fahren mit Su-
per-Benzin oder Super-Plus-Benzin. Ihre Motoren verbrau-
chen jährlich mehr als 16 Milliarden Liter Benzin.
Wichtige Zusatzstoffe in hochwertigem Benzin sind *Antiklopfmittel*, sie sorgen für eine kontrollierte Verbrennung
im Motor. Früher wurde als Antiklopfmittel Bleitetraethyl
zugesetzt. Anfang der 1990er Jahre wurde diese umweltgif-
tige Blei-Verbindung durch **tert-Butylmethylether** (2-Me-
thoxy-2-methylpropan, MTBE) ersetzt. Aber auch MTBE
wurde inzwischen verdrängt: Ab 2007 müssen dem Benzin
in Deutschland nach dem Biokraftstoffquotengesetz 5 %
Bioethanol beigemischt werden. Dies ist für Motoren nicht
unproblematisch. Die Chemie hilft hier weiter: Bioethanol
wird verethert – *ETBE* statt *MTBE*! Pro Liter tanken wir je
nach Octanzahl des Benzins jetzt etwa 50 ml **tert-Butyl-
ethylether** (2-Ethoxy-2-methylpropan, **ETBE**) im Super-
Benzin und etwa 100 ml im Super-Plus-Benzin automatisch
mit.

Synthese von ETBE und MTBE. Bei der Aufarbeitung wird
Erdöl in der Raffinerie katalytisch gecrackt. Dabei fallen als
Nebenprodukte auch Ethen, Propen und isomere Butene
an. *Isobuten* war ursprünglich nur ein Abfallprodukt, jetzt
ist es Ausgangsstoff für die Synthesen von ETBE und MTBE.
Dazu setzt man Isobuten bei leichtem Überdruck und Temperaturen unter 100 °C mit Ethanol beziehungsweise mit
Methanol in Gegenwart eines sauren Ionenaustauschers
als Katalysator um.

Isobuten   Ethanol   *tert*-Butylethylether
                                   (ETBE)

1. Recherchieren Sie, welche Verbindungen für örtliche
   Betäubungen (Lokalanästhesie) eingesetzt werden.
2. In einigen Staaten der USA ist die Verwendung von
   tert-Butylmethylether verboten. Recherchieren Sie die
   Gründe. Warum ist *tert*-Butylmethylether in Deutschland dennoch zugelassen?

3.8 Die Carbonyl-Gruppe

Verteilung der Elektronendichte in der Carbonyl-Gruppe (Methanal-Molekül)

Beim Abbau von Alkohol im menschlichen Körper entsteht als Zwischenprodukt eine hochreaktive Verbindung: *Ethanal*. Viele Nebenwirkungen alkoholischer Getränke werden dieser giftigen Verbindung zugeschrieben. Die besondere Reaktivität ist auf eine weitere funktionelle Gruppe zurückzuführen, die **Carbonyl-Gruppe** (C=O-Gruppe).

Isomerie. Die Carbonyl-Gruppe kann an verschiedenen Stellen in die Kohlenstoffkette organischer Moleküle integriert sein. Man unterscheidet zwischen der **Aldehyd-Gruppe**, einer Carbonyl-Gruppe am Ende der Kohlenstoffkette, und der **Keto-Gruppe**, einer in die Kohlenstoffkette des Moleküls eingebauten Carbonyl-Gruppe.

$$\text{C=O} \qquad -\text{C}\overset{\bar{\text{O}}\text{I}}{\underset{\text{H}}{}} \qquad \text{R}^1-\text{C}\overset{\bar{\text{O}}\text{I}}{\underset{\text{R}^2}{}}$$

Carbonyl-Gruppe   Aldehyd-Gruppe   Keto-Gruppe

Nomenklatur. Bei der systematischen Benennung werden *Aldehyde* durch die Endsilbe **-al** und *Ketone* durch die Endsilbe **-on** gekennzeichnet. Aldehyde und Ketone, die sich formal von Alkanen ableiten lassen, nennt man daher auch **Alkanale** beziehungsweise **Alkanone.**
Die wichtigsten Alkanale sind: Methanal (Formaldehyd) und Ethanal (Acetaldehyd). Das bedeutendste Alkanon ist Propanon (Aceton).

Bildung von Alkanalen und Alkanonen. Bei der Oxidation von Alkoholen mit endständiger OH-Gruppe bilden sich Alkanale. Propan-1-ol reagiert mit Kupferoxid zu Propanal:

$$CH_3-CH_2-CH_2OH + CuO \longrightarrow CH_3-CH_2-C\overset{O}{\underset{H}{}} + Cu + H_2O$$

Alkohole mit mittelständiger OH-Gruppe reagieren zu Alkanonen. Wird Propan-2-ol mit Kupfer(II)-oxid oxidiert, so entsteht Propanon (Aceton):

$$CH_3-\underset{\underset{OH}{|}}{CH}-CH_3 + CuO \longrightarrow CH_3-\underset{\underset{O}{||}}{C}-CH_3 + Cu + H_2O$$

Eigenschaften. Nach dem Elektronenpaarabstoßungs-Modell ergibt sich für die Carbonyl-Gruppe eine ebene Struktur mit Bindungswinkeln von etwa 120°. Die ebene Struktur und die Polarität bedingen die hohe Reaktivität der C=O-Bindung.

Die Polarität der C=O-Bindung ermöglicht zwischenmolekulare Dipol/Dipol-Bindungen. Alkanale und Alkanone sieden daher um etwa 50 Kelvin höher als unpolare Alkane mit ähnlich großen Molekülen, zwischen denen nur VAN-DER-WAALS-Bindungen möglich sind. Die Siedetemperaturen von Carbonyl-Verbindungen sind jedoch wesentlich niedriger als die der entsprechenden Alkohole, denn zwischen Aldehyd-Molekülen oder Keton-Molekülen sind keine Wasserstoffbrückenbindungen möglich.
Zwischen Carbonyl-Gruppen und Wasser-Molekülen können sich dagegen durchaus Wasserstoffbrücken ausbilden. Kurzkettige Aldehyde und Ketone sind daher gut in Wasser löslich.

> Die Carbonyl-Gruppe ist die funktionelle Gruppe der Alkanale (CHO-Gruppe) und Alkanone (CO-Gruppe). Die C=O-Bindung ist stark polar. Alkanale und Alkanone entstehen durch Oxidation von Alkanolen.

1. Formulieren Sie für die Oxidation von Pentan-1-ol und Hexan-2-ol mit Kupferoxid Reaktionsgleichungen.
2. Zeichnen und benennen Sie die isomeren Carbonyl-Verbindungen mit vier C-Atomen im Molekül.

Nomenklatur von Alkanalen und Alkanonen

1. Hauptkette benennen: **Hexan**
2. Nummerieren der C-Atome. Das C-Atom mit der funktionellen Gruppe erhält eine möglichst niedrige Nummer.
3. Alkyl-Rest voranstellen: 4-**Methyl-**
4. Endung: **-al** für Alkanale beziehungsweise **-on** für Alkanone.

5-Methylhexanal

$$CH_3-\underset{\underset{CH_3}{|}}{CH}-CH_2-CH_2-CH_2-C\overset{\bar{\text{O}}\text{I}}{\underset{H}{}}$$

5-Methylhexan–2–on

$$CH_3-\underset{\underset{CH_3}{|}}{CH}-CH_2-CH_2-\underset{\underset{O}{\|}}{C}-CH_3$$

Suche:

Aldehyde und Ketone

Ergebnisse:

→ **Technische Bedeutung von Formaldehyd**

Formaldehyd ($H_2C=O$, Methanal) ist besonders reaktionsfähig und deshalb ein wichtiger Grundstoff für Synthesen in der chemischen Industrie. So wurde *Bakelit* 1907 als einer der ersten Kunststoffe aus Phenol und Formaldehyd synthetisiert. Aus Bakelit wurden vor allem Gehäuse für elektrische Geräte hergestellt. *Melamin-Formaldehyd-Polykondensate* werden als Beschichtung von Möbelplatten und als Material für hitzebeständige Küchengeräte verwendet. Weitere Formaldehyd-Kunststoffe dienen als Bindemittel für die Produktion von Spanplatten.

→ **Aldehyde als Duftstoffe**

Aldehyde riechen süßlich; bei den kurzkettigen Aldehyden überwiegt allerdings ein stechender Geruch. Als Duftstoffe werden deshalb nur Aldehyde mit längeren Alkyl-Resten genutzt. Da der süßliche oder blumige Geruch eines Parfüms hauptsächlich durch Aldehyde bestimmt wird, spricht man auch von der *Aldehyd-Note*.

→ **Alkoholkonsum und Aldehyde**

Alkohol verursacht beim Menschen Sehstörungen, Wahrnehmungsstörungen und Bewusstlosigkeit. Im Körper wird Ethanol stufenweise durch Oxidation abgebaut. Dabei bildet sich auch Acetaldehyd, dass für Vergiftungserscheinungen verantwortlich ist: Es steigert den Blutdruck, beschleunigt den Herzschlag, verursacht Kopfschmerzen und führt zu länger anhaltenden Konzentrationsstörungen.

→ **Formaldehyd als Konservierungsmittel**

Anatomische Präparate werden in *Formalin*, einer konzentrierten wässrigen Lösung von Formaldehyd gelagert. Auch Seifenlösungen und Kosmetika wurde früher Formaldehyd in geringen Konzentrationen zugesetzt, um diese bakterienfrei zu halten.

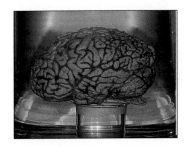

→ **Giftwirkung von Formaldehyd**

Formaldehyd ist wesentlich giftiger als Acetaldehyd, da es irreversibel mit körpereigenen Stoffen reagiert. Zu Vergiftungen mit Formaldehyd kommt es beim Konsum alkoholischer Getränke, die mit Methanol gepanscht wurden. Das eigentlich wenig giftige Methanol wird dann im Körper zum giftigen Formaldehyd oxidiert. In Tierversuchen hat man festgestellt, dass Formaldehyd in hoher Konzentration zu Krebserkrankungen führt. Da ein Krebsrisiko auch für den Menschen nicht auszuschließen ist, müssen bei der Verwendung von Formaldehyd strenge Sicherheitsregeln beachtet werden.

→ **Bedeutung von Aceton**

Aceton (Propanon) ist eine farblose, aromatisch riechende, feuergefährliche Flüssigkeit. Die Siedetemperatur liegt bei 56 °C. Aceton ist mit Wasser, Alkohol und Hexan beliebig mischbar.
Aceton ist Ausgangsstoff für Synthesen in der organischen Chemie und Lösemittel für Lacke, Naturharze, Farbstoffe, Nitrocellulose sowie Fette und Öle.

Aufgaben

1. Geben Sie die LEWIS-Formeln von Aceton, 2-Butanon, 4-Methyl-2-pentanon und Cyclohexanon an.
2. Stellen Sie die Reaktionsgleichung für die Dehydrierung von Propan-2-ol auf.
3. Erklären Sie, warum Experimente mit Formaldehyd und Acetaldehyd nur unter dem Abzug durchgeführt werden dürfen.
4. Mit welchen Reagenzien können Alkanale (Aldehyde) nachgewiesen werden?

V1: Oxidation von Alkoholen zu Aldehyden

Materialien: Tiegelzange, Gasbrenner, Becherglas (100 ml), 3 Kupfer-Bleche (4 cm lang);
Ethanol (F), 2-Propanol (F, Xi), 2-Methyl-2-propanol (F, Xn).

Durchführung:
1. Erhitzen Sie das Kupfer-Blech mit der Tiegelzange bis die Oberfläche mit schwarzem Kupferoxid überzogen ist und tauchen Sie es heiß in ein Becherglas mit Ethanol.
2. Wiederholen Sie den Versuch mit Propan-2-ol und mit 2-Methyl-propan-2-ol.

Aufgaben:
a) Notieren Sie Ihre Beobachtungen.
b) Formulieren Sie die entsprechenden Reaktionsgleichungen für die abgelaufenen Reaktionen.

V2: Aldehyde im Zigarettenrauch

Materialien: Kolbenprober, Trockenrohr mit Kochsalz-Füllung und durchbohrtem Stopfen, Schlauchstück, DC-Fertigfolie (Kieselgel), Zigaretten (mit Filter);
SCHIFF-Reagenz.

Durchführung:
1. Stecken Sie eine Zigarette ohne Filter in den Stopfen des Trockenrohres. Verbinden Sie das Trockenrohr mit dem Kolbenprober.
2. Zünden Sie die Zigarette an und ziehen Sie den Rauch in den Kolbenprober.
3. Tauchen Sie die DC-Folie kurz etwa 1 cm tief in das SCHIFF-Reagenz und leiten Sie den Inhalt des Kolbenprobers über den feuchten Teil der Folie.
4. Wiederholen Sie den Versuch mit einer Filterzigarette.

Aufgaben:
a) Notieren Sie Ihre Beobachtungen.
b) Welche Schlussfolgerungen lassen sich ziehen?
c) Erläutern Sie die Schutzwirkung des Filters.

V3: Unterscheidung von Aldehyden und Ketonen

Materialien: Tropfpipetten, Wasserbad;
Propanal (F, Xi), Aceton (F, Xi), Benzaldehyd (Xn), Silbernitrat-Lösung (1 %), Ammoniak-Lösung (verd.), Schwefelsäure (verd.), FEHLING-Lösung I, FEHLING-Lösung II (C), SCHIFF-Reagenz.

Durchführung:
FEHLING-Probe:
1. Mischen Sie je 1 ml FEHLING-Lösung I und FEHLING-Lösung II in einem Reagenzglas.
2. Fügen Sie fünf Tropfen Propanal zu. Erwärmen Sie das Reagenzglas im siedenden Wasserbad.
3. Wiederholen Sie den Versuch mit den anderen Proben.

TOLLENS-Probe:
4. Geben Sie etwa 1 ml Silbernitrat-Lösung in ein neues Reagenzglas. Tropfen Sie so lange Ammoniak-Lösung dazu, bis sich der Niederschlag gerade wieder auflöst.
5. Fügen Sie fünf Tropfen Propanal zu. Erwärmen Sie das Reagenzglas im siedenden Wasserbad.
6. Wiederholen Sie den Versuch mit den anderen Proben.

SCHIFFsche-Probe:
7. Geben Sie zu 1 ml SCHIFF-Reagenz einige Tropfen Propanal.
8. Wiederholen Sie den Versuch mit den anderen Proben.

Aufgaben:
a) Notieren Sie Ihre Beobachtungen in einer Tabelle. Unterscheiden Sie nach Aldehyden und Ketonen.
b) Entwickeln Sie Reaktionsgleichungen für die FEHLING-Probe und die TOLLENS-Probe.
c) Bei beiden Nachweisreaktionen spielen Komplexverbindungen eine Rolle. Geben Sie Strukturformeln der Komplexe an.

A1: a) Benennen Sie die folgenden Verbindungen nach IUPAC und ordnen Sie ihnen Stoffklassen zu.

CO_2	CH_3OH	CH_3COCH_3	C_6H_5OH	CuO	CH_4
CH_3CH_2OH	NaF	Na_2SO_4	HCOOH	SO_2	H_2
C_2H_4	C_2H_2	$HCOOCH_3$	CH_3OCH_3	SO_3	$CHCl_3$
CH_3COCH_3	H_2SO_4	$NaNO_3$	HCHO	HF	C_6H_6

b) Geben Sie für alle Verbindungen Oxidationszahlen an.
c) Ordnen Sie die organischen Verbindungen so an, dass ersichtlich ist, welche Stoffe durch Oxidation nacheinander entstehen können.
d) Geben Sie bei den Ionenverbindungen die Kationen und die Anionen an.

V4: Oxidation von Ethanol zu Essigsäure

Materialien: Destillationsapparatur, Waage, Becherglas (250 ml), Erlenmeyerkolben (100 ml), Messzylinder (50 ml), Tropfpipette, Siedesteinchen;
Ethanol (F), Kaliumpermanganat (Xn, O, N), Schwefelsäure (konz.; C), SCHIFF-Reagenz, DC-Folie (Kieselgel), Eis.

Durchführung:

1. Bauen Sie die Destillationsapparatur auf.
2. Geben Sie Eis und Wasser in das Becherglas und setzen Sie den Erlenmeyerkolben in das Becherglas ein.
3. Mischen Sie im Erlenmeyerkolben vorsichtig 30 ml Wasser, 5 ml Ethanol und 10 ml Schwefelsäure.
4. Füllen Sie etwas von dem Gemisch in ein Reagenzglas.
5. Geben Sie eine Spatelspitze Kaliumpermanganat in das Reagenzglas. Tauchen Sie die DC-Folie in das SCHIFF-Reagenz und prüfen Sie den Raum über der Lösung.
6. Geben Sie das restliche Gemisch zusammen mit einigen Siedesteinchen in den Destillationskolben und fügen Sie portionsweise etwa 4 g Kaliumpermanganat hinzu.
7. Setzen Sie die Apparatur zusammen. Erhitzen Sie das Reaktionsgemisch und destillieren Sie etwa 10 ml Flüssigkeit in die Vorlage. Messen Sie die Siedetemperatur.

Aufgaben:

a) Notieren und deuten Sie Ihre Beobachtungen.
b) Erklären Sie, wozu die Voruntersuchung der Probe mit SCHIFF-Reagenz dient.
c) Warum ist die gemessene Siedetemperatur niedriger als der Literaturwert für Essigsäure (118 °C)?

V5: Essigsäure in Essig

Materialien: Vollpipetten (10 ml und 20 ml), Pipettierhilfe, Messkolben (100 ml), Becherglas (100 ml), Erlenmeyerkolben (200 ml, weit), Bürette;
Natronlauge (0,1 $\frac{mol}{l}$), Essig, Phenolphthalein-Lösung (F).

Durchführung:

1. Geben Sie 10 ml Speiseessig in den Messkolben, füllen Sie mit Wasser bis zur Marke auf.
2. Entnehmen Sie aus dem Messkolben 20 ml der Lösung und füllen Sie die Probe in den Erlenmeyerkolben.
3. Geben Sie drei Tropfen Phenolphthalein-Lösung zu der Probe.
4. Füllen Sie die Bürette mit Natronlauge und titrieren Sie die Probe bis zum Farbumschlag.

Aufgaben:

a) Berechnen Sie die Stoffmengenkonzentration der Essigsäure in Essig nach der folgenden Gleichung:

$$c\,(CH_3COOH) = \frac{c\,(NaOH) \cdot V(\text{Natronlauge})}{V(\text{Essig})}$$

b) Berechnen Sie aus Ihrem Ergebnis den Massenanteil der Essigsäure im Essig in Prozent. Vergleichen Sie Ihr Ergebnis mit der Angabe auf dem Etikett.
Hinweis: Speiseessig hat etwa die Dichte $\varrho = 1\,\frac{g}{cm^3}$

A1: Lange Zeit verwendete die Polizei bei Alkoholkontrollen ausschließlich eine chemische Testmethode. Der Verkehrsteilnehmer musste in ein Röhrchen blasen, das Kaliumdichromat und Schwefelsäure enthielt.

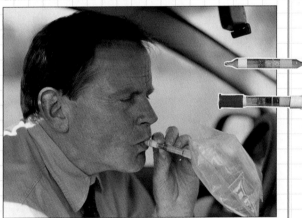

Alkohol in der Atemluft reduziert selbst bei Raumtemperatur das gelborange Kaliumdichromat. Der Stoff, der dabei entsteht ist grün. Diese Farbänderung gilt als Nachweis.

$CH_3CH_2OH\,(g) \dashrightarrow CH_3CHO\,(aq) + 2\,H^+(aq) + 2\,e^-$
$Cr_2O_7^{2-}(aq) + 14\,H^+(aq) + 6\,e^- \dashrightarrow 2\,Cr^{3+}(aq) + 7\,H_2O\,(l)$

a) Wie heißt das farblose Oxidationsprodukt des Alkohols?
b) Welches Ion ist für die grüne Farbe verantwortlich?
c) „Hat jemand Alkohol getrunken, so bläst er in ein Röhrchen, in dem sich schwarze Drahtstücke aus Kupferoxid befinden. Durch die Bildung von Kupfer wird der Alkohol nachgewiesen." Begründen Sie, weshalb dieser Test nicht funktionieren kann.

A2: Experimentelle Hausaufgabe:
a) Suchen Sie in der Küche nach Stoffen, die zur Konservierung von Lebensmitteln geeignet erscheinen.
b) Entwickeln Sie eine Versuchsreihe, mit der sich die Wirkung der gewählten Konservierungsmittel prüfen lässt.
c) Protokollieren Sie die Ergebnisse. Erklären und vergleichen Sie die konservierende Wirkung der verschiedenen Stoffe.

Struktur und Analyse organischer Stoffe

A1 Qualitative Elementaranalyse

Der experimentelle Nachweis der Elemente, aus denen eine organische Verbindung aufgebaut ist, wird als qualitative Elementaranalyse bezeichnet. Dabei wird der organische Stoff in der Regel in gasförmige Reaktionsprodukte überführt, die mit Hilfe bekannter Nachweisreaktionen identifiziert werden.

a) Erläutern Sie die qualitative Elementaranalyse für Atome der Elemente Kohlenstoff, Wasserstoff und Stickstoff in organischen Verbindungen. Welche Beobachtungen weisen auf die Anwesenheit von Atomen dieser Elemente hin?

b) Stellen Sie für die Oxidation von Fructose sowie von Heptadecan mit Kupfer(II)-oxid Reaktionsgleichungen auf.

c) Ein unbekannter organischer Stoff wird mit konzentrierter Natronlauge vorsichtig erhitzt. Das entstehende Gas färbt Universalindikator-Papier blau. Welches Element wurde nachgewiesen? Stellen Sie für die auf dem Universalindikator-Papier ablaufende Reaktion die Reaktionsgleichung auf.

A2 Quantitative Elementaranalyse

Eine Verbindung, die nur aus Atomen der Elemente Kohlenstoff, Wasserstoff und Sauerstoff besteht, wird quantitativ oxidiert. Der entstehende Wasserdampf wird von Calciumchlorid absorbiert, das Kohlenstoffdioxid von Natronkalk gebunden.

a) Erläutern Sie, warum zuerst Wasser und danach erst Kohlenstoffdioxid absorbiert werden.

b) Bei der Oxidation von 0,31 g Substanz entstehen 0,43 g Kohlenstoffdioxid und 0,26 g Wasser. Berechnen Sie das Atomanzahlverhältnis und die Verhältnisformel.

c) Zur Bestimmung der molaren Masse werden 0,210 g der Substanz verdampft. Bei 200 °C und 1013 hPa nimmt der Dampf ein Volumen von 0,133 l ein. Bestimmen Sie die Molekülformel der Verbindung.

d) Um die Struktur genauer aufzuklären, wird die Substanz in Gegenwart von konzentrierter Schwefelsäure mit Essigsäure unter Rückfluss gekocht. Es bildet sich eine zweite flüssige Phase. Diese wird abgetrennt. Die molare Masse dieser Flüssigkeit beträgt $146 \, g \cdot mol^{-1}$. Geben Sie die Strukturformeln der Ausgangsverbindung und der gebildeten Flüssigkeit an.

A3 Strukturaufklärung organischer Stoffe

Die Analyse einer flüssigen organischen Substanz ergab als Molekülformel $C_4H_8O_2$.

a) Bei der Strukturaufklärung konnte weder eine Reaktion mit wässriger Brom-Lösung, noch mit Natrium, noch mit FEHLING-Lösung beobachtet werden. Welche Rückschlüsse ergeben sich daraus für die Struktur des Stoffes?

b) Die Verbindung reagiert neutral, ist nicht mit Wasser mischbar und besitzt einen charakteristischen Geruch. Zu welcher Stoffklasse könnte sie gehören?

c) Geben Sie drei mögliche Strukturformeln zu der genannten Molekülformel an und benennen Sie die Verbindungen.

d) Die Verbindung wird durch Reaktion mit Natronlauge gespalten. Ein Produkt kann destillativ abgetrennt werden. Säuert man die alkalische Lösung an, so erhält man eine Säure mit der molaren Masse $M = 60 \, g \cdot mol^{-1}$. Schließen Sie anhand der unter c) aufgestellten Strukturformeln auf die analysierte Substanz. Formulieren Sie für die Reaktion mit Natronlauge die Reaktionsgleichung.

A4 Ethen – der Schlüssel zur Vielfalt

Ethen ist aufgrund der C=C-Zweifachbindung ein hervorragender Reaktionspartner für viele organische Synthesen. Stellen Sie für folgende Reaktionen die Reaktionsgleichungen auf und geben Sie an, wozu die Reaktionsprodukte in der chemischen Industrie verarbeitet werden.

a) Synthese von Monochlorethen (Vinylchlorid),

b) Synthese von Polyethen,

c) Katalytische Oxidation mit Luftsauerstoff zu Ethenoxid (CH_2O),

d) Katalytische Oxidation mit Luftsauerstoff zu Ethanal,

e) Synthese von Ethanol.

A5 Funktionelle Gruppen

a) Definieren Sie den Begriff „funktionelle Gruppe". Geben Sie für sechs Verbindungen mit unterschiedlichen funktionellen Gruppen Strukturformeln an und benennen Sie diese Verbindungen nach IUPAC.

b) Die quantitative Elementaranalyse einer organischen Verbindung ergab als Molekülformel $C_3H_6O_2$. Stellen Sie mögliche Strukturformeln auf und erläutern Sie, wie man die Verbindungen über typische Reaktionen der funktionellen Gruppen identifizieren könnte.

c) Altes Frittierfett riecht nicht nur unangenehm, es ist auch gesundheitsschädlich. Bei Temperaturen über 200 °C wird das Fett zersetzt. Unter anderem bildet sich Propan-1,2,3-triol, das zu Propenal (Acrolein), einer giftigen Verbindung mit krebserregendem Potential, weiterreagieren kann. Formulieren Sie für diese Reaktion die Reaktionsgleichung und geben Sie für den Alkohol den Trivialnamen an.

d) Stellen Sie für die vier isomeren Butanole die Strukturformeln auf und benennen Sie die Verbindungen nach IUPAC. Zu allen vier Alkoholen wird als Oxidationsmittel angesäuerte Kaliumpermanganat-Lösung gegeben. Benennen Sie die jeweiligen Produkte und geben Sie ihre Strukturformeln an. Begründen Sie, warum die Reaktionen unterschiedlich oder gar nicht ablaufen.

e) Aldehyde reagieren mit ammoniakalischer Silbernitrat-Lösung. Stellen Sie die Reaktionsgleichung für den Nachweis von Propanal auf. Erklären Sie, warum Propanon diese Reaktion nicht zeigt.

Struktur und Analyse organischer Stoffe

1. Stoffklassen und funktionelle Gruppen

Stoffklasse	Funktionelle Gruppe	Beispiel	
		IUPAC-Name	Strukturformel
Alkene	C = C-Zweifachbindung	Prop**en**	$CH_3 - CH = CH_2$
Alkine	C≡C-Dreifachbindung	Prop**in**	$CH_3 - C ≡ CH$
Halogenkohlenwasserstoffe	Halogen-Atom	1-**Chlor**propan	$CH_3 - CH_2 - CH_2 - Cl$
Alkohole	Hydroxy-Gruppe	Propan-1-**ol**	$CH_3 - CH_2 - CH_2 - OH$
Aldehyde	Aldehyd-Gruppe	Propan**al**	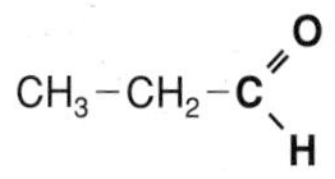 $CH_3-CH_2-C{\overset{O}{\underset{H}{}}}$
Ketone	Keto-Gruppe	Propan**on**	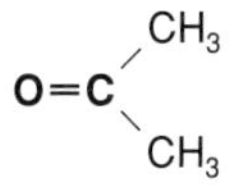 $O=C{\overset{CH_3}{\underset{CH_3}{}}}$
Carbonsäuren	Carboxy-Gruppe	Propan**säure**	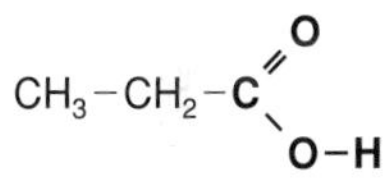 $CH_3-CH_2-C{\overset{O}{\underset{O-H}{}}}$
Ether	Alkoxy-Gruppe	Ethylmethyl**ether**	$CH_3 - CH_2 - O - CH_3$
Amine	Amino-Gruppe	1-Propyl**amin**	$CH_3 - CH_2 - CH_2 - NH_2$

2. Strukturaufklärung organischer Verbindungen

Unbekannte Verbindung

↓ *qualitative Elementaranalyse*

$C_xH_yO_z$

↓ *quantitative Elementaranalyse*

$C_2H_5O_2$ (Verhältnisformel)

↓ *Ermittlung der molaren Masse*

$C_4H_{10}O_4$ (Molekülformel)

↓ *Identifizierung von funktionellen Gruppen durch charakteristische Reaktionen*

Struktur

3. Ether

Ether sind organische Verbindungen mit einer Sauerstoffbrücke zwischen zwei Alkyl-Resten: $R^1 - O - R^2$
- Die meisten Ether sind relativ reaktionsträge.
- Niedrige Ether können über das Sauerstoff-Atom mit Wasser-Molekülen Wasserstoffbrücken eingehen. Sie sind deshalb etwas löslich in Wasser und eignen sich als Lösemittel für polare und unpolare Stoffe.
- Bei höheren Ethern überwiegt der Einfluss der großen Alkyl-Reste, solche Ether sind unlöslich in Wasser. Sie sind gute Lösemittel für unpolare Stoffe.

Beispiel: Synthese Diethylether

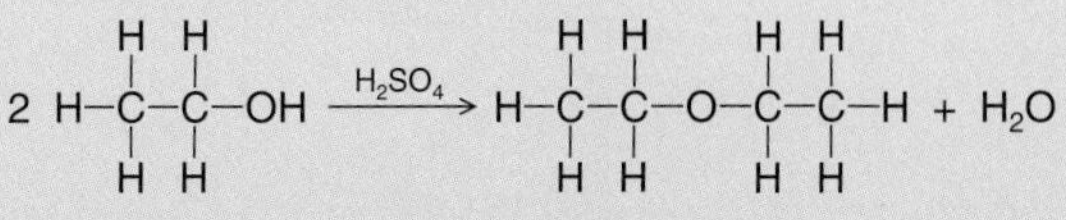

4. Carbonyl-Verbindungen

Aldehyde und Ketone sind Carbonyl-Verbindungen. Die funktionelle Gruppe ist die Carbonyl-Gruppe (C=O).

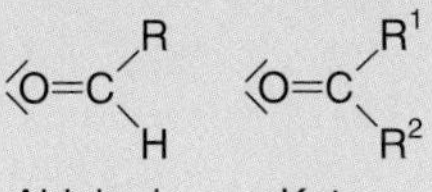

Aldehyd   Keton

Synthese: Oxidation primärer Alkohole ⟶ Aldehyde
Oxidation sekundärer Alkohole ⟶ Ketone

Am 1. April 1814 wurde in London erstmalig ein ganzes Stadtviertel mit Gaslaternen beleuchtet. Bald darauf setzte sich diese Erfindung in vielen anderen europäischen Städten durch.
Das Leuchtgas wurde durch Entgasen von Steinkohle hergestellt und bestand hauptsächlich aus Kohlenstoffmonooxid, Wasserstoff und Methan. Als Nebenprodukt bildete sich eine farblose Flüssigkeit mit charakteristischem Geruch. Später gab Justus von LIEBIG ihr den Namen *Benzol*.

Eine zentrale Rolle bei der Aufklärung der Molekülstruktur von Benzol spielte August KEKULE. Er stellte für das Benzol-Molekül eine Sechseckformel auf, die er ein Jahr später mit alternierenden C – C-Einfachbindungen und C = C-Zweifachbindungen ergänzte.

Organische Verbindungen mit Mehrfachbindungen lassen sich zu Makromolekülen verknüpfen. Die dabei aus Monomeren aufgebauten Polymere weisen erstaunliche Eigenschaften auf und sind als Kunststoffe aus unserem Alltag nicht mehr weg zu denken.

Grundlagen:
- Elektronenpaarbindung
- Monomere, Polymere
- Substitution
- Addition
- Polymerisation
- Polykondensation

Zentrale Fragen:
- Wie kann die Struktur des Benzol-Moleküls beschrieben werden?
- Was sind aromatische Verbindungen?
- Welche chemischen Reaktionen sind für Aromaten typisch?
- Wie lassen sich Kunststoffe herstellen?
- Welcher Zusammenhang besteht zwischen der Struktur und den Eigenschaften von Polymeren?

4.1 Benzol – gesättigt oder ungesättigt?

Benzol ist ein Kohlenwasserstoff. Die farblose Flüssigkeit erstarrt bei 5,5 °C und siedet bei 80 °C. Wie alle Kohlenwasserstoffe mischt sich Benzol nicht mit Wasser, jedoch gut mit Benzin und anderen organischen Lösemitteln.

Benzol-Dämpfe sind giftig, sie führen zu Schwindel, Erbrechen und Bewusstlosigkeit. Atmet man die Dämpfe über einen längeren Zeitraum ein oder nimmt Benzol über die Haut auf, so nimmt die Zahl der roten Blutkörperchen ab; Knochenmark, Leber und Nieren werden geschädigt. Es ist nachgewiesen, dass Benzol Krebs auslösen kann, es ist **kanzerogen** (engl. *cancer:* Krebs).

Herstellung. Früher wurde Benzol aus Steinkohleteer gewonnen, heute geht man überwiegend von Erdöl aus. Aufgrund der geringen Mengen, die im Erdöl enthalten sind, lohnt sich jedoch eine direkte Isolierung nicht. Benzol wird deshalb bei der Verarbeitung von Erdöl hergestellt. In Westeuropa und Japan isoliert man Benzol aus Pyrolysebenzin, das beim *Cracken* von Erdölfraktionen anfällt. In den USA geht man von Produkten aus, die durch katalytisches *Reformieren* entstehen. Durch Isomerisierung und Abspaltung von Wasserstoff erhält man dabei aus Alkylcycloalkanen Benzol.

Geringe Mengen Benzol sind im Benzin enthalten. Im Jahr 2000 wurde der Benzolgehalt in Europa auf einen Volumenanteil von maximal 1 % begrenzt. An deutschen Zapfsäulen tankt der Kraftfahrer derzeit Benzin, das zwischen 0,1 und 1,0 % Benzol enthält. Deshalb sollte man Benzindampf beim Tanken nicht einatmen. Die Tankstutzen sind mit einer Absauganlage ausgestattet, welche die schädlichen Benzoldämpfe, die beim Tanken frei werden, auf ein Minimum reduzieren.

Strukturaufklärung. Michael FARADAY entdeckte Benzol, als er 1825 die ölige Flüssigkeit, die sich in geleerten Leuchtgasflaschen bildete, genauer untersuchte. Er isolierte die neue Verbindung durch mehrfache Destillation als Reinstoff und bestimmte Schmelztemperatur, Siedetemperatur, Dichte und Löslichkeit. Durch quantitative Oxidation mit Kupferoxid ermittelte er das Massenverhältnis der in dem Reinstoff gebundenen Kohlenstoff-Atome und Wasserstoff-Atome. Als Ergebnis erhielt er 11,576 : 1 (gerundet 12 : 1).

Damals wurden die Äquivalentgewichte (unsere heutigen Atommassen) noch kontrovers diskutiert. FARADAY ging von den Äquivalentgewichten 1 für Wasserstoff und 6 (anstatt 12) für Kohlenstoff aus und formulierte als Ergebnis seiner Untersuchungen: *„With regard to the composition of this substance, my experiments intend to prove it a binary compound of carbon and hydrogen, two proportionals of the former element being united to one of the latter."* Dies entsprach also der Verhältnisformel C_2H_1.

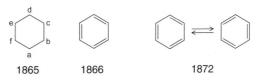

1865   1866   1872

Entwicklung der Benzolformel durch KEKULE

Unter Berücksichtigung des Äquivalentgewichtes 12 für Kohlenstoff erschien etwa 10 Jahre später in einer deutschen Übersetzung von FARADAYS Veröffentlichung die richtige *Verhältnisformel* C_1H_1. Erst um 1860 wurde dann die *Molekülformel* C_6H_6 allgemein akzeptiert.

Aus dem Vergleich mit der Molekülformel von Cyclohexan (C_6H_{12}) ergibt sich, dass Benzol-Moleküle ungesättigt sind und C/C-Mehrfachbindungen enthalten müssen. Benzol ist jedoch deutlich reaktionsträger als Alkene und Alkine. So bleibt die für eine ungesättigte Verbindung charakteristische Addition von Brom aus. In Gegenwart von Eisen als Katalysator reagiert Benzol jedoch in einer Substitutionsreaktion mit Brom zu Brombenzol und Bromwasserstoff.

Eine Strukturformel aufzustellen, die mit den experimentellen Befunden in Einklang war, erwies sich als sehr schwierig. August KEKULE schlug 1865 als Erster eine ringförmige Struktur vor, die er ein Jahr später unter Berücksichtigung der Vierbindigkeit der C-Atome mit abwechselnden C–C-Einfachbindungen und C=C-Zweifachbindungen versah. Auch mit dieser Molekülstruktur ließ sich jedoch das merkwürdige Reaktionsverhalten des Benzols nicht erklären. KEKULE postulierte deshalb 1872 zwei gleichwertige Strukturen, die sich nur in der Lage der C=C-Zweifachbindungen unterschieden, wobei diese ständig ihrer Platz wechseln sollten.

> Benzol ist eine farblose, giftige Flüssigkeit. Während die Molekülformel auf eine ungesättigte Verbindung hinweist, ähnelt das Reaktionsverhalten dem gesättigter Kohlenwasserstoffe.

1. Recherchieren Sie den Begriff „Äquivalentgewicht".
2. Formulieren Sie die Reaktionsgleichungen für folgende Reaktionen:
   a) Addition von Brom an Cyclohexen,
   b) Verbrennung von Benzol,
   c) Reaktion von Benzol mit Brom.
3. Nach der Benzolformel von KEKULE müsste es zwei Isomere des 1,2-Dibrombenzols geben.
   Notieren Sie die beiden denkbaren LEWIS-Formeln.
4. Beurteilen Sie die Benzolformel auf der abgebildeten Briefmarke.

4.2 Bindungen im Benzol-Molekül – der aromatische Zustand

Nach den von KEKULE vorgeschlagenen Formeln müssten sich im Benzol-Molekül C–C-Einfachbindungen und C=C-Zweifachbindungen abwechseln. Wegen der unterschiedlichen Bindungslängen hätte das Molekül die Gestalt eines unregelmäßigen Sechsecks.

Alle modernen Verfahren zur Strukturuntersuchung ergeben jedoch als Anordnung der sechs Kohlenstoff-Atome im Benzol-Molekül ein regelmäßiges Sechseck. Die C/C-Bindungen haben alle dieselbe Bindungslänge. Das Molekül ist eben gebaut und alle Bindungswinkel betragen 120°. Die C/C-Bindungslänge liegt mit 139 pm zwischen den Bindungslängen einer C–C-Einfachbindung (154 pm) und einer C=C-Zweifachbindung (134 pm).

Mesomerie-Modell. Weder die beiden von KEKULE vorgeschlagenen Formeln, noch ein schneller Wechsel zwischen diesen Strukturen stellt die C/C-Bindungen angemessen dar. Die Bindungsverhältnisse im Benzol-Molekül können offensichtlich durch LEWIS-Formeln nicht präzise beschrieben werden.

Ein einfaches Modell für die chemischen Bindungen im Benzol-Molekül ist das **Mesomerie-Modell.** Es eignet sich grundsätzlich zur Beschreibung der Bindungsverhältnisse in Molekülen und Ionen, wenn dies durch herkömmliche C–C-Einfachbindungen und C=C-Zweifachbindungen nicht möglich ist.

Im Benzol-Molekül sind die Elektronen der C/C-Bindungen nicht zwischen jeweils zwei C-Atomen lokalisiert, sondern über den ganzen Ring verteilt, *die Elektronen sind delokalisiert.* Die tatsächliche Elektronenverteilung liegt also zwischen den Elektronenverteilungen, die durch die beiden KEKULE-Formeln angeben werden. Formelmäßig hilft man sich nun, indem man sehr wohl diese LEWIS-Formeln benutzt, sie aber als sogenannte *Grenzformeln* ansieht, denen keine reale Bedeutung zukommt. Jede einzelne Formel stellt lediglich eine hypothetische, in der Realität nicht existierende Elektronenverteilung dar. Beide zusammen umschreiben aber die wirkliche Elektronenverteilung des delokalisierten Elektronensystems.

Man spricht in solchen Fällen von einem *mesomeren System* oder kurz von *Mesomerie.* Ein *Mesomerie-Pfeil* (↔) zwischen den Grenzformeln weist darauf hin, dass ein mesomeres System vorliegt. Vereinfacht wird das delokalisierte Elektronensystem des Benzol-Moleküls häufig durch einen Kreis innerhalb eines regelmäßigen Sechsecks symbolisiert.

Die *Bindungswinkel* im Benzol-Molekül lassen sich mit Hilfe des **Elektronenpaarabstoßungs-Modells** erklären. Im Benzol-Molekül ist jedes Kohlenstoff-Atom von drei weiteren Atomen umgeben: von zwei Kohlenstoff-Atomen aus dem Sechsring und einem Wasserstoff-Atom. Die delokalisierten Elektronen beeinflussen den Bindungswinkel nicht. Aus der Abstoßung der drei beteiligten Elektronenpaare ergeben sich Bindungswinkel von 120° und eine ebene Geometrie.

Mesomerie-Energie. Verbindungen mit delokalisierten Elektronen sind in der Regel energieärmer und damit stabiler als solche mit lokalisierten Einfach- und Mehrfachbindungen. Die Energiedifferenz zwischen dem tatsächlich existierenden Teilchen und den durch die jeweiligen Grenzformeln beschriebenen hypothetischen Teilchen bezeichnet man als *Mesomerie-Energie.* Sie lässt sich beim Benzol durch Vergleich der Reaktionsenthalpien von Hydrierungsreaktionen ermitteln. Dazu bestimmt man zunächst experimentell die Hydrierungsenthalpie der Reaktion von Cyclohexen und Wasserstoff zu Cyclohexan. Dabei wurde ein Wert von $-120 \ kJ \cdot mol^{-1}$ er-

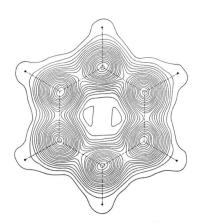

Elektronendichteverteilung im Benzol-Molekül

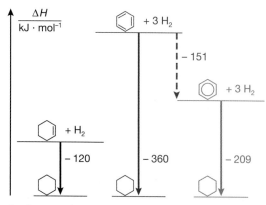

Bestimmung der Mesomerie-Energie des Benzols

halten. Die Hydrierungsenthalpie des nur hypothetisch existierenden Cyclohexatriens würde dem dreifachen Wert entsprechen, da in diesem Molekül drei lokalisierte C=C-Zweifachbindungen vorhanden wären.

Ermittelt man nun experimentell die Hydrierungsenthalpien von Benzol, so findet man einen Wert von $-209 \, kJ \cdot mol^{-1}$. Die bei der Hydrierung frei werdende Energie ist damit um $151 \, kJ \cdot mol^{-1}$ geringer als die des hypothetischen Cyclohexatriens. Dieser Wert wird als *Mesomerie-Energie des Benzols* bezeichnet. Um diesen Energiebetrag ist das Benzol energieärmer und damit stabiler als das hypothetische Cyclohexatrien.

Aromatischer Zustand. Die Bezeichnung „aromatisch" wurde ursprünglich ohne scharfe Abgrenzung für Stoffe verwendet, die durch ihren besonders angenehmen Geruch auffielen. Solche Verbindungen isolierte man anfangs aus wohlriechenden Harzen. Später verstand man unter den aromatischen Verbindungen Benzol und seine Derivate.

Heute kennzeichnet man aromatische Verbindungen mit Hilfe der **HÜCKEL-Regel:** Durch quantenmechanische Berechnungen konnte Erich HÜCKEL zeigen, dass ebene ringförmige Systeme mit 4n + 2 delokalisierten Elektronen besonders stabil sind. Außer Aromaten mit sechs Elektronen wie im Benzol-Molekül gibt es also auch welche mit zwei, zehn oder 14 delokalisierten Elektronen.

Eine ergänzende Charakterisierung geht auf James DEWAR zurück. Er definierte Aromaten als cyclische Moleküle mit großer Mesomerie-Energie und einem System aus 4n + 2 delokalisierten Elektronen. Dies gilt als eine umfassende Definition des aromatischen Zustandes.

Mehrkernige und heterocyclische Aromaten. Aromaten mit *einem* Benzol-Ring bezeichnet man als *einkernig*. Bei den *mehrkernigen* Aromaten unterscheidet man zwischen Molekülen, die wie das Biphenyl-Molekül zwei oder mehr getrennte Benzol-Ringe enthalten und *kondensierten Aromaten* in denen einzelne Kohlenstoff-Atome zu zwei oder drei Ringen gehören.

Naphthalin-Moleküle bestehen aus zwei kondensierten Ringen und haben insgesamt zehn delokalisierte Elektronen, die über das gesamte Kohlenstoff-Gerüst verteilt sind. Die Moleküle von Anthracen und Phenanthren setzen sich aus je drei Ringen zusammen, sie sind wichtige Ausgangsstoffe der Farbstoffindustrie.

Zahlreiche kondensierte Aromaten sind kanzerogen. Ein Beispiel ist Benzpyren, das auch im Zigarettenrauch vorkommt und die Entstehung von Lungenkrebs bei Rauchern mit verursacht.

Die Ringsysteme von *Heteroaromaten* enthalten neben Kohlenstoff-Atomen auch Sauerstoff-Atome, Stickstoff-Atome oder Schwefel-Atome. In den Molekülen von

Jahr	Kriterien für aromatische Verbindungen
1825	Wohlgeruch
1865	hoher Kohlenstoffgehalt
1870	Benzol und seine Derivate
1880	Substitutionsreaktionen
1925	Elektronensextett
1931	HÜCKEL-Regel
1970	ringförmiges, delokalisiertes Elektronensystem mit großer Mesomerie-Energie

Entwicklung des Begriffs „Aromatizität"

Furan, Pyrrol und Thiophen ist ein freies Elektronenpaar des Heteroatoms am delokalisierten Elektronensystem beteiligt. Pyridin ist der wichtigste sechsgliedrige Heteroaromat. Die Molekülstruktur gleicht der des Benzols, allerdings sind Pyridin-Moleküle polar. Zahlreiche aromatische Heterocyclen enthalten mehrere Heteroatome im aromatischen Ring.

> Benzol ist ein aromatischer Kohlenwasserstoff. Aufgrund sechs von delokalisierten Elektronen sind Benzol-Moleküle besonders stabil.

1. **a)** Beschreiben Sie den aromatischen Bindungszustand im Benzol-Molekül.
   b) Erläutern Sie den Begriff „aromatischer Zustand".
2. **a)** Bestimmen Sie für die in der Abbildung dargestellten Formeln die Anzahl der delokalisierten Elektronen.
   b) Prüfen Sie, ob die HÜCKEL-Regel erfüllt ist.

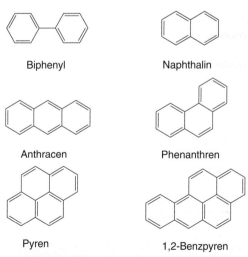

Biphenyl

Naphthalin

Anthracen

Phenanthren

Pyren

1,2-Benzpyren

Grenzformeln einiger Aromaten

Produkte aus Benzol

Ergebnisse:

→ **Benzol, der Grundstoff für die Synthese vieler Verbindungen**

+ H₂C = CH₂ (H₂SO₄) →	CH₂—CH₃ →	CH=CH₂ **Styrol** →	Polystyrol
+ H₂C = CH – CH₃ (H₂SO₄) →	CH(CH₃)₂ →	OH **Phenol** →	Harze Phenoplaste
+ 3 H₂ (Nickel) →	→	COOH (CH₂)₄ COOH **Adipinsäure** →	Polyamide
+ HNO₃ (H₂SO₄) →	NO₂ →	NH₂ **Anilin** →	Farbstoffe Polyurethane
+ CH₂=CH–R (H₂SO₄) →	CH₂–CH₂–R →	CH₂–CH₂–R HO₃S **p-Alkylbenzolsulfonsäure** →	Waschmittel

→ **Polystyrol**

Polystyrol ist ein Massenkunststoff, aus dem häufig Labor- und Haushaltsgegenstände hergestellt werden. Polystyrol lässt sich bei der Synthese aufschäumen und wird dann für Verpackungen verwendet und zu Isolier- und Dämmmaterial (Styropor®) verarbeitet.

→ **Phenoplaste**

Der Chemiker Leo Hendrik BAEKELAND entwickelte ab 1905 in Amerika die ersten gebrauchsfähigen vollsynthetischen Kunststoffe, die *Phenoplaste*. Sie werden durch Reaktion von Phenol mit Methanal (Formaldehyd) gewonnen. Nach ihrem Entdecker nennt man sie auch *Bakelite*. Alte Radios zeugen noch heute von ihrem Siegeszug.

→ **Polyamide**

Durch Reaktion von Diaminen mit Disäuren werden Polyamide synthetisiert. So reagiert 1,6-Diaminohexan mit Hexandisäure (Adipinsäure) zu Nylon®.

→ **Azo-Farbstoffe**

Eine große Anzahl von Farbstoffen wird ausgehend von Aminobenzol (Anilin) synthetisiert. Anilinblau wird zum Färben von Wolle verwendet.

→ **Waschmittel**

Natriumsalze von Alkylbenzolsulfonsäuren mit langkettigen Alkyl-Resten zeigen gute Wasch- und Reinigungswirkung. Im Gegensatz zu herkömmlicher Seife bilden sie mit den Calcium-Ionen in hartem Wasser keinen schwerlöslichen Niederschlag von Kalkseife.

Aufgaben

1. Formulieren Sie für die Reaktion von zwei 1,6-Diaminohexan-Molekülen mit einem Adipinsäure-Molekül eine Reaktionsgleichung mit Strukturformeln. Erklären Sie, wie aus dem Produkt ein Polyamid entstehen kann.

Location: http://www.schroedel.de/chemie_heute.html

Suche:

Aromatische Kohlenwasserstoffe

Ergebnisse:

→ **Toluol (Methylbenzol)**
Formel: $C_6H_5–CH_3$
Eigenschaften: farblose, leicht entzündliche Flüssigkeit;
aromatischer Geruch; gesundheitsschädlich
Verwendung: Lösemittel, z. B. in Klebstoffen; Ausgangsstoff
für die Herstellung organischer Verbindungen wie Farben und
Sprengstoffe sowie Saccharin (Süßstoff)

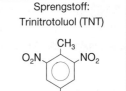

Sprengstoff:
Trinitrotoluol (TNT)

→ **Xylol (Dimethylbenzol)**
Formel: $C_6H_4(CH_3)_2$
Eigenschaften: farblose Flüssigkeit; bildet gesundheitsschäd-
liche Dämpfe
Verwendung: Lösemittel für Wachse, Kunstharze,
Kautschuk; Verdünnungsmittel für Lacke und Anstrichstoffe;
Weichmacher für Kunststoffe und Kunstfasern; Zusatz zu
Flugzeugbenzin

→ **Styrol (Phenylethen)**
Formel: $C_6H_5–CH=CH_2$
Eigenschaften: farblose, stechend riechende Flüssigkeit;
in Wasser unlöslich; wirkt reizend auf Haut und Augen;
geht Additionsreaktionen ein
Verwendung: Herstellung von Polystyrol und Gießharzen

→ **Anilin (Aminobenzol)**
Formel: $C_6H_5NH_2$
Eigenschaften: farblose, ölige Flüssigkeit mit unangenehmen
Geruch, starkes Blut- und Nervengift, verändert den Blutfarb-
stoff und zerstört die roten Blutkörperchen
Verwendung: Synthese von Isocyanaten für die Herstellung
von Polyurethan-Schaumstoffen, Azo-Farbstoffe und Pharma-
zeutika

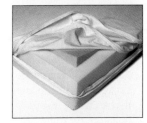

→ **Naphthalin**
Formel: $C_{10}H_8$
Eigenschaften: glänzende, farblose Kristalle; Dämpfe wirken
reizend auf Augen und Atemwege; keimtötende Wirkung;
Geruch nach Mottenkugeln
Verwendung: Ausgangsstoff für die Herstellung von Heilmitteln
und Farben; Gerbstoff für Felle und Pelze; Insektizid; früher:
Mottenkugeln

→ **Pyridin**
Formel: C_5H_5N
Eigenschaften: farblose, hygroskopische, brennbare Flüssigkeit
mit scharfem und stechendem Geruch
Vorkommen: im Steinkohlenteer (wird heute vorwiegend aus
diesem isoliert), Nicotin ist ein Pyridin-Derivat
Verwendung: Lösemittel, Synthese von Arzneimitteln und Un-
krautbekämpfungsmittel (Herbizide)

„Die EU-Gesundheitsministerien:
Rauchen gefährdet die Gesundheit.
Rauchen verursacht Herz- und Gefäßkrankheiten."

4.3 Aromatische Sauerstoff-Verbindungen

In Benzol-Molekülen und den Molekülen anderer aromatischer Verbindungen können Wasserstoff-Atome durch funktionelle Gruppen ersetzt sein. Beispiele solcher Benzol-Derivate sind *aromatische Alkohole*, *Aldehyde*, *Ketone* und *Carbonsäuren*. In diesen aromatischen Sauerstoff-Verbindungen bestimmen sowohl der Benzol-Ring, als auch die funktionellen Gruppen das Reaktionsverhalten.

Phenol. Die Hydroxy-Derivate des Benzols bezeichnet man als Phenole. Die Endung -ol verweist auf die Hydroxy-Gruppe. Die einfachste Verbindung dieser Stoffklasse ist *Monohydroxybenzol*, das Phenol selbst. Die Hydroxy-Gruppe ist direkt an ein Kohlenstoff-Atom des Benzol-Rings gebunden.

Reines Phenol bildet farblose Kristalle, die sich an der Luft schnell durch Oxidation rötlich färben und die in Wasser löslich sind. Phenol besitzt einen eigenartigen Geruch, wirkt ätzend und ist giftig.

Trotzdem wurden wässrige Phenol-Lösungen früher unter dem Namen *Carbolsäure* als Desinfektionsmittel benutzt: Ende des 19. Jahrhunderts war es nicht ungefährlich, sich im Krankenhaus operieren zu lassen. Fast jeder zweite Patient starb an anschließenden Wundinfektionen, obwohl die Operation eigentlich gelungen war. Erst nachdem der Franzose Louis PASTEUR (1822–1895) in den Bakterien die Ursache der Infektionen gefunden hatte, konnten die Ärzte nach Mitteln suchen, um solche Infektionen zu verhindern. Der englische Chirurg Joseph LISTER setzte 1865 als Erster Carbolsäure zur Wunddesinfektion ein. Er ließ alle Wunden mit Carbolsäure auswaschen und die Verbandsstoffe damit tränken. Die Wunden eiterten nun seltener und heilten gut ab. Da Phenol hautirritierend und gesundheitsschädlich ist, wird es heute nicht mehr zur Desinfektion verwendet.

Obwohl Phenol die gleiche funktionelle Gruppe wie ein Alkohol hat, reagiert es deutlich anders: Phenol ist viel leichter oxidierbar und im Gegensatz zu Alkoholen reagiert Phenol als *schwache Säure*:

$$C_6H_5OH \, (aq) + H_2O \, (l) \rightleftharpoons C_6H_5\text{-}O^- \, (aq) + H_3O^+ \, (aq)$$

Die Ursache für die saure Reaktion beruht auf der Wechselwirkung der Hydroxy-Gruppe mit dem delokalisierten Elektronensystem des aromatischen Kerns. Mit Laugen reagiert die wässrige Lösung von Phenol zu Salzen, den *Phenolaten*.

Phenol ist ein wichtiger *Ausgangsstoff für Synthesen*. 1910 stellte Leo Hendrik BAEKELAND aus Phenol und Formaldehyd die ersten vollsynthetischen Kunststoffe her, die Phenoplaste. Nach ihrem Erfinder wurden sie als Bakelite bezeichnet. Heute gehören zu den Kunststoffen auf Phenolbasis Phenolharze, Epoxidharze und Perlon. Weitere Produkte aus Phenol sind Farbstoffe, Arzneimittel, Insektizide und Holzschutzmittel.

Benzylalkohol. Der einfachste aromatische Alkohol ist Benzylalkohol, eine farblose, angenehm riechende Flüssigkeit, die zu etwa 6 % im Jasminblütenöl enthalten ist. Benzylalkohol ist ein gutes Lösemittel für Lacke. Wegen seiner antiseptischen Wirkung wird es in der Medizin und in der Kosmetik verwendet. An der Luft wird Benzylalkohol langsam zu Benzaldehyd oxidiert.

Benzaldehyd. Den Geruch von Benzaldehyd kennt jeder: Die farblose Flüssigkeit riecht nach bitteren Mandeln. Hauptbestandteil des Bittermandelöls ist Benzaldehyd. Außerdem enthält es etwa 3 % giftige Blausäure (HCN). Benzaldehyd wird in der Lebensmittelindustrie als Ersatz für das teure natürliche Bittermandelöl verwendet. In Gegenwart von Luftsauerstoff wird Benzaldehyd zu Benzoesäure oxidiert.

Benzoesäure. Die einfachste aromatische Carbonsäure ist Benzoesäure (Benzolcarbonsäure). Sie kristallisiert in Form von farblosen glänzenden Nadeln, die in heißem Wasser löslich sind. In der Natur kommt Benzoesäure in Preiselbeeren, Heidelbeeren, Himbeeren und in tropischen Harzen vor. Benzoesäure und ihre Salze, die Benzoate, wirken auf Mikroorganismen stark giftig und werden deshalb als Konservierungsstoff für Lebensmittel verwendet.

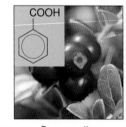

> Die einfachsten aromatischen Sauerstoff-Verbindungen sind Phenol, Benzylalkohol, Benzaldehyd und Benzoesäure.

1. Vergleichen Sie die Eigenschaften von Phenol und Hexan-1-ol.

Reaktionen von Benzol-Derivaten

V1: Untersuchung von Benzol-Derivaten

Materialien: Porzellanschale, Tropfpipetten, Gasbrenner, Waage;
Phenol (T, C), Benzoesäure (Xn), Benzaldehyd (Xn), Anilin (T, N), Methanol (T, F), Natronlauge (verd., C), Salzsäure (verd.), Schwefelsäure (konz.; C), Silbernitrat-Lösung (1%), Ammoniak-Lösung (verd.), Magnesiumspäne (F), Universalindikator-Papier.

Durchführung:
1. Lösen Sie in einem Reagenzglas einige Phenol-Kristalle in etwa 3 ml Wasser. Prüfen Sie den pH-Wert.
2. Geben Sie portionsweise Phenol zu, bis eine Emulsion entsteht. Tropfen Sie nun Natronlauge zu. Säuern Sie die nun klare Lösung tropfenweise mit Salzsäure an.
3. Lösen Sie in einem Reagenzglas einige Tropfen Anilin in etwa 3 ml Wasser und prüfen Sie den pH-Wert.
4. Lösen Sie in einem Reagenzglas etwas Benzoesäure in etwa 3 ml Wasser und prüfen Sie den pH-Wert. Geben Sie einen Magnesiumspan dazu. Führen Sie eine Knallgas-Probe durch.
5. Geben Sie in ein Reagenzglas etwa 1 g Benzoesäure und etwa 2 ml Methanol. Versetzen Sie das Gemisch mit 3 Tropfen konzentrierter Schwefelsäure und erwärmen Sie unter leichtem Schütteln. Gießen Sie das Gemisch nach der Reaktion in die Porzellanschale mit Wasser und prüfen Sie den Geruch.
6. Mischen Sie 1 ml Silbernitrat-Lösung und 1 ml Ammoniak-Lösung und versetzen Sie das Gemisch mit 1 ml Benzaldehyd. Erwärmen Sie vorsichtig bis zum Sieden. (*Hinweis:* Für den Nachweis der Aldehyd-Gruppe kann in diesem Fall FEHLING-Reagenz nicht eingesetzt werden, da Benzaldehyd in alkalischer Lösung zu Benzylalkohol und Benzoat disproportioniert.

Aufgaben:
a) Notieren Sie Ihre Beobachtungen.
b) Vergleichen Sie die gemessenen pH-Werte mit denen bekannter Säuren und Basen.
c) Stellen Sie für die Reaktionen von der Phenol-Lösung mit Wasser und mit Natronlauge die Reaktionsgleichungen auf.
d) Formulieren Sie für die Reaktion von Magnesium mit Benzoesäure die Reaktionsgleichung.
e) Erläutern Sie die Reaktion von Benzoesäure mit Methanol und stellen Sie die Reaktionsgleichung auf.
f) Formulieren Sie für die Redoxreaktion von Benzaldehyd mit ammoniakalischer Silbernitrat-Lösung die Reaktionsgleichung mit Oxidationszahlen.

V2: Nitrierung von Phenol

Materialien: Wasserbad, Tropfpipette;
Phenol (T, C), Schwefelsäure (verd.; Xi), Salpetersäure (konz.; C).

Durchführung:
1. Lösen Sie in einem Reagenzglas eine große Spatelspitze Phenol in etwa 4 ml Schwefelsäure und schütteln Sie, bis sich eine klare Lösung bildet.
2. Erhitzen Sie die Probe einige Minuten im Wasserbad.
3. Geben Sie nun zu der noch warmen Lösung 2 Tropfen konzentrierte Salpetersäure.

Aufgaben:
a) Notieren Sie Ihre Beobachtungen.
b) Formulieren Sie die Reaktionsgleichung.
c) Entscheiden Sie, ob Phenol auch in alkalischer Lösung nitriert werden kann. Geben Sie eine entsprechende Begründung an.

V3: Sulfonierung von Naphthalin

Materialien: Tropfpipette, Becherglas (100 ml), Reibschale mit Pistill, Gasbrenner, Spatel;
Naphthalin (Xn), Schwefelsäure (konz.; C).

Durchführung:
1. Zerreiben Sie etwas Naphthalin in der Reibschale.
2. Geben Sie dann eine Spatelspitze in ein Reagenzglas und fügen Sie vorsichtig etwa 5 ml konzentrierte Schwefelsäure hinzu.
3. Erhitzen Sie das Gemisch anschließend etwa 2 min mit der Brennerflamme und geben Sie es nach dem Abkühlen in ein Becherglas mit 50 ml Wasser.

Aufgaben:
a) Notieren Sie Ihre Beobachtungen.
b) Formulieren Sie die Reaktionsgleichung.
c) Erläutern Sie, welche Isomere bei dieser Reaktion gebildet werden können.

A1: Das System Phenol/Wasser liegt immer dann als Lösung vor, wenn eine der Komponenten in großem Überschuss vorhanden ist. Ansonsten bildet sich bei Raumtemperatur eine Emulsion zweier flüssiger Phasen. Beschreiben Sie qualitativ, wie die beiden Flüssigkeiten zusammengesetzt sind.

4.4 Die elektrophile Substitution

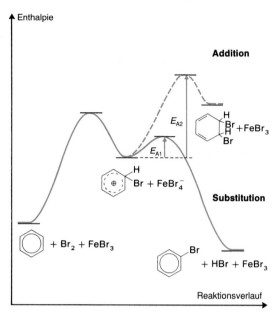

mesomeriestabilisiertes Carbenium-Ion

Grenzformeln des Carbenium-Ions

Mechanismus der Bromierung von Benzol

Enthalpiediagramm der Bromierung von Benzol

Versetzt man Benzol mit einigen Tropfen Brom, so findet zunächst keine Reaktion statt. Erst nach Zugabe eines Katalysators entfärbt sich das Gemisch langsam. Als Produkt entsteht Brombenzol, außerdem wird Bromwasserstoff gebildet. Es stellt sich hier die Frage, weshalb Benzol nicht ähnlich wie Alkene sofort mit Brom reagiert und warum offensichtlich keine Addition abläuft, sondern eine Substitution.

Reaktionsmechanismus. Alken-Moleküle haben im Bereich ihrer C=C-Zweifachbindungen eine erhöhte Elektronendichte. Das gilt aufgrund der delokalisierten Elektronen auch für Benzol-Moleküle. Benzol reagiert deshalb ebenso wie Alkene bevorzugt mit Elektrophilen.

Bei der Reaktion von Benzol mit Brom erfolgt eine **elektrophile Substitution:** Durch Wechselwirkung der delokalisierten Elektronen des Benzolrings mit einem Brom-Molekül wird das Brom-Molekül polarisiert und angezogen. Die eigentliche Reaktion setzt erst nach Zugabe eines Katalysators wie Eisen(III)-bromid ein. Dabei wirkt ein Eisen(III)-bromid-Molekül zusätzlich stark polarisierend auf die Bindung im Brom-Molekül, sodass die Aktivierungsenergie für die heterolytische Spaltung der Br–Br-Bindung sinkt. Im geschwindigkeitsbestimmenden Schritt der Reaktion entstehen ein $FeBr_4^-$-Ion und ein Mesomerie stabilisiertes Carbo-Kation, das *Carbenium-Ion.*
Im Carbenium-Ion ist das Brom-Atom über eine Einfachbindung an ein Kohlenstoff-Atom des Benzol-Moleküls gebunden. Die positive Ladung ist innerhalb des Ringes über fünf Kohlenstoff-Atome delokalisiert; das Carbe-

nium-Ion wird dadurch stabilisiert. Es reagiert anschließend unter Abgabe eines Protons mit dem $FeBr_4^-$-Ion. Dabei entstehen die Produkte Brombenzol und Bromwasserstoff. Der Katalysator Eisen(III)-bromid wird zurückgebildet.

Substitution oder Addition? Das Carbenium-Ion könnte ähnlich weiterreagieren wie bei einer elektrophilen Addition bei Alkenen. Beim Benzol wird jedoch die Substitution durch kinetische und energetische Faktoren begünstigt.

Die Addition des Bromid-Ions an das Carbenium-Ion erfordert eine größere *Aktivierungsenergie* als die Abspaltung des Protons, weil die positive Ladung delokalisiert ist. Ein nucleophiler Angriff wird dadurch erschwert.

Auch die *Reaktionsenthalpie* spricht für den Ablauf der Substitution: Eine Addition ergäbe keine aromatische Verbindung. Bei der Abspaltung des Protons vom Carbenium-Ion wird dagegen das delokalisierte, aromatische Elektronensystem zurückgebildet. Die dabei freiwerdende Energie erleichtert die Spaltung der C–H-Bindung.

> Benzol und die anderen aromatische Verbindungen reagieren durch elektrophile Substitution. Dabei bleibt das aromatische System erhalten.

1. Formulieren Sie den Reaktionsmechanismus für die Reaktion von Benzol mit Chlor.

Synthese aromatischer Verbindungen

Nitrierung. Benzol reagiert mit *Nitriersäure*, einem Gemisch aus konzentrierter Schwefelsäure und konzentrierter Salpetersäure, zu *Nitrobenzol*. Die gelbliche Flüssigkeit ist ein wichtiges Zwischenprodukt bei der Herstellung von Farben. Nitrobenzol hat einen angenehmen Geruch nach bitteren Mandeln, ist aber stark giftig.

Bei der Nitrierung wird ein Wasserstoff-Atom des Benzol-Moleküls durch die Nitro-Gruppe (– NO_2) ersetzt. Auch diese Reaktion verläuft als *elektrophile Substitution:* Zunächst entsteht aus einem protonierten Salpetersäure-Molekül durch Abspaltung eines Wasser-Moleküls als elektrophiles Teilchen ein Nitronium-Ion (NO_2^+). Konzentrierte Schwefelsäure erleichtert diese Reaktion. Sie reagiert als Säure und bindet das freiwerdende Wasser, das so ständig aus dem Gleichgewicht entfernt wird.
Im geschwindigkeitsbestimmenden Schritt reagiert das Nitronium-Ion mit einem Benzol-Molekül zu einem Carbenium-Ion. Der aromatische Zustand wird wieder hergestellt, indem ein Proton vom Carbenium-Ion auf ein Hydrogensulfat-Ion übergeht.

Sulfonierung. Mit rauchender Schwefelsäure reagiert Benzol zu *Benzolsulfonsäure*. Formal wird bei dieser elektrophilen Substitution ein Wasserstoff-Atom durch die Sulfonsäure-Gruppe (– SO_3H) ersetzt.

In rauchender Schwefelsäure sind Schwefeltrioxid-Moleküle gelöst. Durch Protolyse mit Schwefelsäure-Molekülen können sie zu HSO_3^+-Ionen reagieren. Diese greifen mit ihrem positivierten Schwefel-Atom den Benzol-Kern elektrophil an. Dabei entsteht ein Carbenium-Ion, das durch Abgabe eines Protons zu einem Benzolsulfonsäure-Molekül reagiert. Im Gegensatz zur Nitrierung und Halogenierung verläuft die Sulfonierung von Benzol reversibel.

FRIEDEL-CRAFTS-Reaktionen. Mit Aluminiumchlorid ($AlCl_3$) als Katalysator reagiert Benzol mit Alkylhalogeniden. So erhält man Toluol (Methylbenzol) durch eine elektrophile Reaktion von Benzol mit Chlormethan.
Bei dieser nach den Chemikern Charles FRIEDEL und James M. CRAFTS benannten FRIEDEL-CRAFTS-*Alkylierung*, wird die polare C – Cl-Bindung durch den Katalysator noch weiter polarisiert. Das positivierte C-Atom des Alkylhalogenids tritt dann mit einem Benzol-Molekül in Wechselwirkung. Im geschwindigkeitsbestimmenden Schritt der Reaktion entstehen ein durch Mesomerie stabilisiertes Carbenium-Ion und ein $AlCl_4^-$-Ion.
Das Carbenium-Ion reagiert anschließend unter Abgabe eines Protons mit dem $AlCl_4^-$-Ion. Dabei entstehen die Produkte Toluol (Methylbenzol) und Chlorwasserstoff, der Katalysator wird zurückgebildet.

Bildung des Nitronium-Ions in Nitriersäure

Elektrophile Substitutionsreaktionen

Anstelle von Alkylhalogeniden lassen sich auch *Alkene* zur Alkylierung von Benzol verwenden. Durch Protonierung mit Schwefelsäure entstehen stark elektrophile Carbenium-Ionen. Die Reaktion zwischen Benzol und Ethen führt zu Ethylbenzol, das durch Dehydrierung in Styrol (Ethenylbenzol) überführt werden kann. Durch Polymerisation erhält man daraus Polystyrol.

1. Notieren Sie die Reaktionsgleichung für die Bildung von HSO_3^+-Ionen in rauchender Schwefelsäure.
2. Formulieren Sie für die folgenden elektrophilen Substitutionen die Reaktionsmechanismen:
   a) Nitrierung von Benzol,
   b) Sulfonierung von Benzol,
   c) Bildung von Methylbenzol aus Benzol und Chlormethan in Anwesenheit von Aluminiumchlorid als Katalysator.
   d) Reaktion von Benzol mit Ethen.

4.5 Alkyl-Derivate des Benzols

Ersetzt man im Benzol-Molekül ein oder mehrere Wasserstoff-Atome durch Alkyl-Reste, so erhält man *Alkylbenzole*.

Toluol. Das einfachste Alkyl-Derivat des Benzols ist *Toluol* (Methylbenzol). Es ist eine farblose, leicht entzündliche Flüssigkeit, die bei 110 °C siedet. Die Verbindung ist gesundheitsschädlich, wirkt aber im Gegensatz zu Benzol nicht kanzerogen. Wie Benzol ist auch Toluol in geringer Menge im Erdöl enthalten. Technisch gewinnt man Toluol aus Reformatbenzin oder aus Pyrolysebenzin.
Man verwendet Toluol als Lösemittel und als Treibstoffzusatz. Mit Nitriersäure reagiert Toluol zu dem Sprengstoff *Trinitrotoluol* (TNT). Dabei erfolgt die Substitution stufenweise mit ansteigender Konzentration der Nitriersäure.

Ethylbenzol und Cumol. Die Alkylierung von Benzol mit Ethen liefert *Ethylbenzol*. Durch Dehydrierung erhält man daraus Styrol für die Herstellung des Kunststoffs Polystyrol. Mit Propen reagiert Benzol zu *Cumol* (Isopropylbenzol), einem Zwischenprodukt bei der Synthese von Phenol und Aceton.
Verbindungen, bei denen im Benzol-Molekül zwei Wasserstoff-Atome durch Methyl-Gruppen substituiert sind, bezeichnet man als *Xylole*. Es gibt drei Isomere: 1,2-Xylol (1,2-Dimethylbenzol), 1,3-Xylol (1,3-Dimethylbenzol) und 1,4-Xylol (1,4-Dimethylbenzol). Bei der Herstellung bilden sich alle drei Isomere und werden meist ohne weitere Trennung verwendet.
Xylole eignen sich als Lösemittel für Wachse, Kunstharze und Kautschuk sowie als Verdünnungsmittel für Lacke. Wegen ihrer hohen Octanzahl werden Xylole auch Flugzeugkraftstoffen zugesetzt.

Oxidation zu aromatischen Carbonsäuren. Die Methyl-Gruppen der Alkylbenzole lassen sich durch starke Oxidationsmittel zu Carboxy-Gruppen oxidieren. Durch Reaktion mit Kaliumpermanganat in saurer Lösung erhält man so aus Toluol *Benzoesäure* (C_6H_5COOH). Benzoesäure wird als Konservierungsstoff verwendet.
Xylole können entsprechend mit Kaliumpermanganat in saurer Lösung zu Dicarbonsäuren oxidiert werden. Aus 1,4-Xylol erhält man dabei *Terephthalsäure* (Benzol-1,4-dicarbonsäure), aus 1,2-Xylol bildet sich *Phthalsäure* und aus 1,3-Xylol *Isophthalsäure*. Diese Dicarbonsäuren werden zur Herstellung von Weichmachern, Kunststoffen und Kunstfasern verwendet. Bekannt ist vor allem der Kunststoff Polyethenterephthalat (PET).

Kernsubstitution oder Seitenkettensubstitution? Alkylbenzole zeigen aufgrund ihres Benzolkerns Merkmale aromatischer Stoffe, andererseits können sie mit ihren Seitenketten wie Alkane reagieren.

Alkyl-Derivate des Benzols

Durch Anwendung unterschiedlicher Reaktionsbedingungen lassen sich Alkylbenzole gezielt am aromatischen **K**ern oder in der **S**eitenkette substituierten: Bei niedriger Temperatur (**K**älte) und in Anwesenheit von Eisen(III)-bromid als **K**atalysator reagiert Toluol mit Brom zu einem Gemisch von *2-Bromtoluol* und *4-Bromtoluol*, gleichzeitig entsteht dabei Bromwasserstoff. Wie beim Benzol verläuft also eine *elektrophile Substitution* am aromatischen **K**ern des Moleküls. Dieses Reaktionsverhalten wird kurz als **KKK-Regel** bezeichnet.

Bei erhöhter Temperatur (**S**iedehitze) und gleichzeitiger Bestrahlung mit Licht (**S**onnenlicht) erfolgt dagegen eine *radikalische Substitution* in der **S**eitenkette. Dieser Reaktionsverlauf entspricht der **SSS-Regel**. Bei der Bromierung von Toluol entsteht dabei als Monosubstitutionsprodukt *(Brommethyl)-benzol* und Bromwasserstoff.

> Toluol und die Xylole sind Alkyl-Derivate des Benzols. In Abhängigkeit von den Reaktionsbedingungen können Substitutionsreaktionen am aromatischen Kern oder in der Seitenkette ablaufen.

1. Formulieren Sie die Reaktionsgleichungen für die Reaktion von Benzol und Propen zu Cumol.
2. **a)** Geben Sie für die Oxidation von Toluol zu Benzoesäure die Reaktionsgleichung mit Oxidationszahlen an.
   b) Formulieren Sie Grenzformeln des Benzoesäure-Moleküls und erklären Sie, warum Benzoesäure schwächer sauer reagiert als Methansäure.
3. Formulieren Sie Reaktionsgleichungen für die Kernbromierung und für die Seitenkettenbromierung von Toluol. Geben Sie dabei jeweils die Reaktionsbedingungen an und benennen Sie die Produkte und die Reaktionstypen.

Chemie beim Sonnenbaden

Sonnenbaden – nur mit ausreichendem UV-Schutz!

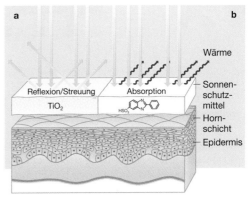

Physikalischer (a) und chemischer (b) UV-Schutz

Früher galt nur helle, ungetönte Haut als schön. Heute signalisiert gebräunte Haut Aktivität, Gesundheit, Sportlichkeit und Wohlstand. Oft wird jedoch übersehen, dass die Haut durch übermäßiges Sonnenbaden ernsthaft geschädigt werden kann. Die Ursache liegt im Anteil an ultravioletter Strahlung im Sonnenlicht. Dabei unterscheidet man UV-A-Strahlung von der etwas kürzerwelligen und damit energiereicheren UV-B-Strahlung. Häufige und intensive Bestrahlung mit UV-Licht kann zu vorzeitiger Alterung der Haut, zum Absterben von Zellen sowie zu DNA-Schäden bis hin zu Hautkrebs führen.

Unsere Haut ist aber der Bestrahlung mit UV-Licht nicht schutzlos ausgeliefert: Die oberste Hautschicht, die Hornhaut, wirkt als UV-Absorber. Angeregt durch eindringende UV-B-Strahlung wird in der Oberhaut das dunkle Hautpigment **Melanin** aus der Aminosäure Tyrosin gebildet. Melanin ist ein Makromolekül, das aus Indol-5,6-chinon-Einheiten aufgebaut ist. Es wird in die oberen Hautschichten eingelagert und wirkt dort als körpereigener UV-Schutz: Das delokalisierte Elektronensystem des Moleküls absorbiert UV-Strahlung. Die Elektronen gehen dabei in einen angeregten Zustand über. Unter Abgabe von Energie in Form von Wärme fallen die Elektronen zurück in den Grundzustand.

Sonnenschutzmittel. 1940 wurde 4-Aminobenzoesäure als Sonnenschutzmittel auf den Markt gebracht. Ähnlich wie Melanin absorbiert diese Verbindung UV-Strahlung. Bis etwa 1970 war 4-Aminobenzoesäure Hauptbestandteil aller Sonnencremes. Erst dann stellte sich heraus, dass 4-Aminobenzoesäure häufig Allergien auslöst.

Moderne Sonnenschutzmittel enthalten hautverträgliche und für den Organismus unbedenkliche Stoffe. Eine der wichtigsten Verbindungen ist heute *Phenylbenzimidazolsulfonsäure.*

Um Allergien vorzubeugen, wurden außerdem Sonnenschutzmittel entwickelt, bei denen der direkte Kontakt des Sonnenschutzmittels mit der Haut vermieden wird. Die gegen UV-Strahlung wirksamen Verbindungen werden dabei in Nanopartikel aus Lipid-Molekülen eingeschlossen. Die Nanopartikel werden mit der Sonnencreme in einem dünnen Film auf die Haut aufgebracht und bilden einen sehr guten UV-Schutz.

Viele chemische UV-Filter zersetzen sich allmählich bei Lichteinwirkung. Dabei können Produkte entstehen, die Allergien auslösen. Deshalb wurden neben chemischen Sonnenschutzmitteln noch Lichtschutzsubstanzen entwickelt, deren Wirkung auf physikalischen Effekten beruht. Sie reflektieren oder streuen die UV-Strahlung, sodass sie nicht in die Hautoberfläche eindringen kann. Ein häufig verwendeter physikalischer UV-Schutz ist das Weißpigment Titandioxid (TiO_2).

1. Recherchieren Sie, unter welchem Namen Phenylbenzimidazolsulfonsäure im Handel ist und in welchen Produkten sie eingesetzt wird.
2. Tragen Sie in einer Tabelle Vor- und Nachteile von chemischen und physikalischen UV-Filtern zusammen.
3. Ermitteln Sie in welchen Formen Sonnenschutzmittel verwendet werden und welche Bedeutung der Lichtschutzfaktor hat.

Synthese von Melanin in der Oberhaut

Tyrosin

3,4-**Di**hydr**oxy**pheny**la**lanin (Dopa)

Melanin

Indol-5,6-chinon

4.6 Kunststoffe – vom Monomer zum Polymer

$$CH_2=CH + CH_2=CH \longrightarrow \cdots CH_2-CH-CH_2-CH \cdots$$
$$\quad\ |\qquad\qquad |\qquad\qquad\qquad |\qquad\quad |$$
$$\quad CH_3\qquad\quad CH_3\qquad\qquad\quad CH_3\qquad CH_3$$

Polymerisation von Propen zu Polypropen

Die industrielle Herstellung von Bakelit aus Phenol und Formaldehyd im Jahr 1910 durch den Amerikaner Leo H. BAEKELAND war der Anfang des beispiellosen Siegeszuges der Kunststoffe. In vielen Fällen geht die Produktion von aromatischen Grundstoffen aus. Bei der Synthese von Kunststoffen reagieren kleine Moleküle, die *Monomere*, zu *Makromolekülen*, den *Polymeren*. Die Verknüpfung zu *Polymeren* kann je nach Art der Monomeren durch unterschiedliche *Polyreaktionen* erfolgen. Dazu müssen die Monomere entweder C=C-Zweifachbindungen oder mindestens zwei andere funktionelle Gruppen besitzen.

Monomere mit zwei oder mehr funktionellen Gruppen können miteinander durch **Polykondensation** reagieren. Als funktionelle Gruppen eignen sich Hydroxy-Gruppen, Amino-Gruppen und Carboxy-Gruppen. Beispiele für die Bildung von Polykondensaten sind die Reaktion des zweiwertigen Alkohols Ethandiol mit Hexandisäure (Adipinsäure) zu einem *Polyester* und die Reaktion von Phenol mit Formaldehyd zu Bakelit.

Monomere mit C=C-Zweifachbindungen können miteinander durch **Polymerisation** zu Makromolekülen reagieren. Beispiele sind die Polymerisationen des Benzol-Derivats Styrol zu Polystyrol oder von Ethen zu Polyethen.

Polymerisation. Die Reaktion von Monomeren mit C=C-Zweifachbindungen zu einem Polymerisat verläuft als *Kettenreaktion*. Die gebildeten Polymere sind langkettige, lineare oder wenig verzweigte Makromoleküle.

Solche Kunststoffe gehen beim Erhitzen in einem größeren Temperaturbereich vom festen in einen zähflüssigen Zustand über, man bezeichnet sie deshalb als *Thermoplaste*. Das langsame Erweichen beim Erhitzen lässt sich auf die Struktur der Makromoleküle zurückführen: Zwischen den langkettigen Molekülen wirken Wasserstoffbrücken oder VAN-DER-WAALS-Bindungen. Wird der Kunststoff erwärmt, so geraten die Makromoleküle in Schwingungen, wobei die zwischenmolekularen Bindungen allmählich überwunden werden. Die Makromoleküle können aneinander vorbeigleiten, der Thermoplast erweicht und schmilzt schließlich.

In diesem zähflüssigen Zustand lassen sich Thermoplasten leicht verarbeiten: Beim *Spritzgießen* wird die Masse in eine Form gepresst und dann abgekühlt, beim *Blasformen* wird ein noch weicher Schlauch durch eine Düse mit Luft zur Hohlform aufgeblasen.

Zu den mengenmäßig wichtigsten Polymerisaten zählen *Polyethen* (Polyethylen), *Polyvinylchlorid* (PVC, Polychlorethen), *Polypropen* (Polypropylen) und *Polystyrol*. Die Ausgangsstoffe werden aus fossilen Rohstoffen wie Erdöl oder Erdgas gewonnen.

> Bei einer Polymerisation reagieren ungesättigte Monomere zu linearen oder wenig verzweigten Makromolekülen.

1. Stellen Sie die Reaktionsgleichungen für die Synthese von Polypropylen, Polytetrafluorethen und Polyacrylnitril aus den entsprechenden Monomeren auf.

Struktur-formel	H $\quad$ H $\quad$ C=C $\quad$ H $\quad$ H	H $\quad$ H $\quad$ C=C $\quad$ H $\quad$ CH$_3$	H $\quad$ H $\quad$ C=C $\quad$ H $\quad$ Cl	F $\quad$ F $\quad$ C=C $\quad$ F $\quad$ F	H $\quad$ H $\quad$ C=C $\quad$ H $\quad$ CN	H $\quad$ CH$_3$ $\quad$ C=C $\quad$ H $\quad$ C—OCH$_3$ $\quad$ O	H $\quad$ H $\quad$ C=C $\quad$ H
Name	Ethen Ethylen	Propen Propylen	Vinylchlorid Chlorethen	Tetrafluor-ethen	Acrylnitril	Methacrylsäure-methylester	Styrol
Polymer	Polyethen (PE)	Polypropen (PP)	Polyvinyl-chlorid (PVC)	Polytetra-fluorethen (PTFE)	Polyacrylnitril (PAN)	Polymethacryl-säuremethylester (PMMA)	Polystyrol (PS)
Verwen-dung	Folien, Trage-taschen	Spritzguss-teile, Fahrrad-helme	Fensterrah-men, Isolier-folien	Beschich-tungen, Dichtungen	Kunstfasern	Glasdächer, Möbel	Haushalts-gegenstände, Dämmstoffe

Technisch wichtige Polymerisate

4.7 Radikalische Polymerisation

Der Kunststoff *Polystyrol* wird durch Polymerisation von *Styrol* (Phenylethen) gewonnen. Styrol ist eine reaktionsfähige, farblose Flüssigkeit. Als Erster stellte der Apotheker Eduard SIMON Styrol her: 1835 erhitzte er das Harz des orientalischen Amberbaumes und erhielt dabei eine Flüssigkeit. In Anlehnung an den lateinischen Namen des Harzes *Styras* nannte er diesen Stoff Styrol. Als SIMON die Flüssigkeit erwärmte, wandelte sie sich nach einiger Zeit in einen festen durchsichtigen Stoff um. Später erkannte man, dass die Zusammensetzung des Feststoffes mit der Zusammensetzung der Flüssigkeit übereinstimmte. Es handelte sich um den Kunststoff Polystyrol.

Die Bedeutung von Styrol war gering, bis man 1930 erkannte, dass sich die Verbindung hervorragend als Ausgangsstoff für die Herstellung von Kunststoffen eignet. Voraussetzung für die Produktion von Polystyrol war eine kostengünstige *Synthese von Styrol*. Bereits 1931 wurde Styrol durch Dehydrierung von Ethylbenzol gewonnen. Dieses Verfahren wird auch heute noch angewendet. Ethylbenzol erhält man durch Reaktion von Benzol mit Ethen durch FRIEDEL-CRAFTS-Alkylierung.

Mechanismus der radikalischen Polymerisation. Bei Polymerisationsreaktionen lassen sich drei verschiedenartige Teilreaktionen unterscheiden: die *Startreaktion*, die eigentliche *Kettenreaktion* sowie *Abbruchreaktionen*.

Ein Beispiel ist die Bildung von Polystyrol aus Styrol (Phenylethen). Als *Kettenstarter* oder *Initiator* dient Dibenzoylperoxid. Beim Erwärmen zerfallen die Dibenzoylperoxid-Moleküle in Benzoyl-Radikale. Diese Radikale leiten die Polymerisation durch Reaktion mit C=C-Zweifachbindungen der Monomere ein. Jedes Radikal bildet eine Elektronenpaarbindung mit einem der beiden C-Atome. Aus der C=C-Zweifachbindung entsteht dadurch eine C–C-Einfachbindung. Das zweite C-Atom hat nun selbst ein freies Elektron, es ist also ein *Alkyl-Radikal* entstanden.

Danach läuft die Polymerisation als *Kettenreaktion* weiter: Das Alkyl-Radikal reagiert mit einem weiteren Monomer. Dabei entsteht ein neues Alkyl-Radikal, dessen C–C-Kette um eine Einheit verlängert ist. Diese Teilreaktionen laufen immer wieder ab, es bilden sich schließlich langkettige Alkyl-Radikale.

Beim *Kettenabbruch* reagieren zwei Radikale miteinander unter Bildung einer Elektronenpaarbindung. Die Reaktionskette wird abgebrochen.

Polystyrol. Durch Polymerisation von Styrol erhält man einen thermoplastischen Kunststoff, der aus 1000 bis 5000 Monomeren aufgebaut ist. Man sagt, der *Polymerisationsgrad* beträgt 1000 bis 5000.

Transparenz und sein hoher Oberflächenglanz machen Polystyrol (PS) zu einem wichtigen Werkstoff. So wird hartes, klares Polystyrol zur Herstellung von Labor- und Haushaltsgegenständen verwendet. Auch für den Modellbau und Spielzeug eignet sich Polystyrol.

Zwei Drittel der Polystyrol-Produktion gehen allerdings in die Herstellung von *Polystyrol-Schaum*. Durch den Zusatz von Pentan beim Polymerisationsvorgang ist es möglich, Polystyrol herzustellen, das bei der Weiterverarbeitung durch Erwärmen aufschäumt: Das leichtflüchtige Pentan verdampft und es bildet sich Styropor, ein Polystyrol-Schaum, der eine vorgegebene Form vollständig ausfüllt. Der sehr leichte und zugleich feste Schaum besteht zu 98 % aus Luft. Er ist damit sehr gut als Wärmedämmstoff im Wohnungsbau geeignet.

> Radikalische Polymerisationen laufen als Kettenreaktion ab. Dabei kann man zwischen Kettenstart, Kettenwachstum und Kettenabbruch unterscheiden.

1. Erläutern Sie, weshalb käufliches Styrol in braunen Flaschen geliefert und in der Kälte aufbewahrt wird.
2. Formulieren Sie den Reaktionsmechanismus für die radikalische Polymerisation von Tetrafluorethen und für Methacrylsäuremethylester.

Gesamtreaktion:

$H_2C=CH$ + $H_2C=CH$ ---> ...

Startreaktion:

Kettenreaktion:

Abbruchreaktion:

Radikalische Polymerisation von Styrol

4.8 Copolymerisate

Wer kennt sie nicht – die bunten Lego®-Bausteine, die fast jedes Kinderzimmer bevölkern und selbst Erwachsene faszinieren. Die dänische Spielzeugfirma LEGO wurde 1932 von Tischlermeister Ole Kirk CHRISTIANSEN gegründet. 1934 erfand er den Namen als Abkürzung für „leg godt", dänisch für „spiel gut". Seit 1949 werden die Bausteine aus ABS (**A**crylnitril-**B**utadien-**S**tyrol) gefertigt.

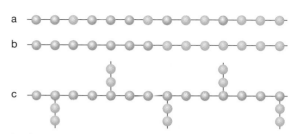

Struktur von Copolymeren. *Statistisches Copolymer (a), Block-Copolymer (b), Pfropf-Copolymer (c)*

Copolymerisate – Kunststoffe nach Maß. Die Bildung eines Polymers aus zwei oder mehreren verschiedenen Monomeren bezeichnet man als Mischpolymerisation oder *Copolymerisation*. Dabei werden meist Monomere sehr unterschiedlicher Molekülstruktur verknüpft. Der Kunststoffchemiker kann mit der Copolymerisation fast nach Wunsch günstige Eigenschaften von Polymeren kombinieren und Nachteile der reinen Polymeren ausgleichen.

Im einfachsten Fall einer Copolymerisation lässt man die verschiedenen Monomere zusammen reagieren. Im Polymerisat wechseln sich dann die verschiedenen Monomer-Bausteine unregelmäßig ab und bilden ein *statistisches Copolymer*.
In *Block-Copolymeren* folgen jeweils Abschnitte von reinen Monomer-Bausteinen aufeinander. Bei *Pfropf-Copolymeren* wird an ein lineares Polymer über Alkenyl-Reste eine andere Monomer-Sorte anpolymerisiert.

Styrol/Acrylnitril-Copolymere. Styrol lässt sich gut mit etwa zehn verschiedenen anderen Monomeren zu besonders leistungsfähigen Kunststoffen copolymerisieren. Kombiniert man Styrol mit etwa 30 % Acrylnitril, so entstehen **S**tyrol/**A**crylnitril-Copolymere (SAN). Acrylnitril verbessert die mechanischen Eigenschaften des harten Polystyrols. Flaschen aus Styrol/Acrylnitril-Copolymeren sind deshalb besonders bruchfest. Die polaren Nitril-Gruppen ($-C\equiv N|$) verhindern ein Benetzen der SAN-Kunststoffe durch unpolare Flüssigkeiten. Aus SAN-Copolymeren werden Gerätegehäuse, Telefonapparate und Spielwaren hergestellt.

Styrol/Butadien-Rubber. Polymerisiert man Styrol mit einem hohen Anteil an Butadien (bis zu 90 %), so erhält man weitmaschige Molekülnetze. Sie verleihen dem Styrol/Butadien-Rubber-Copolymerisat (SBR) hohe Elastizität. Er ist deshalb der meistverwendete Synthesekautschuk zur Herstellung von Reifen, Transportbändern und Dichtungen.

Arylnitril/Butadien/Styrol-Kunststoff. Durch Propf-Copolymerisation von **A**crylnitril und **S**tyrol in Gegenwart von niedermolekularem Poly**b**utadien erhält man Acrylnitril/Butadien/Styrol-Copolymere (ABS). An den C=C-Zweifachbindungen des Polybutadiens polymerisieren Acrylnitril und Styrol zu Seitenketten. ABS-Copolymerisate finden nicht nur für LEGO-Bausteine breite Verwendung: ABS ist chemikalienbeständig, formstabil, elastisch und fast unzerbrechlich. Einsatzbereiche sind Autoteile, Motorradhelme, Elektrogeräte, Rohre und Verpackungsfolien.

> Durch Copolymerisation werden verschiedenartige Monomere miteinander polymerisiert. Dadurch lassen sich die Eigenschaften des Produktes gezielt steuern.

1. **a)** Zeichnen Sie die Strukturformeln der Monomere eines SAN-Copolymers und eines SBR-Copolymers.
   b) Benennen Sie Monomere.
   c) Zeichnen Sie jeweils einen Ausschnitt aus den Strukturformeln der Copolymere.
2. Vergleichen Sie die Vor- und Nachteile von Copolymerisaten und reinen Polymeren.

Reifen aus SBR-Copolymerisat

Lenkradsäule aus ABS-Copolymerisat

Verbundwerkstoffe und Polymerlegierungen

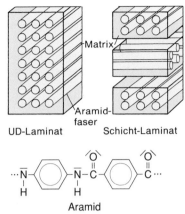

UD-Laminat | **Schicht-Laminat**

Matrix

Aramid-faser

Aramid

Aufbau von Hochleistungsverbund-werkstoffen

Astronaut im Weltraum – ohne Ver-bundwerkstoffe nicht möglich

Tragfläche des Airbus A400M: Holm und Flügelkasten aus CFK

Die gute Formbarkeit und das geringe Gewicht machen Kunststoffe in den verschiedensten Anwendungsbereichen zu einem Werkstoff nach Maß. Einsatzgrenzen fanden Kunststoffe lange Zeit dort, wo sie extremen mechanischen Anforderungen standhalten mussten. Zwei neue Ideen halfen weiter: die Kombination von Kunststoffen mit anderen Werkstoffen zu *Verbundwerkstoffen* und das Vermischen von Kunststoffen mit unterschiedlichen Eigenschaften zu *Polymerlegierungen*.

Verbundwerkstoffe. Für die Herstellung von *Verbundwerkstoffen* sind mindestens zwei Komponenten nötig, die Grundsubstanz oder Matrix und das Verstärkungsmaterial. Als *Matrix* werden duroplastische oder thermoplastische Kunststoffe eingesetzt. Am häufigsten werden Epoxidharze verwendet. Sie verleihen dem Werkstoff als Duroplast hohe Festigkeit und gute thermische Stabilität. Auch Polystyrol und Polyester sind als Matrix geeignet. Sie stellen das Bindemittel im Fiberglas dar.
Das in die Matrix eingebettete *Verstärkungsmaterial* muss steif, zugfest und beständig gegen aggressive Substanzen und hohe Temperaturen sein. In Frage kommen hauptsächlich Glasfasern, Kohlenstofffasern und Aramidfasern. Lagen aus parallel verlaufenden Fasern sind in der Matrix aufeinander gestapelt. Sie werden als **uni**direktionale Schichten (UD-Laminate) bezeichnet.

Die hervorragenden mechanischen Eigenschaften bei geringem Gewicht haben Verbundwerkstoffe zu einem geschätzten Material in der Luftfahrtindustrie werden lassen. Hochleistungsverbundwerkstoffe wie Carbonfaserverstärkte Kunststoffe (CFK) sind ähnlich belastbar wie Stahl. Hohe Steifheit und Elastizität sind ideal kombiniert. Gleichzeitig ist das Material korrosionsbeständig und hat eine sehr geringe Dichte: Während 1 dm^3 Stahl 8 kg wiegt, sind es beim Verbundwerkstoff nur etwa 1,5 kg.

Polymerlegierungen. Werden zwei oder mehr hochpolymere Stoffe miteinander vermischt, so bildet sich in der Schmelze unter hohem Druck eine *Polymerlegierung*. Geeignet für solche Kunststoffmischungen sind thermoplastische Kunststoffe wie Polystyrol, Polyethen, Polycarbonate und Polyamide. Auch Acrylnitril/Butadien/Styrol-Copolymerisate werden zu Polymerlegierungen verarbeitet.

In der fertigen Polymerlegierung ist die Komponente mit dem kleinsten Anteil tropfenförmig, stabförmig oder lamellenartig in die Grundmasse eingebettet. Ähnlich wie bei Legierungen von Metallen wird bei Polymerlegierungen die gewünschte Eigenschaft durch die Kombination verschiedener Kunststoffe erreicht.
Besonders geschätzt sind heute schlagzähe Polymerlegierungen. Schlagzähes Polystyrol wird aus hartem, sprödem Polystyrol-Grundmaterial unter Zusatz von elastischem Polybutadien-Kautschuk hergestellt. Solche Legierungen werden vor allem für PKW-Innenausstattungen verwendet. Das Material ist mechanisch hoch belastbar. Bei Unfällen verhält es sich zähelastisch, dadurch ist das Verletzungsrisiko niedrig.

1. In der Technik werden oftmals Prinzipien aus der Natur nachgeahmt. So ist Holz aus geschichteten Cellulose-Mikrofibrillen aufgebaut, die in die Grundsubstanz der Zellwand eingebettet sind. Vergleichen Sie den Aufbau und die Eigenschaften eines Verbundwerkstoffs denen von Holz. Recherchieren Sie hierzu auch im Internet.
2. Carbonfaserverstärkte Kunststoffe sind die am häufigsten verwendeten Verbundwerkstoffe für Flugzeuge. Recherchieren Sie typische Einsatzbereiche.

A1 Benzol – ein aromatischer Kohlenwasserstoff

Aromaten sind Kohlenwasserstoffe, die sich durch besondere Bindungsverhältnisse auszeichnen. Davon wird auch ihr Reaktionsverhalten beeinflusst.

a) Stellen Sie Strukturformeln von Benzol nach KEKULE auf und erklären Sie die theoretischen Überlegungen KEKULES zu den Bindungen im Benzol-Molekül.

b) Begründen Sie, warum die von KEKULE aufgestellte Strukturformel von Benzol im Widerspruch zu den Reaktionen des Benzols steht.

c) Die Bindungsverhältnisse im Benzol-Molekül lassen sich wesentlich besser durch das Mesomerie-Modell beschreiben. Erläutern Sie dieses Modell.

d) Die folgende Abbildung veranschaulicht die Bindungen im Benzol-Molekül und die Mesomerie-Energie des Benzols.

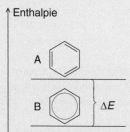

Beschreiben Sie den Zusammenhang zwischen den angegebenen Formeln und vergleichen Sie die Energieinhalte. Definieren Sie den Begriff „Mesomerie-Energie".

e) Vergleichen Sie die molekulare Struktur und die Eigenschaften von Benzol und Cyclohexan.

f) Stellen Sie für folgende Reaktionen die Reaktionsgleichungen auf und geben Sie die Reaktionstypen an:
– Benzol wird katalytisch hydriert,
– Benzol reagiert bei Zimmertemperatur in Gegenwart eines Katalysators mit Brom.

g) Begründen Sie, warum es beim Verbrennen von Benzol zu einer starken Rußentwicklung kommt.

h) Erklären Sie, was man unter mehrkernigen Aromaten und heterocyclischen Aromaten versteht. Nennen Sie Beispiele, Vorkommen und Verwendungsmöglichkeiten für solche Stoffe.

A2 Benzol-Derivate

Benzol-Derivate sind vom Benzol abgeleitete Verbindungen mit Alkyl-Gruppen und funktionellen Gruppen.

a) Phenol schmilzt bei 41 °C, Nitrobenzol schmilzt bei 6 °C. Zeichnen Sie für beide Verbindungen Strukturformeln und begründen Sie die unterschiedlichen Schmelztemperaturen der beiden Verbindungen.

b) Stellen Sie für die Reaktion von Phenol mit Wasser die Reaktionsgleichung auf. Begründen Sie, warum Ethanol nicht in ähnlicher Weise reagiert.

c) Mit Laugen reagiert eine wässrige Lösung von Phenol zu Phenolaten. Stellen Sie die Reaktionsgleichung für die Bildung von Kaliumphenolat auf.

d) Vergleichen Sie Strukturen und Eigenschaften von Benzylalkohol, Benzaldehyd und Benzoesäure.

e) Formulieren Sie für die Reaktion von Benzylalkohol mit Benzoesäure die Reaktionsgleichung und geben Sie den Reaktionstyp an.

f) Nennen Sie typische Reaktionen von Benzol-(1,4)-dicarbonsäure (Terephthalsäure). Welche Bedeutung hat diese Säure für Synthesen in der chemischen Industrie?

A3 Unterscheidung von Toluol und Styrol

In zwei Chemikalienflaschen befinden sich Toluol und Styrol.

a) Erklären Sie, wie Sie die beiden Stoffe durch chemische Reaktionen identifizieren können.

b) Beschreiben Sie, wie die Reaktionen ablaufen.

c) Stellen Sie die Reaktionsgleichungen auf und benennen Sie die Reaktionsprodukte.

A4 Polymerisation

Bei der Polymerisation entstehen aus Monomeren Polymere. Nach ihrer Struktur und ihren Eigenschaften unterscheidet man Thermoplasten, Duroplasten und Elastomere. Dabei können unterschiedliche Polyreaktionen ablaufen.

a) Aus Benzol wird Styrol gewonnen. Stellen Sie für die Styrol-Synthese Reaktionsgleichungen auf.

b) Erläutern Sie mit Hilfe von Reaktionsgleichungen den Mechanismus der radikalischen Polymerisation von Styrol zu Polystyrol.

c) Definieren Sie den Begriff „Radikal" in seiner Verwendung in der Chemie. Zeichnen Sie für drei Radikale die Strukturformeln.

d) Erklären Sie an Beispielen den Unterschied zwischen Initiatoren und Katalysatoren.

e) Vergleichen Sie Struktur, Molekülmasse, Eigenschaften und Verwendungsmöglichkeiten von Styrol und Polystyrol.

f) Ein wichtiges Produkt aus Polystyrol ist Styropor. Was verbirgt sich hinter diesem Begriff?

A5 Copolymerisation und Polymerlegierung

Die Produktion von Kunststoffen hat sich ständig weiterentwickelt. Heute stellt man viele Werkstoffe durch Copolymerisation oder als Polymerlegierung her.

a) Erläutern Sie wie eine Copolymerisation abläuft und wie eine Polymerlegierung hergestellt wird.

b) Formulieren Sie einen Formelausschnitt von einem Copolymer, dass aus den Monomeren Styrol, Buta-(1,3)-dien und Acrylnitril aufgebaut ist.

c) Erläutern Sie die Struktur einer Polymerlegierung, die aus Polystyrol als Grundmaterial und ABS-Copolymerisat als Zusatz hergestellt wurde.

Von Aromaten zu Kunststoffen

1. Bindungen im Benzol-Molekül

Struktur	Mesomerie-Modell	Mesomerie-Energie
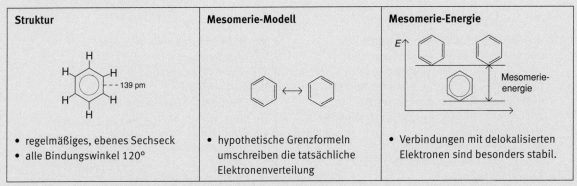		
• regelmäßiges, ebenes Sechseck • alle Bindungswinkel 120°	• hypothetische Grenzformeln umschreiben die tatsächliche Elektronenverteilung	• Verbindungen mit delokalisierten Elektronen sind besonders stabil.

Merkmal eines aromatischen Teilchens ist ein ringförmig delokalisiertes Elektronensystem mit $(4n + 2)$-Elektronen.

2. Reaktionsverhalten von Aromaten

Die typische Reaktion der Aromaten ist die **elektrophile Substitution.**

Die Wechselwirkung zwischen dem delokalisierten Elektronensystem des Aromaten und dem elektrophilen Reaktionspartner führt zu einer Anlagerung des Elektrophils. Dann bildet sich ein durch Mesomerie stabilisiertes **Carbenium-Ion**. Unter Rückbildung des aromatischen Systems entsteht schließlich das Substitutionsprodukt.

Kern- und Seitenkettensubstitution:

Bei Alkylbenzolen werden je nach Reaktionsbedingungen der aromatische Kern oder die Seitenkette substituiert:

KKK-Regel: **K**älte und **K**atalysator führen zur **K**ernsubstitution

SSS-Regel: **S**onnenlicht und **S**iedehitze führen zur **S**eitenkettensubstitution

3. Derivate des Benzols

OH	NH₂	CH₃	H₂COH	HCO	COOH	HC=CH₂
Phenol Hydroxybenzol	Anilin Aminobenzol	Toluol Methylbenzol	Benzyl- alkohol	Benz- aldehyd	Benzoe- säure	Styrol

4. Kunststoffe/Polymerisation

Struktur: Kunststoffe bestehen aus **Makromolekülen**. Bei der Synthese reagieren Monomere zu Polymeren.

Synthese: Polymere lassen sich aus Monomeren nach verschiedenen Polyreaktionen herstellen. Bei der **Polymerisation** werden ungesättigte Monomere mittels Initiatoren oder durch Zufuhr von Energie verknüpft. Dabei bilden sich unverzweigte oder verzweigte thermoplastische Polymere.

Polymerisate: Polyethen, Polypropen, Polystyrol, Polyvinylchlorid, Polymethacrylsäuremethylester, Polyacrylnitril.

Beispiel: Mechanismus der radikalischen Substitution von Propen zu Polypropen.

Gefahrenhinweise und Sicherheitsratschläge für gefährliche Stoffe

Gefahrenhinweise (R-Sätze)

Diese Hinweise geben in einer ausführlicheren Weise als die Gefahrensymbole Auskunft über die Art der Gefahr.

R 1 In trockenem Zustand explosionsgefährlich
R 2 Durch Schlag, Reibung, Feuer oder andere Zündquellen explosionsgefährlich
R 3 Durch Schlag, Reibung, Feuer oder andere Zündquellen besonders explosionsgefährlich
R 4 Bildet hochempfindliche explosionsgefährliche Metallverbindungen
R 5 Beim Erwärmen explosionsfähig
R 6 Mit und ohne Luft explosionsfähig
R 7 Kann Brand verursachen
R 8 Feuergefahr bei Berührung mit brennbaren Stoffen
R 9 Explosionsgefahr bei Mischung mit brennbaren Stoffen
R 10 Entzündlich
R 11 Leicht entzündlich
R 12 Hoch entzündlich
R 14 Reagiert heftig mit Wasser
R 15 Reagiert mit Wasser unter Bildung hoch entzündlicher Gase
R 16 Explosionsgefährlich in Mischung mit brandfördernden Stoffen
R 17 Selbstentzündlich an der Luft
R 18 Bei Gebrauch Bildung explosionsfähiger/ leicht entzündlicher Dampf-Luftgemische möglich
R 19 Kann explosionsfähige Peroxide bilden
R 20 Gesundheitsschädlich beim Einatmen
R 21 Gesundheitsschädlich bei Berührung mit der Haut
R 22 Gesundheitsschädlich beim Verschlucken
R 23 Giftig beim Einatmen
R 24 Giftig bei Berührung mit der Haut
R 25 Giftig beim Verschlucken
R 26 Sehr giftig beim Einatmen
R 27 Sehr giftig bei Berührung mit der Haut
R 28 Sehr giftig beim Verschlucken
R 29 Entwickelt bei Berührung mit Wasser giftige Gase
R 30 Kann bei Gebrauch leicht entzündlich werden
R 31 Entwickelt bei Berührung mit Säure giftige Gase
R 32 Entwickelt bei Berührung mit Säure sehr giftige Gase
R 33 Gefahr kumulativer Wirkung
R 34 Verursacht Verätzungen

R 35 Verursacht schwere Verätzungen
R 36 Reizt die Augen
R 37 Reizt die Atmungsorgane
R 38 Reizt die Haut
R 39 Ernste Gefahr irreversiblen Schadens
R 40 Irreversibler Schaden möglich
R 41 Gefahr ernster Augenschäden
R 42 Sensibilisierung durch Einatmen möglich
R 43 Sensibilisierung durch Hautkontakt möglich
R 44 Explosionsgefahr bei Erhitzen unter Einschluss
R 45 Kann Krebs erzeugen
R 46 Kann vererbbare Schäden verursachen
R 48 Gefahr ernster Gesundheitsschäden bei längerer Exposition
R 49 Kann Krebs erzeugen beim Einatmen
R 50 Sehr giftig für Wasserorganismen
R 51 Giftig für Wasserorganismen
R 52 Schädlich für Wasserorganismen
R 53 Kann in Gewässern längerfristig schädliche Wirkungen haben
R 54 Giftig für Pflanzen
R 55 Giftig für Tiere
R 56 Giftig für Bodenorganismen
R 57 Giftig für Bienen
R 58 Kann längerfristig schädliche Wirkungen auf die Umwelt haben
R 59 Gefährlich für die Ozonschicht
R 60 Kann die Fortpflanzungsfähigkeit beeinträchtigen
R 61 Kann das Kind im Mutterleib schädigen
R 62 Kann möglicherweise die Fortpflanzungsfähigkeit beeinträchtigen
R 63 Kann das Kind im Mutterleib möglicherweise schädigen
R 64 Kann Säuglinge über die Muttermilch schädigen
R 65 Gesundheitsschädlich: Kann beim Verschlucken Lungenschäden verursachen
R 66 Wiederholter Kontakt kann zu spröder oder rissiger Haut führen
R 67 Dämpfe können Schläfrigkeit oder Benommenheit verursachen
R 68 Irreversibler Schaden möglich

Sicherheitsratschläge (S-Sätze)

Hier werden Empfehlungen gegeben, wie Gesundheitsgefahren beim Umgang mit gefährlichen Stoffen abgewehrt werden können.

S 1 Unter Verschluss aufbewahren

S 2 Darf nicht in die Hände von Kindern gelangen

S 3 Kühl aufbewahren

S 4 Von Wohnplätzen fernhalten

S 5 Unter ... aufbewahren
(geeignete Flüssigkeit vom Hersteller anzugeben)

S 6 Unter ... aufbewahren
(inertes Gas vom Hersteller anzugeben)

S 7 Behälter dicht geschlossen halten

S 8 Behälter trocken halten

S 9 Behälter an einem gut gelüfteten Ort aufbewahren

S 12 Behälter nicht gasdicht verschließen

S 13 Von Nahrungsmitteln, Getränken und Futtermitteln fernhalten

S 14 Von ... fernhalten (inkompatible Substanzen sind vom Hersteller anzugeben)

S 15 Vor Hitze schützen

S 16 Von Zündquellen fernhalten – Nicht rauchen

S 17 Von brennbaren Stoffen fernhalten

S 18 Behälter mit Vorsicht öffnen und handhaben

S 20 Bei der Arbeit nicht essen und trinken

S 21 Bei der Arbeit nicht rauchen

S 22 Staub nicht einatmen

S 23 Gas/Rauch/Dampf/Aerosol nicht einatmen (geeignete Bezeichnung(en) vom Hersteller anzugeben)

S 24 Berührung mit der Haut vermeiden

S 25 Berührung mit den Augen vermeiden

S 26 Bei Berührung mit den Augen sofort gründlich mit Wasser abspülen und Arzt konsultieren

S 27 Beschmutzte, getränkte Kleidung sofort ausziehen

S 28 Bei Berührung mit der Haut sofort abwaschen mit viel ... (vom Hersteller anzugeben)

S 29 Nicht in die Kanalisation gelangen lassen

S 30 Niemals Wasser hinzugießen

S 33 Maßnahmen gegen elektrostatische Aufladung treffen

S 35 Abfälle und Behälter müssen in gesicherter Weise beseitigt werden

S 36 Bei der Arbeit geeignete Schutzkleidung tragen

S 37 Geeignete Schutzhandschuhe tragen

S 38 Bei unzureichender Belüftung Atemschutzgerät anlegen

S 39 Schutzbrille/Gesichtsschutz tragen

S 40 Fußboden und verunreinigte Gegenstände mit ... reinigen (Material vom Hersteller anzugeben)

S 41 Explosions- und Brandgase nicht einatmen

S 42 Bei Räuchern/Versprühen geeignetes Atemschutzgerät anlegen (geeignete Bezeichnung(en) vom Hersteller anzugeben)

S 43 Zum Löschen ... (vom Hersteller anzugeben) verwenden (wenn Wasser die Gefahr erhöht, anfügen: „Kein Wasser verwenden")

S 45 Bei Unfall oder Unwohlsein sofort Arzt hinzuziehen (wenn möglich dieses Etikett vorzeigen)

S 46 Bei Verschlucken sofort ärztlichen Rat einholen und Verpackung oder Etikett vorzeigen

S 47 Nicht bei Temperaturen über ... °C aufbewahren (vom Hersteller anzugeben)

S 48 Feucht halten mit ... (geeignetes Mittel vom Hersteller anzugeben)

S 49 Nur im Originalbehälter aufbewahren

S 50 Nicht mischen mit ... (vom Hersteller anzugeben)

S 51 Nur in gut gelüfteten Bereichen verwenden

S 52 Nicht großflächig für Wohn- und Aufenthaltsräume verwenden

S 53 Exposition vermeiden – vor Gebrauch besondere Anweisungen einholen

S 56 Diesen Stoff und seinen Behälter der Problemfallentsorgung zuführen

S 57 Zur Vermeidung einer Kontamination der Umwelt geeigneten Behälter verwenden

S 59 Information zur Wiederverwendung beim Hersteller/Lieferanten erfragen

S 60 Dieser Stoff und sein Behälter sind als gefährlicher Abfall zu entsorgen

S 61 Freisetzung in die Umwelt vermeiden. Besondere Anweisungen einholen/Sicherheitsdatenblatt zu Rate ziehen

S 62 Bei Verschlucken kein Erbrechen herbeiführen. Sofort ärztlichen Rat einholen und Verpackung oder dieses Etikett vorzeigen

S 63 Bei Unfall durch Einatmen: Verunfallten an die frische Luft bringen und ruhig stellen

S 64 Bei Verschlucken Mund mit Wasser ausspülen (nur wenn Verunfallter bei Bewusstsein ist)

Stoffliste

Stoff	Gefahrensymbole, Sicherheitssymbole, Entsorgungssymbole	Ratschläge R/S-Sätze
Aceton	B3	R: 11–36–66–67 S: 9–16–26–46
Ammoniak-Lösung, $w \geq 25\ \%$	B1	R: 34–50 S: 26–36/37/39–45–61
Ammoniak-Lösung $10\ \% \leq w < 25\ \%$	B1	R: 34 S: 26–36/37/39–45–61
Ammoniak-Lösung $5\ \% \leq w < 10\ \%$	B1	R: 36/37/38 S: 26–36/37/39–45–61
Ammoniumchlorid	B2	R: 22–36 S: 22
Ammoniumsulfat	B1	
Benzaldehyd	B3	R: 22 S: 24
Benzoesäure	B3	R: 22–36 S: 24
Ethanol	B3	R: 11 S: 7–16
Ethansäure (Essigsäure), $25\ \% \leq w < 90\ \%$	B3	R: 34 S: 23–26–45
Fehling-Lösung I	B2	
Fehling-Lösung II	B1	R: 34 S: 26–36/37/39–45
Harnstoff (Kohlensäurediamid)		
Kaliumbromid		
Kaliumchromat-Lösung $0{,}005\ \text{mol} \cdot \text{l}^{-1}$	X	R: 46 S: 53–45–60–61
Kaliumiodat		
Kaliumiodid-Lösung		
Kaliumpermanganat	B2	R: 8–22–50/53 S: 60/61
Kalkwasser		
Katalase		
Kupfer(II)-oxid	X	R: 22–50/53 S: 22–61
Kupfer(II)-sulfat wasserfrei, $w < 25\ \%$	B2	R: 22–36/38–50/53 S: 22–60–61
Kupfer(II)-sulfat-Lösung $w < 25\ \%$	B2	
Kupfernitrat	B2	R: 8–22–36/38 S: 17–24/25
Magnesium		R: 11–15–17 S: 7/8–43
Mangan(II)-sulfat-Lösung	B2	
Methanol	B3	R: 11–23/24/25–39/23/24/25 S: 7–16–36/37–45
Methylorange	B3	R: 25 S: 45

Stoff	Gefahrensymbole, Sicherheitssymbole, Entsorgungssymbole	Ratschläge R/S-Sätze
2-Methylpropan-2-ol (tert-Butanol), $w > 25\ \%$	B3	R: 11–20 S: 9–16
Naphthalin	B3	R: 22–40–50/53 S: 36/37–46–60–61
Natriumacetat	B1	
Natriumcarbonat		R: 36 S: 22–26
Natriumchlorid (Kochsalz)		
Natriumhydrogencarbonat	B1	
Natriumsulfit-Lösung, $w < 20\ \%$	B1	
Natriumthiosulfat		
Natronlauge, $2\ \% \leq w < 5\ \%$	B1	R: 34 S: 26–37/39–45
Natronlauge, $0{,}5\ \% \leq w < 2\ \%$	B1	R: 36/38 S: 26–37/39–45
Nitrat-Teststäbchen		
Oxalsäure $w < 5\ \%$	B3	
Phenol	X	R: 23/24/25–34–48/20/21/22–68 S: 24/25–26–28–36/37/39–45
Propan-1-ol Propan-2-ol	B3	R: 11–41–67 S: 7–16–24–26–39
Priopionaldehyd (Propanal)	B3	R: 11–36/37/38 S: 9–16–29
Salpetersäure, $w \geq 70\ \%$	B1	R: 8–35 S: 23–26–36–45
Salpetersäure, $5\ \% \leq w < 70\ \%$	B1	R: 35 S: 23–26–27
Salpetersäure, $1\ \% \leq w < 5\ \%$	B1	R: 36/37/38
Salzsäure, $w \geq 25\ \%$	B1	R: 34–37 S: 26–45
Salzsäure, $10\ \% \leq w < 25\ \%$	B1	R: 36/37/38 S: 28
Schiff-Reagenz		
Schwefelsäure, $w \geq 15\ \%$	B1	R: 35 S: 26–30–45
Schwefelsäure, $5\ \% \leq w < 15\ \%$	B1	R: 36/38 S: 26
Silbernitrat-Lösung, $w = 1\ \%$		
Stärke-Lösung		
Universalindikator		
Waserstoffperoxid-Lösung, $5\ \% \leq w < 20\ \%$		R: 36/38 S: 3–28–36/39–45

X = spezielle Entsorgungsreaktion

Größen und ihre Einheiten

Größe		Einheit		
Name	Zei-chen	Name	Zei-chen	Beziehungen
Masse	m	Kilogramm	kg	1 kg = 1000 g 1 g = 1000 mg
Volumen	V	Kubikmeter	m^3	$1\ m^3 = 1000\ dm^3$ $1\ dm^3 = 1\ l$
		Liter	l	1 l = 1000 ml $1\ ml = 1\ cm^3$
Dichte	ϱ	Kilogramm Kubikmeter	$\frac{kg}{m^3}$	$1\ \frac{g}{m^3} = 1000\ \frac{kg}{m^3}$
		Gramm Liter	$\frac{g}{l}$	$1\ \frac{g}{l} = 0{,}001\ \frac{g}{m^3}$
Druck	p	Pascal	Pa	$1\ Pa = 1\ \frac{N}{m^2}$ 100 Pa = 1 hPa
		Bar	bar	1 bar = 100 000 Pa 1 mbar = 100 Pa
Energie	E	Joule	J	$1\ J = 1\ N \cdot m = 1\ \frac{kg \cdot m^2}{s^2}$
Elektrizitäts-menge	Q	Coulomb	C	$1\ C = 1\ A \cdot s$
Anzahl	N			
Stoffmenge	n	Mol	mol	1 mol enthält $6{,}022 \cdot 10^{23}$ Teilchen
molare Masse	M	Gramm Mol	$\frac{g}{mol}$	
Stoffmengen-konzentration	c	Mol Liter	$\frac{mol}{l}$	
Temperatur	ϑ	Grad Celsius	°C	
	T	Kelvin	K	0 °C = 273,15 K

Umrechnungsfaktoren

Energie	J	cal	eV
1 J	1	0,2390	$6{,}242 \cdot 10^{18}$
1 cal	4,184	1	$2{,}612 \cdot 10^{19}$
1 eV	$1{,}602 \cdot 10^{-19}$	$3{,}829 \cdot 10^{-20}$	1

$1\ J = 1\ N \cdot m = 1\ W \cdot s = 1\ V \cdot A \cdot s$

Druck	Pa	atm	mm Hg	bar
1 Pa	1	$9{,}869 \cdot 10^{-6}$	$7{,}501 \cdot 10^{-3}$	10^{-5}
1 atm	$1{,}013 \cdot 10^5$	1	760,0	1,013
1 mm Hg (Torr)	133,3	$1{,}316 \cdot 10^{-3}$	1	$1{,}333 \cdot 10^{-3}$
1 bar	10^5	0,9869	750,1	1

100 Pa = 1 hPa; 1 mbar = 1 hPa; 1 mm Hg = 1 Torr; $1\ Pa = 1\ \frac{N}{m^2}$

Konstanten

Atomare Masseneinheit	u	$1{,}660 \cdot 10^{-27}$ kg
AVOGADRO-Konstante	N_A	$6{,}022 \cdot 10^{23}\ \frac{l}{mol}$
Molares Volumen eines idealen Gases (bei 1013 hPa und 20 °C)	V_m	$24{,}056\ \frac{l}{mol}$
Elementladung	e	$1{,}602 \cdot 10^{-19}$ C
Masse eines Elektrons	m_e	$9{,}109 \cdot 10^{-31}$ kg
Masse eines Protons	m_p	$1{,}673 \cdot 10^{-27}$ kg
Masse eines Neutrons	m_n	$1{,}675 \cdot 10^{-27}$ kg
FARADAY-Konstante	F	$96485\ \frac{C}{mol}$

Gehaltsangaben für Mischungen und Lösungen (nach DIN 1310)

Masse einer Stoffportion: m_i — Massenkonzentration: $\beta_i = \frac{m_i}{V}$

Volumen einer Stoffportion: V_i — Volumenkonzentration: $\sigma_i = \frac{V_i}{V}$

Stoffmenge einer Stoffportion: n_i — Stoffmengenkonzentration: $c_i = \frac{n_i}{V}$

Teilchenzahl einer Stoffportion: N_i — Teilchenkonzentration: $C_i = \frac{N_i}{V}$

(V: Gesamtvolumen **nach** dem Mischen)

Massenanteil (früher: Gewichtsprozent): $w_i = \frac{m_i}{m}$

Gesamtmasse $m = m_1 + m_2 + ...$

Volumenanteil (früher: Volumenprozent): $\varphi_i = \frac{V_i}{V_0}$

Gesamtvolumen $V_0 = V_1 + V_2 + ...$ (**vor** dem Mischen)

Stoffmengenanteil: $x_i = \frac{n_i}{n}$

Gesamtstoffmenge $n = n_1 + n_2 + ...$

Teilchenzahlanteil: $X_i = \frac{N_i}{N}$

Gesamtteilchenanzahl $N = N_1 + N_2 + ...$

Das Wort Gehalt wird als Oberbegriff bei der qualitativen Beschreibung verwendet. *Beispiel:* Der Wassergehalt einer Probe.

Dezimale Teile/Vielfache

Potenz	Vorsilbe	Symbol	Potenz	Vorsilbe	Symbol
10^{-1}	Dezi	d	10	Deka	da
10^{-2}	Zenti	c	10^2	Hekto	h
10^{-3}	Milli	m	10^3	Kilo	k
10^{-6}	Mikro	μ	10^6	Mega	M
10^{-9}	Nano	n	10^9	Giga	G
10^{-12}	Piko	p	10^{12}	Tera	T
10^{-15}	Femto	f	10^{15}	Peta	P
10^{-18}	Atto	a	10^{18}	Exa	E

Griechisches Alphabet

Buchstabe klein	groß	Name	Buchstabe klein	groß	Name
α	A	alpha	ν	N	nü
β	B	beta	ξ	Ξ	xi
γ	Γ	gamma	ο	O	omikron
δ	Δ	delta	π	Π	pi
ε	E	epsilon	ϱ	P	rho
ζ	Z	zeta	σ	Σ	sigma
η	H	eta	τ	T	tau
ϑ	Θ	theta	φ	Φ	phi
ι	I	jota	υ	Y	ypsilon
κ	K	kappa	χ	X	chi
λ	Λ	lambda	ψ	Ψ	psi
μ	M	mü	ω	Ω	omega

Griechische Zahlwörter

$^1/_2$	hemi		
1	mono	11	undeca
2	di	12	dodeca
3	tri	13	trideca
4	tetra	14	tetradeca
5	penta	15	pentadeca
6	hexa	16	hexadeca
7	hepta	17	heptadeca
8	octa	18	octadeca
9	nona	19	enneadeca
10	deca	20	eicosa

Eigenschaften von Gasen

Name	Dichte bei 20 °C (1013 hPa) in g·l⁻¹	Schmelz-temperatur (1013 hPa)	Siede-temperatur (1013 hPa)	Löslichkeit bei 25 °C in 1 l Wasser in l
Wasserstoff (H_2)	0,084	−259	−253	0,019
Stickstoff (N_2)	1,17	−210	−196	0,015
Sauerstoff (O_2)	1,33	−219	−183	0,028
Fluor (F_2)	1,58	−220	−188	−
Chlor (Cl_2)	2,95	−101	−35	2,2
Helium (He)	0,17	−272	−269	0,09
Neon (Ne)	0,84	−249	−246	0,016
Argon (Ar)	1,66	−189	−186	0,032
Krypton (Kr)	3,48	−57	−152	0,071
Luft	1,20	−	−	0,0063* 0,012**
Ammoniak (NH_3)	0,71	−78	−33	680
Chlorwasserstoff (HCl)	1,52	−114	−85	466
Schwefelwasserstoff (H_2S)	1,42	−83	−62	2,41
Schwefeldioxid (SO_2)	2,67	−73	−10	35
Kohlenstoffmonooxid (CO)	1,17	−205	−190	0,023
Kohlenstoffdioxid (CO_2)	1,83	−78 (sublimiert)		0,80
Methan (CH_4)	0,67	−82	−162	0,032
Ethan (C_2H_6)	1,25	−183	−89	0,043
Propan (C_3H_8)	1,84	−188	−42	0,06
Butan (C_4H_{10})	2,47	−138	−1	0,14
Ethen (C_2H_4)	1,17	−169	−104	0,13
Ethin (C_2H_2)	1,06	−81	−84	0,95

* von Sauerstoff aus der Luft
** von Stickstoff aus der Luft

Gewinde und Farbkennzeichnung von Stahlflaschen für Gase

Gas	Gewinde	alte Farb-kennzeich-nung	neue Farbkennzeichnung („N")	
			Flaschenschulter	Flaschenmantel
Sauerstoff	rechts	blau	weiß	blau oder grau
Stickstoff	rechts	dunkel-grün	schwarz	grau, schwarz oder dunkel-grün
Druckluft	rechts	grau	leuchtend grün	grau
Argon	rechts	grau	dunkelgrün	grau oder dunkelgrün
Helium	rechts	grau	braun	grau
Kohlen-stoffdioxid	rechts	grau	grau	grau
Wasserstoff	links	rot	rot	rot
Acetylen	Spezial-gewinde	gelb	kastanienbraun	kastanien-braun, schwarz oder gelb

Reagenzlösungen*

Chlorwasser (Xn): Destilliertes Wasser durch Einleiten von Chlor sättigen; in brauner Flasche aufbewahren.

Bromwasser (verdünnt Xn): Bromwasser auf das vierfache Volumen verdünnen.

Bromwasser (T, Xi): 10 Tropfen Brom in 250 ml Wasser lösen.

Brom-Lösung in Heptan (F, T, Xi, N): 1 ml Brom in 200 ml Heptan lösen.

Iodwasser: Einige Blättchen Iod in Wasser kurz aufkochen.

Iod/Kaliumiodid-Lösung: 2 g Kaliumiodid in wenig Wasser vollständig lösen und 1 g Iod zugeben. Nach dem Lösen auf 300 ml auffüllen und in brauner Flasche aufbewahren.

FEHLING-Lösung I: 7 g Kupfersulfat ($CuSO_4 \cdot 5\ H_2O$) in 100 ml Wasser lösen.

FEHLING-Lösung II (C): 35 g Kaliumnatriumtartrat (Seignette-Salz) und 10 g Natriumhydroxid in 100 ml Wasser lösen.

Kalkwasser: 1 g Calciumoxid in 500 ml Wasser schütteln und filtrieren (0,02 mol·l⁻¹).

Silbernitrat-Lösung: 17 g Silbernitrat auf 1 Liter auffüllen (0,1 mol·l⁻¹).

Bariumchlorid-Lösung (Xn): 24,4 g Bariumchlorid ($BaCl_2 \cdot 2\ H_2O$) auf 1 Liter auffüllen (0,1 mol·l⁻¹).

Bleiacetat-Lösung (T): 9,5 g Bleiacetat ($Pb(CH_3COO)_2 \cdot 3\ H_2O$) auf 250 ml auffüllen (0,1 mol·l⁻¹).

Indikatorlösungen:
Bromthymolblau: 0,1 g in 100 ml 20%igem Ethanol
Methylrot (F): 0,2 g in 100 ml 90%igem Ethanol
Phenolphthalein (F): 0,1 g in 100 ml 70%igem Ethanol

BAEYER-Reagenz: 10%ige Soda-Lösung mit einer verdünnten Kalium-permanganat-Lösung versetzen, bis die Lösung kräftig violett gefärbt ist.

TOLLENS-Reagenz (ammoniakalische Silbernitrat-Lösung): Silbernitrat-Lösung (0,1 mol·l⁻¹) mit etwa einem Zehntel des Volumens verdünnter Natronlauge versetzen. Anschließend unter Schütteln Ammoniak-Lösung (25 %) zutropfen, bis sich der Silberoxid-Niederschlag gerade wieder löst. Die Reagenz-Lösung wird **jeweils frisch zubereitet**. Sie darf nicht aufbewahrt werden, da sich Silber-azid bilden könnte (Explosionsgefahr). Reste der Reagenz-Lösung ansäuern und über den Behälter B2 entsorgen.

SCHIFF-Reagenz (fuchsinschweflige Säure): 0,25 g Fuchsin in 1 Liter Wasser lösen (Rotfärbung); unter ständigem Rühren schweflige Säure (oder angesäuerte Lösung von $Na_2S_2O_5$) zutropfen, bis Entfärbung eintritt.

* Von der Lehrkraft bereit zu stellen.

Saure und alkalische Lösungen

Lösung (Werte bei 20 °C)	gelöster Stoff	*	verdünnt Massen-anteil	verdünnt Dichte in g·mol⁻¹	konzentriert Massen-anteil	konzentriert Dichte in g·mol⁻¹
Salzsäure	HCl (g)	2	7%	1,033	36%	1,179
Schwefelsäure	H_2SO_4 (l)	1	9%	1,059	98%	1,836
Salpetersäure	HNO_3 (l)	2	12%	1,066	68%	1,391
Phosphorsäure	H_3PO_4 (s)	1	10%	1,05	85%	1,71
Essigsäure	CH_3COOH (l)	2	12%	1,015	99%	1,052
Natronlauge	NaOH (s)	2	8%	1,087	30%	1,328
Kalilauge	KOH (s)	2	11%	1,100	27%	1,256
Kalkwasser	$Ca(OH)_2$ (s)		0,16%**	1,001**		
Barytwasser	$Ba(OH)_2$ (s)		3,4%**	1,04**		
Ammoniak-Lösung	NH_3 (g)	2	3%	0,981	25%	0,907

** Angaben für gesättigte Lösungen

* Stoffmengenkonzentration in mol·l⁻¹

Glossar

Absorption: Aufnahme von Energie aus elektromagnetischer Strahlung (Licht, Röntgenstrahlung, Mikrowellen).

Absorptionsspektrum: Grafische Darstellung der Energieaufnahme eines Stoffes in Form von elektromagnetischer Strahlung in Abhängigkeit von der Wellenlänge bzw. Frequenz der Strahlung.

Additionsreaktion: Anlagerung von Atomen, Molekülen oder Ionen an ein ungesättigtes Molekül.

Aktivierungsenergie: Mindestenergie, die Teilchen haben müssen, um miteinander zu reagieren. Typische Werte für Aktivierungsenergien liegen zwischen 50 und 100 kJ · mol^{-1}.

Aldehyde: Organische Verbindungen mit einer CHO-Gruppe.

Alkane: Gesättigte kettenförmige Kohlenwasserstoffe. Allgemeine Formel: C_nH_{2n+2}

Alkene: Ungesättigte Kohlenwasserstoffe mit (mindestens) einer C=C-Zweifachbindung im Molekül. Allgemeine Formel: C_nH_{2n}

Alkine: Ungesättigte Kohlenwasserstoffe mit (mindestens) einer C≡C-Dreifachbindung im Molekül. Allgemeine Formel: C_nH_{2n-2}

Alkohole: Organische Verbindungen mit einer OH-Gruppe.

Amide: Carbonsäure-Derivate mit einer CO–NH$_2$-Gruppe.

amphiphil: Teilchen, dass sowohl hydrophile als auch hydrophobe Eigenschaften hat.

Ampholyte: Moleküle oder Ionen, die als Säure und als Base reagieren können.

aromatisches System: Ringförmige Moleküle, die nach der HÜCKEL-Regel 4n + 2 delokalisierte Elektronen haben.

Atombindung: → Elektronenpaarbindung

Autokatalyse: Reaktion, bei der ein Reaktionsprodukt einen katalytischen Effekt auf eben die Reaktion ausübt. Die Reaktionsgeschwindigkeit nimmt im Verlauf der Umsetzung zu.

Autoprotolyse: Protonenübergang zwischen gleichartigen Molekülen (z. B. bei Wasser-Molekülen).

Basen: Teilchen, die Protonen anlagern können.

Basenkonstante: Gleichgewichtskonstante für die Reaktion einer Base B mit Wasser:
B (aq) + H$_2$O (l) ⇌ HB$^+$ (aq) + OH$^-$ (aq)
$$K_B = \frac{c(HB^+) \cdot c(OH^-)}{c(B)}$$

Der pK_B-Wert ist der negative dekadische Logarithmus des K_B-Werts.

Carbanion: Bei organischen Reaktionen auftretende, kurzlebige ionische Zwischenstufe mit einer negativen Ladung an einem Kohlenstoff-Atom.

Carbenium-Ion: Bei organischen Reaktionen auftretende, kurzlebige ionische Zwischenstufe mit einer positiven Ladung an einem Kohlenstoff-Atom.

Carbonsäuren: Organische Säuren mit einer COOH-Gruppe.

Carbonyl-Gruppe: Funktionelle Gruppe der Aldehyde und Ketone:

R\
R′／C=O

Sie entsteht z. B. durch Oxidation eines Alkohols.

Carboxy-Gruppe: Funktionelle Gruppe der Carbonsäuren (COOH-Gruppe). Sie entsteht z. B. durch Oxidation einer Aldehyd-Gruppe.

Chromatografie: Trennverfahren, bei dem ein Gemisch mittels einer mobilen Phase (Gas, Flüssigkeit) über eine stationäre Phase (Papier, beschichtete Platte, Säule) geführt wird.

***cis/trans*-Isomerie:** Eine C=C-Zweifachbindung blockiert die freie Drehbarkeit um die Bindungsachse. Zwei Reste können daher auf der gleichen Seite (*cis*-Stellung) oder auf verschiedenen Seiten der Zweifachbindung liegen (*trans*-Stellung).

Copolymere: Makromoleküle, die aus zwei oder mehreren verschiedenen Monomeren synthetisiert werden.

Cracken: Zerlegung von längeren Kohlenwasserstoffketten in kürzere. Dies kann katalytisch oder thermisch erfolgen.

cyclische Verbindungen: Stoffe, die aus ringförmigen Molekülen bestehen. *Beispiel:* Cycloalkane C_nH_{2n}

Delokalisierung: Bindungssystem, bei dem sich die Elektronen von Mehrfachbindungen über mehr als zwei Atome verteilen. Die Elektronenverteilung kann mit Hilfe von Grenzformeln beschrieben werden. → Mesomerie
Beispiele: delokalisierte Bindungen im Benzol und im Carboxylat-Anion

Duroplaste: Kunststoffe aus netzartig aufgebauten Makromolekülen. *Beispiel:* Phenoplaste

Eiweiße: → Proteine

Elastomere: Kautschukähnliche Kunststoffe aus wenig vernetzten Makromolekülen.

Elektronegativität (EN): Maß für die Fähigkeit eines Atoms, in einem Molekül die Bindungselektronen anzuziehen. Bei großem EN-Unterschied bilden sich Ionenverbindungen.

Elektronenpaarbindung: Verknüpfung von Atomen durch gemeinsame Elektronenpaare. Der räumliche Bau von Molekülen kann durch das Elektronenpaarabstoßungs-Modell beschrieben werden. → Oktettregel

Elektrophile: Teilchen, die sich an Stellen hoher Elektronendichte anlagern, z. B. Kationen oder positiv polarisierte Atome funktioneller Gruppen.

Elementaranalyse: Durch eine *qualitative* Elementaranalyse werden die am Aufbau einer Verbindung beteiligten Atomarten ermittelt. Eine *quantitative* Elementaranalyse ergibt das Verhältnis der Atomanzahlen und damit die Verhältnisformel.

Elementarreaktion: Reaktion, bei der sich die Produkte in einem Schritt aus den Edukten bilden.

Eliminierungsreaktion: Abspaltung von Atomen oder Atomgruppen aus einem Molekül unter Bildung einer C/C-Mehrfachbindung.

endotherme Reaktion: Reaktion mit positiver Reaktionsenthalpie. Bei der Reaktion wird Wärme aufgenommen ($\Delta H > 0$).

Enthalpie: Energieinhalt eines Systems; Zeichen: H. Messbar sind nur Enthalpieänderungen (ΔH). Sie entsprechen der bei konstantem Druck gemessenen Wärmeaufnahme ($\Delta H > 0$) oder Wärmeabgabe des Systems ($\Delta H < 0$).

Enzyme: Komplexe Eiweißverbindungen, die als Biokatalysatoren jeweils eine bestimmte Reaktion im Stoffwechsel beschleunigen.

Ester: Reaktionsprodukte von Alkoholen mit organischen oder anorganischen Säuren: R–O–C–R′
‖
O

Ether: Organische Verbindungen mit der allgemeinen Molekülformel R–O–R^1.

exotherme Reaktion: Reaktion mit negativer Reaktionsenthalpie. Bei der Reaktion wird Wärme freigesetzt ($\Delta H < 0$).

Extraktion: Gewinnung von Substanzen aus einem Gemisch durch Herauslösen oder durch Ausschütteln mit einem zweiten Lösungsmittel.

FEHLING-Reaktion: Redox-Reaktion mit alkalischer Kupfer(II)-Lösung. Mit Aldehyden und anderen Reduktionsmitteln bildet sich rotes Kupfer(I)-oxid.

FRIEDEL-CRAFTS-Reaktion: Bildung von alkylierten aromatischen Kohlenwasserstoffen aus Aromaten und Halogenalkanen durch elektrophile Substitution in Gegenwart von Aluminiumchlorid.

funktionelle Gruppe: Molekülteil, der das Reaktionsverhalten organischer Verbindungen bestimmt.

Gleichgewichtsreaktion: Chemische Reaktion, bei der sich nach ausreichender Zeit ein dynamischer Gleichgewichtszustand einstellt: Hinreaktion und Rückreaktion laufen mit gleicher Geschwindigkeit ab.

Halogenalkane: Organische Moleküle, die nur aus Kohlenstoff-, Wasserstoff- und Halogen-Atomen aufgebaut sind. Sie werden als Lösemittel, Kältemittel, Treibgase, Insektizide und als Ausgangsstoff für Kunststoffe verwendet.

Hessscher Satz: Der Energieumsatz einer chemischen Reaktion ist unabhängig vom Reaktionsweg. Bei einer mehrstufigen Reaktion stimmt die Summe der einzelnen Reaktionsenthalpien mit der Gesamtenthalpie der Reaktion überein.

Heterolyse: Spaltung eines Moleküls unter Bildung ionischer Bruchstücke: Beide Elektronen des Bindungselektronenpaars verbleiben im gebildeten Anion.

Homolyse: Spaltung eines Moleküls, wobei eine Elektronenpaarbindung in der Mitte durchtrennt wird. Es entstehen Radikale R·.

Hydratation: Lösungsvorgang in Wasser, bei dem sich Wasser-Moleküle um Ionen oder um polare Moleküle lagern.

Hydrierung: Addition von H_2-Molekülen an C/C-Mehrfachbindungen.

Hydrolyse: Spaltung einer polaren Elektronenpaarbindung durch Reaktion mit Wasser:
Beispiel: hydrolytische Spaltung von Proteinen in die einzelnen Aminosäuren

Hydronium-Ion: Das in verdünnten wässrigen Lösungen vollständig hydratisierte Wasserstoff-Ion: H^+(aq) bzw. H_3O^+(aq). Charakteristisches Ion in sauren Lösungen.

hydrophil: Wasser liebend. Hydrophile Stoffe sind wasserlöslich.

hydrophob: Wasser abstoßend. Hydrophobe Stoffe haben fettähnliche Eigenschaften.

Hydroxid-Ion: OH^--Ion. Charakteristisches Ion in alkalischen Lösungen. Es bildet sich beim Lösen von Hydroxiden und bei der Umsetzung einer Brönsted-Base mit Wasser.

Indikatoren: Säure/Base-Indikatoren sind Stoffe, die in einem bestimmten pH-Bereich einen Farbumschlag zeigen. Bei Redox-Indikatoren beruht der Farbwechsel auf einer Redox-Reaktion.

Ionen: Geladene Atome, Atomgruppen oder Moleküle. Anionen sind negativ, Kationen sind positiv geladen.

Ionenbindung: Bindung zwischen positiv und negativ geladenen Ionen in einem Ionengitter (Salz). Die geometrische Anordnung wird vor allem durch das Radienverhältnis bestimmt.

IR-Spektroskopie: Verfahren zur Strukturaufklärung von Molekülen aufgrund charakteristischer Absorptionen im Infrarot-Bereich.

isoelektrischer Punkt: pH-Wert (pH(I)) einer Lösung, bei dem eine Aminosäure als Zwitterion vorliegt.

Isomere: Moleküle mit gleicher Molekülformel, aber unterschiedlicher Struktur.

Katalysator: Stoff, der die Geschwindigkeit chemischer Reaktionen erhöht. Er liegt nach der Reaktion wieder im ursprünglichen Zustand vor.

Katalyse: Mit Hilfe eines Katalysators wird der Ablauf einer Reaktion beschleunigt. Die Reaktion läuft über einen anderen Reaktionsweg mit niedrigerer Aktivierungsenergie ab.

Ketone: Organische Carbonyl-Verbindungen mit der Molekülformel $R-CO-R^1$.

Kettenreaktion: Reaktionsschritte im Verlauf einer Reaktion, die wieder zur Bildung von reaktiven Teilchen (z. B. Radikalen) führen. Die Gesamtreaktion verläuft daher relativ schnell (oft explosionsartig).

Kondensation: Verknüpfung zweier funktioneller Gruppen unter Abspaltung eines kleinen, meist anorganischen Moleküls (z. B. Wasser-Molekül).

Konformations-Isomere: Unterschiedliche Raumstrukturen eines Moleküls, die durch Drehen um Einfachbindungen entstehen.

konjugierte Zweifachbindungen: Alternierende Abfolge von C–C-Einfachbindungen und C=C-Zweifachbindungen in einem Molekül.

Konstitutions-Isomere: Verbindungen mit gleicher Molekülformel, die sich in der Reihenfolge der Verknüpfung ihrer Atome unterscheiden.

Laugen: Stark alkalische Lösungen, insbesondere Lösungen der Alkali-Hydroxide.

lipophil: Fett liebend. Lipophile Stoffe sind fettlöslich.

Löslichkeitsprodukt: Gleichgewichtskonstante für das Löslichkeitsgleichgewicht schwer löslicher Salze: Das nach den Regeln des Massenwirkungsgesetzes gebildete Produkt aus den Stoffmengenkonzentrationen der Ionen des Salzes ist in gesättigten Lösungen konstant.

Makromoleküle: → Polymere.

Maßanalyse: Verfahren der quantitativen Analyse, bei dem die Konzentration einer Teilchenart in einer Probelösung durch Titration bestimmt wird. Neben der Maßlösung mit genau bekannter Konzentration des Reaktionspartners benötigt man einen geeigneten Indikator.
Beispiel: Titration von Essigsäure-Lösung mit Natronlauge-Maßlösung und Phenolphthalein als Indikator.

Massenspektroskopie: Analyseverfahren, bei dem ionisierte Teilchen beschleunigt und je nach Masse und Ladung verschieden abgelenkt werden. Das Verfahren dient z. B. zur Analyse der Isotopenverteilung einzelner Elemente und zur Strukturaufklärung organischer Stoffe.

Massenwirkungsgesetz/Gleichgewichtskonstante: Mathematische Beschreibung der Konzentrationsverhältnisse, die sich für Edukte und Produkte einer chemischen Reaktion im Gleichgewichtszustand ergeben:
$i\,A + j\,B \rightleftharpoons m\,C + n\,D$
Für die Gleichgewichtskonstante K gilt:
$$K = \frac{c^m(C) \cdot c^n(D)}{c^i(A) \cdot c^j(B)}$$

Mesomerie: Modell, nach dem die Elektronenverteilung in einem Molekül durch *hypothetische* Lewis-Formeln (Grenzformeln) beschrieben wird.

Mesomerie-Energie: Energiedifferenz zwischen dem tatsächlichen Molekül und der durch Grenzformeln beschriebenen *hypothetischen* Struktur.

Mol: Einheit der Stoffmenge. Ein Mol entspricht $6 \cdot 10^{23}$ Teilchen bzw. Formeleinheiten eines Stoffs.

molare Masse: Quotient aus Masse und Stoffmenge eines reinen Stoffes. Zeichen: M, Einheit: $g \cdot mol^{-1}$.

Molekülformel: Formel, die Art und Anzahl der Atome eines Moleküls angibt.

Monomere: Ausgangsstoffe für die Synthese von Makromolekülen. Die Monomermoleküle besitzen reaktive Gruppen, die eine Reaktion zu Polymeren ermöglichen.

Neutralisation: Umsetzung äquimolarer Mengen an Säure und Base.

Nucleophile: Teilchen, die an positiven Ladungszentren angreifen: Anionen oder Teilchen mit freien Elektronenpaaren.

Ostwaldsches Verdünnungsgesetz: Mit zunehmender Verdünnung der wässrigen Lösung einer schwachen Säure oder Base nimmt der Protolysegrad zu.

Oktettregel: Für ein Atom in einem Molekül oder in einem mehratomigen Ion ist die Summe der Bindungselektronen und freien Elektronen meist acht.

Oxidation: Abgabe von Elektronen bzw. die Erhöhung der Oxidationszahl bei einer Reaktion.

Oxidationszahl: Fiktive Ladung eines Atoms in einer Verbindung. Für die Ermittlung werden die Bindungselektronen jeweils den elektronegativeren Atomen zugeordnet.
Oxidationszahlen sind ein wichtiges Hilfsmittel zum Aufstellen von Redoxgleichungen. Bei einer Oxidation wird die Oxidationszahl eines Atoms durch Elektronenaufnahme erhöht, während bei einer Reduktion die Oxidationszahl eines Atoms durch Elektronenabgabe erniedrigt wird.

Photometer: Gerät zur Messung der Intensität von Licht nach Durchstrahlen einer Probe. Die gemessene Extinktion ist der Konzentration der Stoffe proportional. Die Messung erfolgt bei der Wellenlänge maximaler Lichtabsorption.

pH-Wert: Negativer dekadischer Logarithmus der Konzentration der Hydronium-Ionen einer wässrigen Lösung.

polare Elektronenpaarbindung: Bindung zwischen Atomen unterschiedlicher Elektronegativität.

Polykondensation: Synthese von Makromolekülen durch Reaktion zwischen funktionellen Gruppen der Monomere unter Abspaltung kleiner Moleküle.

Polymere: Makromoleküle, die aus sehr vielen kleinen Bausteinen, den Monomeren, aufgebaut sind.

Polymerisation: Synthese von Makromolekülen durch Verknüpfung niedermolekularer ungesättigter oder ringförmiger Monomere.

Polymerlegierung: Mischung von zwei oder mehreren hochpolymeren Stoffen, die unter Einsatz von Druck und Hitze „compoundiert" werden.

Prinzip von LE CHATELIER: Bei geänderten äußeren Bedingungen weicht eine Gleichgewichtsreaktion so aus, dass der äußere Zwang vermindert wird.

Protolyse: Reaktion, bei der ein Protonenübergang stattfindet (Säure/Base-Reaktion).

Puffer: Lösungen, die bei Zusatz von Säuren oder Laugen den pH-Wert weitgehend konstant halten.

Radikale: Atome oder Moleküle mit einem ungepaarten Elektron. Diese sehr reaktionsfähigen Teilchen dienen z. B. als Starter für radikalische Substitutionen, Additionen oder Polymerisationen.

Reaktionsenthalpie: Die molare Reaktionsenthalpie $\Delta_R H_m^0$ ist die bei einer chemischen Reaktion unter konstantem Druck pro Formelumsatz abgegebene ($\Delta H < 0$) bzw. aufgenommene ($\Delta H > 0$) Wärme.

Reaktionsgeschwindigkeit: Pro Zeiteinheit umgesetzte Stoffmenge von Edukten (Konzentrationsänderung pro Zeiteinheit). Die Reaktionsgeschwindigkeit ist abhängig von den Konzentrationen, der Temperatur, dem Zerteilungsgrad der Stoffe sowie vom Wirken eines Katalysators.

Reaktionsmechanismus: Modellhafte Darstellung einer Reaktion in verschiedenen Teilschritten.

Reaktionstyp: Reaktionen gleicher Kategorie. *Beispiele:* Substitution, Addition, Eliminierung, Säure/Base-Reaktion.

Recycling: Wiederverwendung gebrauchter Materialien; trotz hoher Kosten heute vielfach angewandt, um natürliche Ressourcen zu schonen.

Redoxreaktion: Gleichzeitige Oxidation und Reduktion bei einer chemischen Umsetzung (Elektronenübertragungsreaktion).

Reduktion: Aufnahme von Elektronen bzw. die Erniedrigung der Oxidationszahl bei einer Reaktion.

RGT-Regel: Erhöht man die Temperatur um 10 K, so steigt die Reaktionsgeschwindigkeit auf das Doppelte bis Vierfache.

Säurekonstante: Gleichgewichtskonstante für die Reaktion einer Säure HA mit Wasser:
$$HA\,(aq) + H_2O\,(l) \rightleftharpoons H_3O^+\,(aq) + A^-\,(aq)$$
$$K_S = \frac{c\,(H_3O^+) \cdot c\,(A^-)}{c\,(HA)}$$
Der pK_S-Wert ist der negative dekadische Logarithmus des K_S-Werts.

Säuren: Nach BRÖNSTED sind Säuren Protonendonatoren. Eine wässrige Lösung einer Säure enthält Hydronium-Ionen im Überschuss.

Silberspiegel-Probe: Ammoniakalische Silbernitrat-Lösung (TOLLENS-Reagenz) wird durch Aldehyde und andere Reduktionsmittel zu elementarem Silber reduziert.

Stereoisomere: Strukturgleiche Moleküle mit unterschiedlicher Anordnung ihrer Atome im dreidimensionalen Raum.

Substitutionsreaktion: An einem Molekül wird ein Atom oder eine Atomgruppe durch ein anderes Atom oder durch eine andere Atomgruppe ersetzt. Der Angriff kann dabei nucleophil, radikalisch oder elektrophil erfolgen.

Thermoplaste: Kunststoffe, die aus nicht oder wenig verzweigten linearen Makromolekülen aufgebaut sind. Sie sind schmelzbar und können deshalb in der Hitze verarbeitet werden.

Titration: Maßanalytisches Verfahren zur Konzentrationsbestimmung mittels einer Maßlösung und einer Bürette.
→ Maßanalyse

Toxizität: Giftigkeit eines Stoffes.

VAN-DER-WAALS-Bindung: Schwache Anziehung, die zwischen allen Teilchen wirkt, besonders zwischen Teilchen mit großer Polarisierbarkeit und/oder mit stark polaren Bindungen.

Verbundwerkstoffe: Kombination einer Kunststoffgrundsubstanz (Matrix) mit einem darin eingebetteten Verstärkungsmaterial (z. B. Glasfaser).

Veresterung: Reaktion von Säuren mit Alkoholen. Es bildet sich eine Esterbindung aus. → Ester

Verseifung: Hydrolyse von Ester-Molekülen, die durch Alkalien eingeleitet wird.

Wasserstoffbrücken: Starke zwischenmolekulare Wechselwirkungen zwischen polaren Molekülen, die einerseits polar gebundene H-Atome und andererseits Atome mit freien Elektronenpaaren (O-, N-, F-Atome) besitzen.

Stichwortverzeichnis

Bildquellen

Umschlag: Tek Images, SPL/Agentur Focus, Hamburg; 18.1: Karos, Burdorf; 18.2 Waldhaeusl, Vario Images, Bonn; 21.1 und 22.1 Langner & Partner, Hemmingen; 31.2 BASF AG, Ludwigshafen; 36.1 Langner & Partner, Hemmingen; 37.1 Förster, The Bettmann Archive Inc, New York; 41.1 und 43 Schlierf; 44 GDCh – Gesellschaft Deutscher Chemiker; 45.1 Mager, F.-G., Gengenbach; 45.2 M.-L. Nguyen, Musée du Louvre, Paris; 57 Jean Du Boisberranger, Getty Images, München; 62 und 65 Langner & Partner, Hemmingen; 68.1 Clive Nichols, Corbis, Düsseldorf; 75.3/4 und 75.4/8 Klaus G. Kohn, Braunschweig; 77.1 AKG, Berlin; 79.1 Bakelite AG, Iserlohn; 79.2 Jupiterimages, Ottobrunn; 79.3 Fröhlich, Sarstedt; 79.4 Eva Lindenburger, TopicMedia Service; 81.1 mauritius, Mittenwald; 84.1 M. Kampf, Leipzig; 88.2 Chris Hermann, mauritius, Mittenwald; 88.3 H. Gietl Verlag & Publikationsservice GmbH; 88.4 Barbara Boensch, ALIMDI.NET; 89.2 Krüger, Deutsche Lufthansa AG, Frankfurt/M.; 89.3 BASF Agrarzentrum, Limburgerhof; 89.4 Elsa Deutschland GmbH, Lehrte; 89.6 Heuer, Hannover; 90.1 Karos, Burdorf; 90.3 D.Harms, WILDLIFE, Hamburg; 90.5 Gudrun Bramsiepe, Selm; 90.7 R. Bala Blickwinkel, Witten; 95.1 F1online, Frankfurt/M.; 98.1 Klaus G. Kohn, Braunschweig; 98.3 Dirk Bauer, photoplexus; 98.4 BASF, Ludwigshafen; 99.4 Okapia, Frankfurt/M.; 99.3 Airbus Military, Blagnac Cedex.

Es war uns nicht in allen Fällen möglich, die Inhaber der Bildrechte ausfindig zu machen. Berechtigte Ansprüche werden selbstverständlich im Rahmen der üblichen Konditionen abgegolten.

Periodensystem der Elemente

Legende (Beispiel Au)

Nukleonenzahl der häufigsten Isotope	197
Häufigkeit in %	100
Ordnungszahl / Symbol / Kristallstruktur	79 Au, kub. dicht.
Elektronegativität (PAULING)	2,5
Atomradius in pm	144
Ionenradius in pm (Ladung) (nach Shannon, Prewitt (1969))	151(1+)
1. Ionisierungsenergie in MJ·mol⁻¹	0,896
2. Ionisierungsenergie in MJ·mol⁻¹	1,98
kovalenter Radius in pm	134
Elektronenkonfiguration	[Xe] 4f¹⁴ 5d¹⁰ 6s¹

Kristallstruktur-Abkürzungen: krz: kubisch raumzentriert; r: rhomboedrisch

Hauptgruppen

Gruppenüberschriften: I · II · III · IV · V · VI · VII · VIII

Z	Symbol	Struktur	Masse (Häufigkeit %)	EN	Atomr. (pm)	Ionenr. (Ladung)	IE1	IE2	kov. r. (pm)	Konfiguration
1	H	hex. dicht.	1 (99,98); 2 (0,02)	2,2	—	208(1−)	1,318	—	37	1s¹
2	He	kub. dicht.	3 (0,0001); 4 (100)	—	150	—	2,379	5,257	—	1s²
3	Li	krz	6 (7,4); 7 (92,6)	1,0	152	74(1+)	0,526	7,305	134	[He] 2s¹
4	Be	hex. dicht.	9 (100)	1,5	112	35(2+)	0,906	1,763	90	[He] 2s²
5	B	hex.	10 (19,9); 11 (80,1)	2,0	98	25(3+)	0,807	2,433	82	[He] 2s² 2p¹
6	C	Diamant	12 (98,9); 13 (1,1); 14 (Spuren)	2,5	91	30(3+) / 74(4−)	1,093	2,359	77	[He] 2s² 2p²
7	N	—	14 (99,6); 15 (0,4)	3,0	92	30(3+)	1,407	2,862	75	[He] 2s² 2p³
8	O	—	16 (99,8); 17 (0,04); 18 (0,2)	3,4	74	124(2−)	1,320	3,395	73	[He] 2s² 2p⁴
9	F	—	19 (100)	4,0	—	119(1−)	1,687	3,381	71	[He] 2s² 2p⁵
10	Ne	kub. dicht.	20 (90,4); 21 (0,3); 22 (9,3)	—	160	—	2,087	3,959	—	[He] 2s² 2p⁶
11	Na	krz	23 (100)	0,9	186	116(1+)	0,502	4,569	154	[Ne] 3s¹
12	Mg	hex. dicht.	24 (79,0); 25 (10,3); 26 (11,0)	1,3	160	86(2+)	0,744	1,451	136	[Ne] 3s²
13	Al	kub. dicht.	27 (100)	1,6	143	67,5(3+)	0,584	1,823	118	[Ne] 3s² 3p¹
14	Si	Diamant	28 (92,2); 29 (4,7); 30 (3,1)	1,9	132	54(4+)	0,793	1,583	118	[Ne] 3s² 3p²
15	P	kub.	31 (100)	2,2	128	58(3+)	1,018	1,904	110	[Ne] 3s² 3p³
16	S	ortho-rhomb.	32 (95,0); 33 (0,8); 34 (4,2)	2,6	127	170(2−)	1,006	2,257	102	[Ne] 3s² 3p⁴
17	Cl	ortho-rhomb.	35 (75,8); 37 (24,2)	3,2	190	167(1−)	1,257	2,303	99	[Ne] 3s² 3p⁵
18	Ar	kub. dicht.	36 (0,3); 38 (0,1); 40 (99,6)	—	190	—	1,527	2,672	—	[Ne] 3s² 3p⁶
19	K	krz	39 (93,01); 40 (0,01); 41 (6,7)	0,8	227	152(1+)	0,425	3,058	196	[Ar] 4s¹
20	Ca	kub. dicht.	40 (96,9); 43 (0,6); 44 (2,1)	1,0	197	114(2+)	0,596	1,152	174	[Ar] 4s²
31	Ga	ortho-rhomb.	69 (60,1); 71 (39,8)	1,7	122	76(3+)	0,585	1,980	126	[Ar] 3d¹⁰ 4s² 4p¹
32	Ge	Diamant	70 (20,5); 72 (27,4); 74 (36,7)	1,8	123	67(4+)	0,768	1,544	122	[Ar] 3d¹⁰ 4s² 4p²
33	As	r	75 (100)	2,0	125	72(3+)	0,953	1,804	120	[Ar] 3d¹⁰ 4s² 4p³
34	Se	hex.	76 (9,2); 78 (23,7); 80 (49,5)	2,6	116	184(2−)	0,947	2,051	116	[Ar] 3d¹⁰ 4s² 4p⁴
35	Br	ortho-rhomb.	79 (50,6); 81 (49,3)	3,0	114	182(1−)	1,146	2,11	114	[Ar] 3d¹⁰ 4s² 4p⁵
36	Kr	kub. dicht.	84 (57,0); 86 (17,3)	—	200	—	1,357	2,374	—	[Ar] 3d¹⁰ 4s² 4p⁶
37	Rb	krz	85 (72,2); 87 (27,8)	0,8	248	166(1+)	0,409	2,638	216	[Kr] 5s¹
38	Sr	kub. dicht.	86 (9,9); 88 (82,5)	1,0	215	132(2+)	0,556	1,071	191	[Kr] 5s²
49	In	tetra.	113 (4,3); 115 (95,7)	1,7	149	94(3+)	0,565	1,827	144	[Kr] 4d¹⁰ 5s² 5p¹
50	Sn	tetra.	116 (14,5); 118 (24,2); 120 (32,6)	1,8	151	83(4+)	0,715	1,418	141	[Kr] 4d¹⁰ 5s² 5p²
51	Sb	r	121 (57,2); 123 (42,8)	1,8	145	90(3+)	0,840	1,601	140	[Kr] 4d¹⁰ 5s² 5p³
52	Te	hexa-gonal	126 (18,8); 128 (31,7); 130 (34,0)	2,1	143	207(2−)	0,876	1,80	136	[Kr] 4d¹⁰ 5s² 5p⁴
53	I	ortho-rhomb.	127 (100)	2,7	136	206(1−)	1,015	1,852	133	[Kr] 4d¹⁰ 5s² 5p⁵
54	Xe	kub. dicht.	128 (26,4); 131 (21,2); 132 (26,9)	—	220	—	1,177	2,053	—	[Kr] 4d¹⁰ 5s² 5p⁶
55	Cs	krz	133 (100)	0,8	265	181(1+)	0,382	2,43	235	[Xe] 6s¹
56	Ba	krz	136 (7,8); 137 (11,2); 138 (71,7)	0,9	217	149(2+)	0,502	0,972	198	[Xe] 6s²
81	Tl	hex. dicht.	203 (29,5); 205 (70,5)	2,0	170	164(1+)	0,596	1,977	148	[Xe] 4f¹⁴ 5d¹⁰ 6s² 6p¹
82	Pb	kub. dicht.	206 (24,1); 207 (22,1); 208 (52,4)	1,9	175	133(2+)	0,722	1,457	147	[Xe] 4f¹⁴ 5d¹⁰ 6s² 6p²
83	Bi	r	209 (100)	1,9	155	117(3+)	0,710	1,616	146	[Xe] 4f¹⁴ 5d¹⁰ 6s² 6p³
84	Po	kub.	209 (—)	2,0	167	81(6+)	0,818	—	146	[Xe] 4f¹⁴ 5d¹⁰ 6s² 6p⁴
85	At	—	—	2,2	—	—	—	—	145	[Xe] 4f¹⁴ 5d¹⁰ 6s² 6p⁵
86	Rn	kub. dicht.	222 (—)	—	—	—	1,043	—	—	[Xe] 4f¹⁴ 5d¹⁰ 6s² 6p⁶
87	Fr	krz	223 (100)	0,7	—	194(1+)	—	—	—	[Rn] 7s¹
88	Ra	—	226 (100)	0,9	—	162(2+)	0,516	0,985	—	[Rn] 7s²

Nebengruppen (Übergangsmetalle)

Gruppenüberschriften: III · IV · V · VI · VII · VIII · I · II

Z	Symbol	Struktur	Masse (Häufigkeit %)	EN	Atomr. (pm)	Ionenr. (Ladung)	IE1	IE2	kov. r. (pm)	Konfiguration
21	Sc	hex. dicht.	45 (100)	1,4	161	88,5(3+)	0,632	1,241	144	[Ar] 3d¹ 4s²
22	Ti	hex. dicht.	46 (8,3); 47 (7,4); 48 (74,0)	1,5	145	74,5(4+)	0,664	1,316	132	[Ar] 3d² 4s²
23	V	krz	50 (0,2); 51 (99,8)	1,6	131	68(5+)	0,656	1,420	122	[Ar] 3d³ 4s²
24	Cr	krz	50 (4,3); 52 (83,8); 53 (9,5)	1,7	125	75,5(3+)	0,659	1,598	117	[Ar] 3d⁵ 4s¹
25	Mn	krz	55 (100)	1,6	137	97(2+)	0,722	1,515	117	[Ar] 3d⁵ 4s²
26	Fe	krz	54 (5,8); 56 (91,7); 57 (2,2)	1,8	124	78,5(3+)	0,766	1,562	116	[Ar] 3d⁶ 4s²
27	Co	hex. dicht.	59 (100)	1,9	125	79(2+)	0,766	1,648	116	[Ar] 3d⁷ 4s²
28	Ni	kub. dicht.	58 (68,0); 60 (26,2); 61 (3,6)	1,9	125	83(2+)	0,752	1,759	115	[Ar] 3d⁸ 4s²
29	Cu	kub. dicht.	63 (69,2); 65 (30,8)	1,9	128	87(2+)	0,743	1,964	117	[Ar] 3d¹⁰ 4s¹
30	Zn	hex. dicht.	64 (48,6); 66 (27,9); 68 (18,7)	1,7	133	88(2+)	0,765	1,740	125	[Ar] 3d¹⁰ 4s²
39	Y	hex. dicht.	89 (100)	1,2	178	104(3+)	0,622	1,187	162	[Kr] 4d¹ 5s²
40	Zr	hex. dicht.	90 (51,5); 92 (17,1); 94 (17,4)	1,3	159	86(4+)	0,666	1,273	145	[Kr] 4d² 5s²
41	Nb	krz	93 (100)	1,6	143	78(5+)	0,670	1,388	134	[Kr] 4d⁴ 5s¹
42	Mo	krz	92 (14,8); 96 (16,7); 98 (24,1)	2,2	136	73(6+)	0,691	1,564	130	[Kr] 4d⁵ 5s¹
43	Tc	hex. dicht.	97 (—); 98 (—)	2,3	135	56(4+)	0,708	1,478	127	[Kr] 4d⁵ 5s²
44	Ru	hex. dicht.	101 (17,1); 102 (31,5); 104 (18,6)	2,2	133	76(4+)	0,717	1,623	125	[Kr] 4d⁷ 5s¹
45	Rh	kub. dicht.	103 (100)	2,3	134	80,5(3+)	0,726	1,751	125	[Kr] 4d⁸ 5s¹
46	Pd	kub. dicht.	105 (22,3); 106 (27,3); 108 (26,4)	2,2	138	100(2+)	0,811	1,881	128	[Kr] 4d¹⁰
47	Ag	kub. dicht.	107 (51,8); 109 (48,1)	1,9	144	129(1+)	0,737	2,080	134	[Kr] 4d¹⁰ 5s¹
48	Cd	hex. dicht.	111 (12,8); 112 (24,1); 114 (28,7)	1,7	149	109(2+)	0,874	1,638	148	[Kr] 4d¹⁰ 5s²
72	Hf	hex. dicht.	177 (18,6); 178 (27,1); 180 (35,0)	1,3	156	72(4+)	0,66	1,44	144	[Xe] 4f¹⁴ 5d² 6s²
73	Ta	krz	180 (0,01); 181 (100)	1,5	143	78(5+)	0,76	1,273	134	[Xe] 4f¹⁴ 5d³ 6s²
74	W	krz	182 (26,5); 184 (30,6); 186 (28,4)	2,4	137	80(4+)	0,776	1,388	130	[Xe] 4f¹⁴ 5d⁴ 6s²
75	Re	hex. dicht.	185 (37,4); 187 (62,6)	1,9	137	76,5(4+)	0,76	—	128	[Xe] 4f¹⁴ 5d⁵ 6s²
76	Os	hex. dicht.	189 (16,1); 190 (26,3); 192 (40,8)	2,2	134	77(4+)	0,85	—	126	[Xe] 4f¹⁴ 5d⁶ 6s²
77	Ir	kub. dicht.	191 (37,3); 193 (62,7)	2,2	136	76,5(4+)	0,88	—	127	[Xe] 4f¹⁴ 5d⁷ 6s²
78	Pt	kub. dicht.	194 (32,9); 195 (33,8); 196 (25,2)	2,2	139	100(2+)	0,87	1,797	130	[Xe] 4f¹⁴ 5d⁹ 6s¹
79	Au	kub. dicht.	197 (100)	2,5	144	151(1+)	0,896	1,98	134	[Xe] 4f¹⁴ 5d¹⁰ 6s¹
80	Hg	r	199 (16,8); 200 (23,1); 202 (29,8)	2,0	150	116(2+)	1,013	1,816	149	[Xe] 4f¹⁴ 5d¹⁰ 6s²

Nebengruppen-Platzhalter (III)

Z	Symbol	Bereich	Konfiguration
21	Sc	—	(s. o.)
39	Y	—	(s. o.)
57–71	La–Lu	*	—
89–103	Ac–Lr	**	—

7. Periode (Transactinide)

Z	Symbol	Konfiguration
104	Rf	[Rn] 5f¹⁴ 6d² 7s²
105	Db	[Rn] 5f¹⁴ 6d³ 7s²
106	Sg	[Rn] 5f¹⁴ 6d⁴ 7s²
107	Bh	[Rn] 5f¹⁴ 6d⁵ 7s²
108	Hs	[Rn] 5f¹⁴ 6d⁶ 7s²
109	Mt	[Rn] 5f¹⁴ 6d⁷ 7s²
110	Ds	[Rn] 5f¹⁴ 6d⁸ 7s²
111	Rg	[Rn] 5f¹⁴ 6d⁹ 7s²
112	Uub	—
113	113	—
114	Uuq	—

* Elemente der Lanthan-Reihe

Z	Symbol	Struktur	EN	Konfiguration
57	La	hex. dicht.	1,1	[Xe] 5d¹ 6s²
58	Ce	kub. dicht.	1,1	[Xe] 4f¹ 5d¹ 6s²
59	Pr	hex. dicht.	1,1	[Xe] 4f³ 6s²
60	Nd	hex. dicht.	1,1	[Xe] 4f⁴ 6s²
61	Pm	hex.	—	[Xe] 4f⁵ 6s²
62	Sm	r	1,1	[Xe] 4f⁶ 6s²
63	Eu	krz	1,1	[Xe] 4f⁷ 6s²
64	Gd	hex. dicht.	1,1	[Xe] 4f⁷ 5d¹ 6s²
65	Tb	hex. dicht.	1,1	[Xe] 4f⁹ 6s²
66	Dy	hex. dicht.	1,1	[Xe] 4f¹⁰ 6s²
67	Ho	hex. dicht.	1,1	[Xe] 4f¹¹ 6s²
68	Er	hex. dicht.	1,1	[Xe] 4f¹² 6s²
69	Tm	hex. dicht.	1,1	[Xe] 4f¹³ 6s²
70	Yb	kub. dicht.	1,1	[Xe] 4f¹⁴ 6s²
71	Lu	hex. dicht.	1,2	[Rn] 4f¹⁴ 5d¹ 6s²

** Elemente der Actinium-Reihe

Z	Symbol	Struktur	EN	Konfiguration
89	Ac	kub. dicht.	1,1	[Rn] 6d¹ 7s²
90	Th	kub. dicht.	1,3	[Rn] 6d² 7s²
91	Pa	—	1,5	[Rn] 5f² 6d¹ 7s²
92	U	—	1,7	[Rn] 5f³ 6d¹ 7s²
93	Np	—	1,3	[Rn] 5f⁴ 6d¹ 7s²
94	Pu	—	1,3	[Rn] 5f⁶ 7s²
95	Am	—	1,3	[Rn] 5f⁷ 7s²
96	Cm	—	—	[Rn] 5f⁷ 6d¹ 7s²
97	Bk	—	—	[Rn] 5f⁸ 6d¹ 7s²
98	Cf	—	—	[Rn] 5f¹⁰ 7s²
99	Es	—	—	[Rn] 5f¹¹ 7s²
100	Fm	—	—	[Rn] 5f¹² 7s²
101	Md	—	—	[Rn] 5f¹³ 7s²
102	No	—	—	[Rn] 5f¹⁴ 7s²
103	Lr	—	—	[Rn] 5f¹⁴ 6s² 7s²

Periode / Schale: 1 (K), 2 (L), 3 (M), 4 (N), 5 (O), 6 (P), 7 (Q)